Ewald Kiel, Sabine Weiß (Hrsg.)

Schulentwicklung gestalten

Theorie und Praxis von Schulinnovation

Verlag W. Kohlhammer

Dieses Werk einschließlich aller seiner Teile ist urheberrechtlich geschützt. Jede Verwendung außerhalb der engen Grenzen des Urheberrechts ist ohne Zustimmung des Verlags unzulässig und strafbar. Das gilt insbesondere für Vervielfältigungen, Übersetzungen, Mikroverfilmungen und für die Einspeicherung und Verarbeitung in elektronischen Systemen.

Die Wiedergabe von Warenbezeichnungen, Handelsnamen und sonstigen Kennzeichen in diesem Buch berechtigt nicht zu der Annahme, dass diese von jedermann frei benutzt werden dürfen. Vielmehr kann es sich auch dann um eingetragene Warenzeichen oder sonstige geschützte Kennzeichen handeln, wenn sie nicht eigens als solche gekennzeichnet sind.

1. Auflage 2016

Alle Rechte vorbehalten
© W. Kohlhammer GmbH, Stuttgart
Gesamtherstellung: W. Kohlhammer GmbH, Stuttgart

Print:
ISBN 978-3-17-030253-2

E-Book-Formate:
pdf: ISBN 978-3-17-030254-9
epub: ISBN 978-3-17-030255-6
mobi: ISBN 978-3-17-030256-3

Für den Inhalt abgedruckter oder verlinkter Websites ist ausschließlich der jeweilige Betreiber verantwortlich. Die W. Kohlhammer GmbH hat keinen Einfluss auf die verknüpften Seiten und übernimmt hierfür keinerlei Haftung.

Inhaltsverzeichnis

Einleitung 11
Ewald Kiel und Sabine Weiß

    Was Sie in diesem Buch erwartet 11
    Zum Aufbau dieses Buches 12
    Literatur 15

Schulentwicklung heute – eine theoretische Skizze 16
Wolf-Thorsten Saalfrank

    1   Schule als lernende Institution 17
    2   Entwicklung der Unterrichts- und Lernkultur bzw.
        Unterrichtsqualität 19
    3   Umgang mit Diversität 20
    4   Verantwortung übernehmen 21
    5   Multiprofessionelle Zusammenarbeit verschiedener
        Bildungsakteure 22
    6   Schulleben und Schulprogramm 24
    7   Fazit 27
        Literatur 27

Erfolgreiche Gestaltung des Schulentwicklungsprozesses: Modelle –
Begleitung – Akteure 30
Gabriele Kurz und Sabine Weiß

    1   Wo beginnt Schulentwicklung? Der Treibstoff eines
        Entwicklungsprojekts – Zug und Druck 31
    2   Wie gelingt Schulentwicklung? Leitfragen und Schritte 33
        2.1   Wo stehen wir? Die Analyse der Ausgangssituation ... 33
        2.2   Wohin wollen wir? Der Prozess der
            Zielbestimmung 34
        2.3   Wie kommen wir ans Ziel? Die Entwicklung eines
            Handlungsplanes 38
        2.4   Wie gelingt die Umsetzung? Arbeitsorganisation,
            Reflexion und kleine Schritte 39
    3   Unterstützung von außen: Externe Prozessbegleitung nach
        dem Serpentinenmodell 40

4		Wer kann den Entwicklungsprozess wie voranbringen? Ein Blick auf die Akteure und ihre Rollen	44
	4.1	Die Schulleitung als Dreh- und Angelpunkt	45
	4.2	Die Steuergruppe als Koordinator und Ansprechpartner	47
	4.3	Die Mitglieder des Lehrerkollegiums in verschiedenen Rollen und Funktionen	49
5		Stolpersteine im Schulentwicklungsprozess erkennen und überwinden	52
		Literatur	54

Die gewaltpräventive Schule ... 56
Eva Steinherr

1		Theoretische Grundlegung	57
	1.1	Zur Definition von Gewalt	57
	1.2	Konstruktive Konfliktbewältigung als zentraler Bestandteil von Gewaltprävention	59
	1.3	*Autoritative* Erziehung (*Autonomieerziehung*) als Grundlage der Gewaltprävention – Stärkung von Empathie-, Reflexions- und Dialogfähigkeit ohne Verzicht auf vernünftige Grenzsetzungen	61
	1.4	Der systemische Ansatz der Gewaltprävention	64
2		Zur Praxis gewaltpräventiver Erziehung: Beispiele schulischer Gewaltpräventionsprogramme	67
	2.1	Systemischer Vergleich der gewaltpräventiven Ansätze	67
	2.2	Das *Streitschlichter-Programm* (*Peer-Mediation*)	68
	2.3	Die *Sozialwirksame Schule*	71
	2.4	Das Anti-Cybermobbing-Programm *Medienhelden*	75
3		Stolpersteine auf dem Weg zu einer gewaltpräventiven Schule	77
	3.1	Mangelnde Bereitschaft, sich mit der Gewaltproblematik auseinanderzusetzen	77
	3.2	Mangelnde Umsetzung des Schulprogramms in der alltäglichen Praxis	78
	3.3	Beschränkung der persönlichen Autonomie	78
	3.4	Die Schwierigkeit der Einhaltung einer *autoritativen* Erziehung	79
		Literatur	79
		Internet-Adressen	81

Gesunde Schule ... 82
Philipp Schlotter

1		Grundbegriffe	83
	1.1	Gesundheit	83

		1.2	Gesundheitsförderung und Prävention	84
	2	Gesundheitstheoretische Ansätze		85
		2.1	Konzept der Salutogenese	85
		2.2	Konzept des Empowerment	86
	3	Gesundheitliche Situation von Kindern und Jugendlichen in Deutschland		87
		3.1	Subjektive Gesundheit und Beschwerden von Kindern und Jugendlichen	87
		3.2	Gesundheits- und Risikoverhalten von Kindern und Jugendlichen	89
	4	Gesundheitliche Situation von Lehrkräften in Deutschland		91
		4.1	Gesundheitszustand und Beschwerden von Lehrkräften	91
		4.2	Belastungsfaktoren und gesundheitsförderliche Aspekte des Lehrerberufs	92
		4.3	Ressourcen wenig belasteter Lehrkräfte	92
	5	Gesundheitsförderung in der Schule		93
		5.1	Der Setting-Ansatz	93
		5.2	Rechtliche Rahmenbedingungen	94
		5.3	Das Konzept der *guten gesunden Schule*	95
	6	Konkrete Maßnahmen und Handlungsfelder auf dem Weg zu einer gesunden Schule		96
		6.1	Phasen auf dem Weg zur guten gesunden Schule...	96
		6.2	Projekte und Initiativen	98
		6.3	Ernährung – Fallvignette 1	101
		6.4	Körperliche Aktivität – Fallvignette 2	102
		6.5	Suchtprävention – Fallvignette 3	103
		6.6	Lern- und Arbeitsplatzgestaltung/Ergonomie – Fallvignette 4	103
		6.7	Gesundheits- und Stressmanagement/Entspannung – Fallvignette 5	104
	7	Stolpersteine auf dem Weg zur gesunden Schule		105
		Literatur		107
		Internet-Adressen		112

Die partizipativ-inklusive Schule 113
Sabine Weiß

	1	Partizipation, Demokratie, Inklusion: drei Begriffe – ein Gedanke		114
		1.1	John Dewey als Ausgangspunkt für Partizipation, Demokratie-Lernen und Inklusion	114
		1.2	Ausgewählte Positionen und Programme in der Tradition Deweys	115

	1.3	Fazit: Der gemeinsame Ausgangspunkt partizipativer, demokratischer und inklusiver Konzepte für Schulentwicklung	118
2		Auf dem Weg zu einer partizipativen Schule: Vorgehen und Kontexte	119
	2.1	Vorgehen – ein Prozess des Aushandelns	119
	2.2	Kontexte und Inhalte – Was soll entwickelt werden?	121
3		Stolpersteine	129
		Literatur	131
		Internet-Adressen	135

Die interkulturelle Schule 136
Ewald Kiel

1		Herausforderungen interkultureller Schulentwicklung	137
2		Die Notwendigkeit interkultureller Schulentwicklung	139
3		Ziele interkultureller Schulentwicklung	141
4		Die Umsetzung interkultureller Schulentwicklung	144
	4.1	Rahmenmodell der Umsetzung	144
	4.2	Die systemische Öffnung von Schule im Hinblick auf Interkulturalität	149
	4.3	Wie man beginnt!	153
5		Stolpersteine	157
		Literatur	158
		Internet-Adressen	160

Schulentwicklung zur Ganztagsschule 162
Markus Kollmannsberger

1		Ganztagsschule – Begriff und Entwicklungsstand in Deutschland	163
2		Begründungslinien, Forschungsbefunde und Qualität ganztägiger Schulorganisation	166
	2.1	Begründungslinien	166
	2.2	Forschungsbefunde	168
	2.3	Qualität von Ganztagsschule	169
3		Schulentwicklung zur Ganztagsschule	170
4		Handlungsebenen und Gestaltungsimpulse	173
	4.1	Rhythmisierung und Zeitgestaltung	174
	4.2	Lehr-Lernarrangements und Fördermaßnahmen	175
	4.3	Gestaltung von Mittagsverpflegung und Freizeitangeboten	177
	4.4	Kooperation mit außerschulischen Partnern	178
	4.5	Raumgestaltung	178
5		Stolpersteine bei der Entwicklung zur Ganztagsschule.....	179
		Literatur	181
		Internet-Adressen	184

Unterricht innovieren: Perspektiven der Unterrichtsentwicklung im Zeichen der neuen Lernkultur 185
Annika Braun, Kathrin Buyse und Marcus Syring

    1   Perspektiven der Unterrichtsentwicklung 186
        1.1   Die Entwicklungsperspektive: Unterricht innovieren   186
        1.2   Die Verhältnisperspektive: Das Wechselspiel von Organisations-, Unterrichts- und Personalentwicklung 187
        1.3   Die Ursachenperspektive: Gründe und Motive für Unterrichtsentwicklung 187
        1.4   Die Zielperspektive: Die neue Lernkultur in Spannungsfeldern des Unterrichts 189
        1.5   Die Akteursperspektive: Beteiligte am Entwicklungsprozess 197
    2   Die Prozessperspektive: Gestaltung von Unterrichtsentwicklung 198
        2.1   Stand im Kollegium erheben 198
        2.2   Gemeinsames Unterrichtsbild entwickeln 199
        2.3   Methoden-, Inhalts- und Aufgabenrepertoire des Kollegiums überprüfen und weiterentwickeln 200
        2.4   Gemeinsame Unterrichtsvorhaben planen und durchführen 203
        2.5   Unterrichtsprozess und seine Ergebnisse evaluieren 204
    3   Die Bedingungsperspektive: Stolpersteine, Gegenmaßnahmen und Gelingensbedingungen 206
        Literatur 209
        Internet-Adressen 211

Autorinnen und Autoren 213

Einleitung

Ewald Kiel und Sabine Weiß

Was Sie in diesem Buch erwartet

Schule als organisierte Institution, die Menschen Wissen, Werte und Einstellungen vermittelt, damit diese an dieser Welt teilhaben können, gibt es mindestens seit der Antike in verschiedenen Spielarten. Wenn man großzügig ist, kann man auch die organisierte Initiation in die Erwachsenenwelt in vorschriftlichen Gesellschaften als Vorformen von Schule betrachten. Je nachdem wie weit man zurückblicken möchte, eine Sache bleibt konstant:

> Schule verändert sich, weil die Welt sich verändert, und weil Schule auf eine veränderte Welt vorbereiten möchte. Gleichzeitig hat die Veränderung von Schule etwas Konservatives, weil nicht jeder Trend in Gesellschaften eine Veränderung ist, die Schule erfassen muss.

Hier eine Balance zu finden zwischen Veränderung, Anpassung und Konservatismus ist ein schwieriges Feld, welches in der Geschichte der Schule zu manch heute aberwitzig erscheinenden Irrwegen geführt hat. Es sei daran erinnert, dass es in den sechziger Jahren des 20. Jahrhunderts eine starke Fraktion gab, die glaubte, durch das programmierte Lernen letztlich Lehrkräfte abschaffen zu können. Die Antipädagogik der 1970er Jahre propagierte, auf jede Form von Erziehung zu verzichten.

Vor diesem Hintergrund ist es wichtig, sich bei der Veränderung von Schule mindestens folgende fünf Fragen zu stellen:

1. Wann ist es notwendig, wie die Kultusministerkonferenz sagt, Schule zu innovieren, um möglichst vielen Menschen, unabhängig von ihren kognitiven, emotionalen oder physischen Voraussetzungen, ein Maximum an Teilhabe an dieser Welt zu ermöglichen?
2. Was sind sinnvolle Veränderungsprozesse?
3. Wie ist der Prozess einer solchen Veränderung konkret in einer Schule zu gestalten?
4. Was könnte Innovation von Schule fördern?
5. Was könnte die Innovation von Schule behindern?

Dies sind die zentralen Fragen, auf die das vorliegende Buch Antworten geben möchte. Diese Fragen wie auch Antworten unterliegen im gegenwärtigen Gesellschafts- und Bildungssystem verschiedenen Prinzipien, die den Kontext von Schulentwicklung definieren:

1. Die Innovation von Schule kann durch übergeordnete Instanzen verordnet werden.
2. Die Innovation von Schule kann auf Initiative der in der Schule und an der Schule beteiligten Akteure geschehen.
3. Die Innovation von Schule, zumindest in Deutschland, findet immer im Rahmen gesetzlicher Vorgaben statt.
4. Die Innovation von Schule ist an Ideen der Aufklärung gebunden; es geht immer, um die Definition Klafkis zu gebrauchen, um Selbstbestimmungsfähigkeit, Mitbestimmungsfähigkeit und Solidaritätsfähigkeit.

Das vierte im Rahmen der geisteswissenschaftlichen Pädagogik entwickelte Prinzip wird auch nach einer empirischen Wende der Erziehungswissenschaften kaum in Frage gestellt. Das Zusammenspiel der anderen genannten Prinzipien zwischen Verordnung, Autonomie der Einzelschule und gesetzlichen Rahmenbedingungen gestaltet sich jedoch nicht ganz einfach. Es gilt für die Einzelschule, diese Prinzipien auszubalancieren. Die Beiträge in diesem Band versuchen dieses Feld der Transformation und Innovation von Schule im Kontext der oben genannten Fragen und Prinzipien zu erschließen.

Zum Aufbau dieses Buches

Im einleitenden Kapitel macht *Wolf-Thorsten Saalfrank* zentrale Denkfiguren deutlich, mit denen sich Schulentwicklung beschäftigt, vor allem die Autonomie der Einzelschule in ihrem Verhältnis zur staatlichen Aufsicht bzw. zum Gesamtsystem und die Entwicklung der Schule hin zur lernenden Organisation. Er gibt basierend auf dem Modell von Rolff (2010) einen Überblick über die Ebenen von Schulentwicklung, nämlich Unterricht, Personal und Organisation. Darüber hinaus erläutert der Autor wichtige Begriffe, Rahmenbedingungen und Instrumentarien zur Gestaltung der Einzelschule, wie Schulmanagement, Evaluation, Schulprogramm, Schulleben und Schulkultur.

Gabriele Kurz und *Sabine Weiß* erklären in ihrem Kapitel anhand der Dimensionen *Top Down* und *Bottom Up*, *Zug* und *Druck* von *innen* oder *außen* (vgl. Schratz & Steiner-Löffler, 1999), wo und wie Schulentwicklung beginnt. Sie stellen verschiedene Modelle sowie einzelne Entwicklungsschritte vor und führen aus, wie der Ist-Zustand einer Schule ermittelt, realistische Ziele formuliert und ein (arbeitsteiliger) Handlungsplan ausgearbeitet werden kann. Anschließend gehen die Autorinnen auf die Möglichkeit einer externen Prozessbegleitung ein. Zuletzt beschreiben sie Funktionen und Rollen verschiedener Akteure (Schulleitung, Steuergruppe etc.).

Die weiteren Kapitel sind der konkreten Ausgestaltung von Schulentwicklung in bestimmten Inhaltsfeldern gewidmet (gewaltpräventive Schule, gesunde Schule etc.). Diese Kapitel folgen einer gemeinsamen Struktur:

1. Zu Beginn jedes Kapitels finden Sie Fallvignetten mit konkreten Anlässen aus der Praxis. Diese stellen mögliche Ausgangspunkte dar, einen Schulentwicklungsprozess zu initiieren. Manche dieser Anlässe basieren auf bildungspolitischen Entscheidungen und lassen der Schule nur eingeschränkt Gestaltungsfreiräume (Top-Down-Prozesse). Andere Anregungen gehen von den Ideen und Interessen von Lehrpersonen, Schulleitung, der Schülerschaft, aber auch der Eltern aus (Bottom-Up-Prozesse). Die Fallvignetten werden im Laufe jedes Kapitels immer wieder aufgegriffen.
2. Anschließend skizzieren wir kurz einen theoretischen Einblick in jedes Inhaltsfeld. Wir stellen Ihnen beispielsweise aktuelle Forschungsbefunde und Statistiken vor, erläutern wichtige Inhalte und Begrifflichkeiten, verankern die Inhalte in Bildungslandschaft und administrativem Rahmen.
3. Den umfangreichsten Anteil jedes Kapitels nimmt die konkrete Umsetzung des Schulentwicklungsprozesses ein. Unter Rückgriff auf die von Gabriele Kurz und Sabine Weiß geschilderten Modelle und Methoden zeigen wir Ihnen, welche Schritte und Inhalte (unbedingt) zu berücksichtigen sind, wo im Schulleben, im Unterricht, bei der Schulleitung etc. anzusetzen ist. Diese Schritte sind dabei immer an den zu Beginn angeführten Anlässen aus der Praxis orientiert.
4. Am Ende jedes Kapitels stehen mögliche Stolpersteine, die einen Prozess blockieren oder zumindest aber verlangsamen und stagnieren lassen können. Sich mit diesen Stolpersteinen auseinanderzusetzen, ist Teil jedes Schulentwicklungsprozesses. Davon auszugehen, dass ein Konzept von Anfang ohne Schwierigkeiten und Rückschläge aufgeht, wäre unrealistisch. Überlegen Sie sich daher, wie Sie diese Stolpersteine gemeinsam entweder »umschiffen« oder welche Möglichkeiten zur Lösung Sie an Ihrer Schule sehen. Wir geben Ihnen dazu Hinweise.
5. Der Literatur nachgestellt finden Sie Internet-Adressen, die die im Kapitel angeführten Handreichungen, Materialien und Vorschläge noch ergänzen und vertiefen.

Den Einstieg in die verschiedenen Inhaltsfelder von Schulentwicklung bildet das Kapitel von *Eva Steinherr* zur *gewaltpräventiven Schule*. Die Autorin bettet schulische Gewaltprävention in ein allgemeines autoritatives Erziehungskonzept ein, das vernünftige Grenzziehungen nicht ausschließt. Da die Formen und Entstehungsbedingungen von Gewalt komplex sind, führt sie einen systemischen Präventionsansatz ein. Auf dieser Basis schildert Eva Steinherr exemplarisch drei schulische Gewaltpräventionsprogramme (*Streitschlichter-Programm*, die *Sozialwirksame Schule* nach Hopf, das *Anti-Cybermobbing-Programm Medienhelden*) und charakterisiert diese anhand von Herkunft, Zielen, Inhalten und Implementierungsmöglichkeiten.

Philipp Schlotter widmet sich in seinem Kapitel der *gesunden Schule*. Nach einer Klärung der Begriffe Gesundheit, Gesundheitsförderung und Prävention stellt er mit den Modellen der Salutogenese und des Empowerments zwei für die praktische schulische Tätigkeit bedeutsame Ansätze vor. Befunde zur gesundheitlichen Situation von Kindern und Jugendlichen sowie Lehrkräften leiten den Setting-Ansatz der Gesundheitsförderung und das Konzept der guten gesunden Schule ein. Folgend beleuchtet der Autor aus systemischer Perspektive konkrete Handlungsfelder schulischer Gesundheitsförderung zu Ernährung, körperlicher Aktivität, Suchtprävention, Lern- und Arbeitsplatzgestaltung sowie Stressmanagement.

Sabine Weiß führt in ihrem Kapitel zur *partizipativ-inklusiven Schule* die Begriffe Partizipation, Inklusion und Demokratie zu der gemeinsamen Grundidee »Teilhabe, Mitbestimmung und Verantwortungsübernahme aller« zusammen. Die historischen Wurzeln dieser Grundfigur werden mit aktuellen Darstellungen zu Inklusion und Demokratielernen verknüpft. Darauf aufbauend sind Leitideen und Maßnahmen eines diesbezüglichen Schulentwicklungsprozesses dargestellt, die im Sinne von Partizipation alle beteiligten Personengruppen einbeziehen. Zentrale Elemente partizipativer Schulentwicklung wie das »Aushandeln«, die Frage nach dem Grad der Mitbestimmung der Schülerschaft sowie Gremien der Beteiligung werden thematisiert.

Das Kapitel von *Ewald Kiel* zur *interkulturellen Schule* macht zentrale Herausforderungen des Aufeinandertreffens von verschiedenen Kulturen in Unterricht und Erziehung in der Schule deutlich; grundlegend ist dabei die Balance von Einheit und Vielfalt. Unter Bezug auf theoretische Ansätze sowie Überlegungen zu (inter)kultureller Kompetenz arbeitet Ewald Kiel Ziele interkultureller Schulentwicklung heraus. Die Möglichkeiten einer Umsetzung basieren auf einem vom Autor konzipierten Modell, das systemische Überlegungen verschiedener Mehrebenenmodelle verknüpft und daraus praktische Umsetzungsideen für die Unterrichtsgestaltung, schulische Interaktion etc. ableitet.

Markus Kollmannsberger macht in seinem Kapitel zur *Ganztagsschule* die divergierenden administrativen und gesetzlichen Rahmenbedingungen der einzelnen Bundesländer deutlich. Die Ganztagsschule ist, verglichen mit anderen Schulentwicklungsmaßnahmen, in besonderem Maße an die zur Verfügung stehenden Ressourcen und eine intensive Abstimmung mit Sachaufwandsträgern und Schulverwaltung gebunden. Dennoch eröffnen die Vorgaben in den meisten Bundesländern der Einzelschule vergleichsweise breite Handlungsspielräume. Der Autor identifiziert exemplarische Gestaltungselemente und Handlungsfelder wie Zeitgestaltung, Lehr-Lernarrangements, Freizeitangebote etc. für den Weg hin zur Ganztagsschule.

Annika Braun, *Kathrin Buyse* und *Marcus Syring* runden das Buch mit ihrem Kapitel zu *Unterricht innovieren* ab. Sie setzen sich mit möglichen Perspektiven einer »neuen« Lernkultur auseinander, die Aspekte wie den Umgang mit Heterogenität, Differenzierung, situiertes Lernen, eine veränderte Rolle der Lehrkraft etc. berücksichtigt. Die Ziele einer solchen Lernkultur sind exemplarisch anhand von unterrichtlichen Spannungsfeldern dargestellt. Konkrete Maßnahmen der Unterrichtsentwicklung adressieren unter anderem die Konzeption eines gemeinsamen Unterrichtsbildes, eine Erweiterung des Inhalts-, Methoden und Aufgabenrepertoires im Kollegium, eine Stärkung kollegialer Kooperation und die Evaluation von Unterrichtsprozessen.

Literatur

Klafki, W. (1996). *Neue Studien zur Bildungstheorie und Didaktik* (5., unveränd. Aufl.). Weinheim, Basel: Beltz.
Rolff, H.-G. (2010). Schulentwicklung als Trias von Organisations-, Unterrichts- und Personalentwicklung. In T. Bohl, W. Helsper, H. G. Holtappels & C. Schelle (Hrsg.), *Handbuch Schulentwicklung. Theorie – Forschung – Praxis* (S. 29–36). Bad Heilbrunn: Klinkhardt.
Schratz, M. & Steiner-Löffler, U. (1999). *Die lernende Schule. Arbeitsbuch pädagogische Schulentwicklung*. Weinheim, Basel: Beltz.

Schulentwicklung heute – eine theoretische Skizze

Wolf-Thorsten Saalfrank

Über Schulentwicklungsprozessen steht in der Regel das Idealbild der »guten Schule«. Medienwirksam werden gute Schulen ausgewählt, mit Schulpreisen ausgezeichnet und sollen so eine Orientierungsfunktion für andere Schulen erhalten. Doch was macht eine gute Schule aus? Was ist der Kern von Schulentwicklungsprozessen? Ausgehend von den Auswahlkriterien des Deutschen Schulpreises bzw. des Schulpreises der Stadt München (siehe Landeshauptstadt München, 2015) lassen sich folgende Kriterien ausmachen, die für die Bestimmung einer guten Schule relevant sind:

1. Schule als lernende Institution
2. Entwicklung der Unterrichts- und Lernkultur bzw. Unterrichtsqualität
3. Nachhaltiger Bildungserfolg der Schülerinnen und Schüler
4. Umgang mit Diversität
5. Verantwortung übernehmen
6. Multiprofessionelle Zusammenarbeit verschiedener Bildungsakteure
7. Schulentwicklung im Ganztag
8. Schulklima, Schulleben und außerschulische Partner

Diese Kriterien sind auch leitend für dieses Kapitel. Sie spiegeln weitestgehend die zentralen wissenschaftlichen Denkfiguren wider, mit denen sich Schulentwicklung beschäftigt, wie beispielsweise die Autonomie der Einzelschule in ihrem Verhältnis zur staatlichen Aufsicht bzw. zum Gesamtsystem oder auch die Entwicklung der Schule hin zur lernenden Organisation.

Maßgeblich für die Schulentwicklung waren die in der zweiten Hälfte der 1990er Jahre begonnenen Maßnahmen zur Reform des Schulwesens unter Berücksichtigung ökonomischer und organisationstheoretischer Elemente mit dem Ziel einer höheren Effektivität von Schulen. Diese werden auch nach 2000 in den Bundesländern fortgeführt, jedoch mit unterschiedlicher Konsequenz und in unterschiedlicher Ausprägung. Neue Nahrung erhalten diese Maßnahmen durch den sogenannten PISA-Schock, da Deutschland wider Erwarten einen Platz im Mittelfeld der untersuchten Länder belegt. Dadurch werden mehr denn je die Strukturen des bundesdeutschen Bildungssystems in Frage gestellt, vor allem vor dem Hintergrund, dass in Deutschland mehr als in allen anderen Ländern der Bildungserfolg von der sozialen Herkunft abhängig ist. Die Folge sind 2004 die Einführung von Bildungsstandards, die Diskussion um längeres gemeinsames Lernen, die Einführung von Ganztagsschulen und nicht zuletzt der Ausbau der Fördermöglichkeiten an Schulen bis hin zur Inklusionsdebatte.

1 Schule als lernende Institution

Eine Schule kann dann als lernende Organisation bezeichnet werden, wenn sie sich, meist aufgrund einer Stärken-Schwächen-Analyse, im Rahmen von Schulentwicklung weiterentwickelt. Dabei ist Schulentwicklung ein dynamischer Prozess, der die Veränderung der Einzelschule von der verwalteten/bürokratischen Schule zu einer Schule beschreibt, die im Rahmen von teilautonomen Entscheidungsfeldern Freiräume zur Gestaltung in organisatorischer, personeller und unterrichtlicher Hinsicht auslotet und nutzt (vgl. Saalfrank, 2005).

Im bürokratischen Modell (in Anlehnung an Max Webers Bürokratiemodell, vgl. Weber, 1980) von Schule gibt die Schuladministration (Kultusministerium, Schulaufsicht und Schulträger) den Schulen einen festen Rahmen mit Aufgaben vor, in dem diese handeln müssen. Anders sieht dies im New Public Management aus. Dort soll die Einzelschule selbst eine Umsteuerung anstreben. Damit einher geht eine Verlagerung von Zuständigkeiten von der Schuladministration auf die Einzelschule. Die jeweilige Schule erlangt mehr Freiräume (Autonomie) für ihr Tun. Die Gewährung dieser Freiräume erfolgt jedoch immer in einem gesetzlich festgelegten Rahmen. Zusammenfassend bedeutet dies, dass die Schule auf der Grundlage eines rechtlichen Rahmens, ihrer spezifischen Situation und der entsprechenden gesellschaftlichen Herausforderungen eigene Perspektiven und Handlungsmuster entwickelt.

Ausgangspunkt aller Schulentwicklungsmaßnahmen ist die Einzelschule, wobei es auch Maßnahmen gibt, wie die Einführung von Bildungsstandards bzw. die Bildungsberichterstattung, die bundesländerübergreifend als Schulentwicklungsmaßnahmen fungieren. Innerhalb der Schulentwicklung wird mit verschiedenen Instrumenten und auf verschiedenen Ebenen gearbeitet. So lässt sich Schulentwicklung (vgl. Rolff, 1995) realisieren über Maßnahmen im Bereich der

- *Organisationsentwicklung* (Schulprogramm, Schulkultur, Erziehungsklima, Schulmanagement, Teamentwicklung, Elternarbeit, interne und externe Evaluation, Kooperation mit außerschulischen Einrichtungen, Budgetierung etc.),
- *Personalentwicklung* (Lehrerselbstbeurteilung, Supervision, schulinterne Lehrerfortbildung, Kommunikationstraining, Hospitationen, Mitarbeiterjahresgespräche etc.) und
- *Unterrichtsentwicklung* (Selbstlernteams, Schülerorientierung, überfachliches Lernen, Methodentraining, erweiterte Unterrichtsformen/Öffnung von Unterricht, Lernkultur etc.),

die allesamt zur Qualität der Einzelschule beitragen.

Viele Schulentwicklungsforscherinnen und -forscher sehen den aus der Organisationsforschung stammenden Ansatz der Organisationsentwicklung als einen Ausgangspunkt. Autonomie ist, so Rolff, eine alte pädagogische Forderung, jedoch wird sie von den Lehrerinnen und Lehrern meist als individuelle Autonomie (Rolff, 1995, S. 39 f.) verstanden. Diese in einem Schulentwicklungsprozess, in dem

Teamarbeit gefordert ist, aufzugeben, ist häufig schwer. Im Hinblick auf Teamarbeit als neue Kompetenz der Lehrkräfte spricht Rolff von korporativer Autonomie:

> »Korporative Autonomie könnte die [...] für Lehrkräfte typische Erfolgsunsicherheit und die permanente Ungewißheit, ob erzieherisch richtig oder falsch gehandelt wird, erheblich mindern. Unsicherheit und Ungewißheit sind [...] durch kollegiale Kommunikation und Kooperation zu bearbeiten, [...] wenn es gemeinsame Zielvereinbarungen, Erfahrungsaustausch, Rückmeldungen und Selbstevaluation gibt« (S. 40).

Korporative Autonomie kann im Konzept von Rolff als Teil der Gestaltungsautonomie verstanden werden. Gestaltungsautonomie ergibt sich nur über die Anwendung von Organisationsentwicklungskonzepten (OE-Konzepten). »Gestaltungsautonomie durch OE nutzen, ist Schulreform unten und von unten. Sie ist Teil der täglichen Schularbeit, sie ist ständig um Klärungen, Konsens und Kooperation bemüht« (Rolff, 1995, S. 41). Vor diesem Hintergrund wird auch nach einer neuen Steuerung im Schulsystem gefragt und es findet eine Kompetenzverlagerung von höheren auf niedrigere Hierarchieebenen statt. So könnten allgemeine Maßnahmen einer neuen Steuerung im Schulbereich wie folgt aussehen (Bericht der Kommunalen Gemeinschaftsstelle, KGSt, 1996):

- Abbau von Vorgaben des Schulträgers
- Vermeidung von Doppelarbeiten in Schulen und beim Schulträger
- Verbesserung der Arbeitsabläufe in den Schulen und in der Schulverwaltung
- Erarbeitung wirtschaftlicher Vorteile
- Anreize zu Eigeninitiative zur effektiven Mittelverwendung in den Schulen
- Verselbstständigung der Schule als Organisation
- Effektivere Gestaltung der pädagogischen und organisatorischen Aufgaben
- Kundennahes Denken und Handeln
- Entwicklung von An-Schule-Betroffenen zu An-Schule-Beteiligten
- Verpflichtung jeder einzelnen Schule, die Qualität ihrer Aufgabenerledigung zu sichern und zu verantworten.

Deutlich wird aus den eben aufgezählten Punkten: Im Rahmen der Dezentralisierung, einer dezentralen Fach- und Ressourcenverantwortung, die in vielen Verwaltungen schon seit vielen Jahren praktiziert wird, bekommen die Schulen über die Einführung einer neuen Steuerung mehr Eigenverantwortung übertragen. Wichtiges Ziel ist vor allem, Doppelarbeiten, die von der Schulleitung und von der Schulverwaltung getätigt werden, zu erkennen und zukünftig zu vermeiden. Die Schulverwaltungen übernehmen dann im Idealfall die Aufgaben, die nicht unmittelbar von den Schulen wahrgenommen werden können. Sie hat Unterstützungsfunktion für die Verwaltungstätigkeit der Schule und übt Kontraktmanagement, Controlling und Berichtswesen aus.

Durch die Verlagerung schulaufsichtlicher Kompetenzen erweitert sich insbesondere auch das Handlungsrepertoire bzw. die Verantwortlichkeiten der Schulleitung. Deutlich wird dies durch den Wandel im Rahmen der administrativen Aufgaben hin zu einer Vervielfachung der Funktionen gerade bei der Schulleitung: Diese sind Manager, Marketingexperte, Behördenleiter, Rekrutierer pädagogischen Personals, Fortbildungsplaner, Controller und Pädagoge (vgl. Brüsemeister, 2007, S. 63 ff.). Alle diese Aufgaben sind in den einzelnen Bundesländern gesetzlich sehr unterschiedlich geregelt.

2 Entwicklung der Unterrichts- und Lernkultur bzw. Unterrichtsqualität

Ein weiterer wichtiger Bereich ist die Unterrichtsentwicklung. Dieser können unter anderem Punkte wie Selbstlernteams, Schülerorientierung, fächerübergreifender Unterricht, Methodentrainings, Lernkultur oder auch Öffnung des Unterrichts zugeordnet werden (vgl. Braun, Buyse & Syring in diesem Band). Generell kann man Unterrichtsentwicklung auf zweifache Weise definieren (Arnold & Lindner-Müller, 2010, S. 314). Zum einen ist »damit die vorfindbare zeitliche Veränderung des Unterrichtshandelns entweder einer Lehrperson oder einer Gruppe von Lehrpersonen« gemeint. Zum anderen kann Unterrichtsentwicklung als systematische Beeinflussung der Planung und Durchführung von Unterricht verstanden werden. Unterrichtsentwicklung kann sich demnach sowohl auf die Akteure, die Lehrpersonen, als auch auf den Unterricht selbst, also auf dessen Planung und Durchführung beziehen. »Bei der Unterrichtsentwicklung […] handelt es sich normalerweise nicht um einen Neubeginn, sondern um eine Fortsetzung bzw. Akzentuierung längst vorhandener oder doch angebahnter Entwicklungen« (Rolff, 2013, S. 182). Diese kann sich dabei auf überfachliches Lernen, auf erweiterte Unterrichtsformen oder auch auf ein Methodentraining erstrecken. Entscheidend ist, dass jeder Entwicklungsansatz »die konventionelle Orientierung an einer Klasse oder einem Lehrer [überschreitet und somit] zu organisatorischen Veränderungen […], also zur Organisationsentwicklung« führt (ebd., S. 182).

Vor diesem Hintergrund geht die Forschung der Frage nach, was denn guter Unterricht sei. Für Helmke (2004) stellen sich hierbei die Fragen: gut wofür, gut für wen, gut gemessen an welchen Startbedingungen, gut aus wessen Sicht und gut für wann? Blickt man auf mögliche Antworten, so ist zunächst festzustellen, dass guter Unterricht in unterschiedlichen Zusammenhängen thematisiert wird. Zum einen resultiert eine Forderung nach gutem Unterricht aus vielfachen empirischen Zusammenhängen wie z. B. der Ergebnisdiskussion von Leistungsvergleichsstudien. Bedingt durch das schlechte Abschneiden in den PISA-Studien wurde überlegt, ob und wenn ja was am Unterricht an deutschen Schulen zu verbessern sei. Sehr einflussreich ist in Deutschland auch das frisch übersetzte Werk von John Hattie, der versucht hat, den gesamten Wissensbestand empirischer Forschung zum Unterricht in englischer Sprache in sogenannten Metaanalysen zusammenzufassen und der als Kernergebnis besonders das professionelle Handeln von Lehrkräften hervorhebt (Hattie, 2009). Prominente Modelle, die in der Betrachtung guten Unterrichts Relevanz haben und die auf Indikatoren gestützt in mehr oder weniger großer Komplexität Unterricht beschreiben, sind z. B. die zwölf für die UNESCO entwickelten Gelingensbedingungen von Unterricht nach Brophy (2000) oder die Angebot-Nutzungsmodelle von Helmke (2009) bzw. von Reusser und Pauli (2003).

Zum anderen gibt es jenseits empirischer Forschung unterschiedliche Sichtweisen zur Qualität von Unterricht seitens der Bildungspolitik, der Bildungsadministration oder auch von Schülerinnen und Schülern bzw. Eltern. Die Bildungspolitik etwa favorisiert gerade im Sinne evidenzbasierter Bildungssteuerung, messbaren Lernergebnissen besondere Aufmerksamkeit zu widmen. Über Vergleichsarbeiten auf verschiedenen Ebenen, also bundesländervergleichender Ebene, der Ebene eines Bundeslandes, aber auch schulinterne Vergleichsarbeiten, sollen differenzierte vergleichbare Aussagen über Leistungsstand erhoben und daran anschließende möglichst passgenaue Fördermaßnahmen initiiert werden. In diesem Kontext soll Lernen nachhaltig werden. Der nachhaltige Bildungserfolg der Schülerinnen und Schüler, der über neue methodische Maßnahmen, die Vernetzung von Fächern und Inhalten bzw. auch eine neue Aufgabenkultur entwickelt wird, ist eine weitere zentrale Aufgabe, der sich Schulen in Zukunft stellen müssen. Insbesondere bei den Fragen »gut für wen« und »gut aus wessen Sicht« wird deutlich, wie unterschiedlich die Perspektiven auf die Qualität von Unterricht sind.

3 Umgang mit Diversität

Die Verschiedenheit der Schülerinnen und Schüler, mit denen die Lehrkräfte zu tun haben, ist zwar keine neue Erkenntnis, rückt aber bedingt durch gesellschaftliche Transformationsprozesse (Individualisierungs- und Ausdifferenzierungstendenzen in der Gesellschaft, Migration, Globalisierung, stärkere Wahrnehmung von sozialer Ungleichheit, aber auch von Spezialbegabungen) mehr und mehr ins Bewusstsein. Gerade Schule berücksichtigt den Aspekt der Heterogenität zunehmend stärker. Dies ist auch bedingt durch die Ergebnisse von Leistungsvergleichsstudien und die Tatsache, dass zum einen die Schere zwischen den verschiedenen sozialen Schichten im Hinblick auf Chancen im Bildungssystem stark auseinanderklafft. Zum anderen gehören gerade Migrantenkinder aufgrund schlechter Integrationsmaßnahmen zu den Verlierern im Bildungssystem (Paradies & Linser, 2001, S. 38). Während ältere Ansätze innerer Differenzierung oft die Schaffung homogener Leistungsgruppen fokussiert haben, geht der heutige Trend stärker auf die Individualisierung im Unterricht, was gerade auch beim Thema Inklusion Relevanz hat (vgl. Weiß in diesem Band).

Ein wichtiger neuerer Ansatz zur Untersuchung von Ungleichheit und Heterogenität stellt das Paradigma der Intersektionalität dar.

> »Unter Intersektionalität wird dabei verstanden, dass soziale Kategorien wie Gender, Ethnizität, Nation oder Klasse nicht isoliert voneinander konzeptualisiert werden können, sondern in ihren ›Verwobenheiten‹ oder ›Überkreuzungen‹ (*intersections*) analysiert werden müssen« (Walgenbach, 2012, S. 81).

Dieser Ansatz hat auch für die Pädagogik Bedeutung, da hier die entsprechenden Interdependenzen in Bezug auf Heterogenität erörtert werden.

Das gegenwärtig steigende Interesse am Phänomen Heterogenität hat einen zentralen Ausgangspunkt zum einen durch die Ergebnisse der PISA-Studie, zum anderen aber auch durch den Bericht des UN-Menschenrechtkommissars Vernon Muñoz-Villalobos (siehe Krappmann, 2007) sowie das Monitoring seitens der OECD (2013). Diese Positionen thematisieren vor allem Aspekte wie Bildungsungleichheit bzw. der Bildungsbenachteiligung sowie die frühe Selektion des deutschen Bildungswesens (Baumert & Köller, 2005). Bildungsbenachteiligung wird nicht nur auf Systemebene diskutiert, sondern auch in Bezug auf die Einzelschule. So lassen sich beispielsweise verschiedene konkrete Maßnahmen im Schulsektor ausmachen, die entweder den Gender-Aspekt in den Vordergrund rücken, durch gezielte Fördermaßnahmen die Integration von Migranten anstreben oder sich für die Integration von Schülerinnen und Schülern mit Förderbedarf in die Regelschule einsetzen. Gerade im Kontext solcher Einzelmaßnahmen steht die Schule vermehrt im Spannungsfeld von Heterogenität und Homogenität (vgl. Kiel in diesem Band). Bei einer umfassenden Betrachtung von Heterogenität schließt Differenzierung als Maßnahme zur Förderung individueller Stärken nicht nur die Förderung von Kindern und Jugendlichen mit bestimmten Schwächen ein, sondern auch die Förderung derjenigen mit besonderen Begabungen. Begabtenförderung kann durch gezielte Maßnahmen innerhalb einer Schulklasse bzw. Schule geschehen. Diese Maßnahmen unterscheiden sich je nach Bundesland. Möglichkeiten liegen hier im Überspringen einer Klasse oder im Vorrücken in eine höhere Klasse in nur einem Fach bis hin zu bestimmten Förderangeboten für hochbegabte Schülerinnen und Schüler in der jeweiligen Schule. Andere Maßnahmen sind neben dem Besuch von Spezialschulen (meist in Internatsform) die Teilnahme an bestimmten Förderprogrammen von Stiftungen, Vereinen oder der Schulverwaltungen in Form von Wettbewerben, Ferienakademien und vielem mehr.

4   Verantwortung übernehmen

Schule wird nicht mehr allein durch das Ausführen von Anordnungen und Gesetzen gestaltet. Mehr und mehr Verantwortung wird auf die Schülerinnen und Schüler und deren Eltern bzw. auch auf die Lehrkräfte übertragen. Eine grundsätzliche Überlegung ist hier, dass die Übertragung von Verantwortung Verbindlichkeitscharakter haben sollte. Dies geschieht häufig durch schriftliche Vereinbarungen oder Dokumentationen. Eine mögliche Form von solchen Vereinbarungen sind Erziehungsvereinbarungen oder -kontrakte. Durch diese soll ein gemeinsamer Wertekonsens zwischen den Erziehungsberechtigten und der jeweiligen Schule geschaffen werden. Ebenso können Schulen die Erziehungsverantwortung von Eltern im Sinne einer Mitarbeit am Schulleben einfordern. Positive Erfahrungen mit

Erziehungsvereinbarungen kommen aus dem anglo-amerikanischen Raum. So bemerkt Franz:

> »In den angelsächsischen Ländern haben Erziehungsverträge bereits ein größeres Gewicht als in deutschsprachigen. Die positiven Erfahrungen in den angelsächsischen Ländern lassen sich wie folgt zusammenfassen: Verbesserung der Schulleistung, positive Veränderung des Sozialverhaltens der Schüler, mehr gegenseitiges Verständnis, größeres Interesse der Eltern an der Schule und darüber hinaus auch eine Verbesserung des elterlichen Verhaltens im Erziehungsprozess« (Franz, 2003, S. 116 ff.; vgl. auch Uhl, 2006).

Bedeutsam im Kontext des Herstellens von Verbindlichkeit ist auch das Modell der Schulverfassung, die immer das Resultat eines von Lehrer-, Eltern- und Schülerschaft gemeinsam erarbeiteten Papiers darstellt. Generell bleibt anzumerken, dass die Schulverfassung meist im Rahmen der Schulprogrammarbeit bzw. der Schulprofilbildung entstanden ist und diese das pädagogische Handlungsprofil einer Schule deutlich sichtbar werden lässt. Schulverfassungen finden sich an vielen Schulen in ganz Deutschland. In Bayern z. B. nahm das Konstrukt der Schulverfassung seinen Ausgangspunkt vom Bildungskongress »Schulinnovation 2000«, der am 11./12. April 2000 mit dem Schwerpunkt Innere Schulentwicklung stattfand. Die Schulverfassung wird hier als Möglichkeit der Inneren Schulentwicklung aufgefasst und als Beitrag gesehen, schulische Eigenverantwortung zu initiieren (PM, Nr. 104, Bayerisches Staatsministerium für Unterricht und Kultus, 2000).

Schulverfassungen sind eine interessante Möglichkeit, Konsens über erzieherische Fragen vor dem Hintergrund gemeinsam ausgehandelter Wertvorstellungen zu ermöglichen. Die Wirksamkeit zeigt sich immer erst vor Ort, wenn deutlich wird, wie die jeweilige Schule und die Menschen, die in und mit ihr agieren, diese Konstrukte mit Leben füllen.

5 Multiprofessionelle Zusammenarbeit verschiedener Bildungsakteure

Die Schule ist in ihrem Handeln nicht nur nach innen auf sich bezogen, sondern lebt von ihren Beziehungen ins lokale Umfeld zu Unternehmen und anderen Bildungseinrichtungen. Dies bezieht auch den Einsatz anderer Kräfte im schulischen Kontext ein, wie Erzieherinnen und Erzieher, der Schulsozialarbeit oder andere mehr, die in vielen verschiedenen Bereichen zum Gelingen von Schule beitragen können, gerade auch in der Weiterentwicklung der Schule hin zur Ganztagsschule (vgl. Kollmannsberger in diesem Band).

Von Bedeutung in diesem Zusammenhang ist das Zusammenspiel der einzelnen Akteure innerhalb und außerhalb der Schule. Mit dem Postulat der Öffnung der Schule (Benner, 1989) nach außen ins direkte Umfeld sind vielfältige Kooperationsmöglichkeiten entstanden bzw. vertieft und erweitert worden.

Abb. 1: Kooperationsmöglichkeiten der Einzelschule

Kooperationen erweitern schulische Handlungsspielräume, ermöglichen neue Unterrichtsformen und lassen die Schülerinnen und Schülern Primärerfahrungen machen, damit eine neue Lernkultur entstehen kann. Eine wichtige theoretische Grundlage liefert die Lernorttheorie von Mitchell (1974): Der Lernort ist nicht der konkrete vorfindbare Ort, sondern eine Vielzahl gesellschaftlicher Institutionen, die zum lebenslangen Lernen bzw. wie Mitchell zur »Éducation permanente« beitragen, wie Medien, Freizeit, Spiel, Kultur, Reise und vieles mehr (Feige, 2006, S. 377).

Im Rahmen von Schulentwicklungsmaßnahmen werden solche Tendenzen zur Kooperation unter dem Stichwort der Entwicklung einer regionalen Bildungslandschaft (Lohre, 2000), die sich seit Mitte der 1990er Jahre in vielen Bundesländern entwickelt hat, zusammengefasst. In der Kooperation mit außerschulischen Institutionen lassen sich drei Ebenen unterscheiden: Zum einen eine erzieherisch-beraterische Ebene, hierzu gehören Institutionen wie verschiedene Einrichtungen der Jugendhilfe, Drogenberatungsstellen oder Gesundheitsämter, aber auch Beratungszentren der Arbeitsagentur. Zum anderen sind Kooperationen auf der kulturellen Ebene möglich mit Museen, Theatern, Galerien, Bibliotheken/ Büchereien. Eine dritte Ebene ist die betriebliche Ebene. Hierunter zählen alle Kooperationen mit der Privatwirtschaft sowohl im Hinblick auf Praktika als auch was das Lernen mit Experten betrifft (Jürgens, 1993). Experten verfügen über ein spezifisches Erfahrungswissen und geben dieses entweder durch einen Besuch in der Schule oder durch einen Besuch der Schülerinnen und Schüler in dem entsprechenden Kontext des Experten weiter (Thiel, 2006).

Bei Kooperationen zwischen Schule und Betrieb stehen neben dem Kennenlernen von Betrieben auch ganz praktische Aspekte, wie der Anbahnung von Praktika bis hin zur Findung eines Arbeitsplatzes aus solchen Kooperationen heraus, im Vordergrund. Die Kooperation Schule und Wirtschaft bekommt eine immer stärkere Bedeutung. So gibt es eine Vielzahl an regionalen, nationalen und europäischen Initiativen. Eine Initiative auf europäischer Ebene ist die Entwicklungspartnerschaft »Auf KURS in die Zukunft – Kooperation Schule und Wirtschaft gestalten«, die im Rahmen des Gemeinschaftsprojektes »EQUAL« der EU in den Jahren 2005 bis 2007 gefördert wurde. Diese Initiative hatte vorrangig zum Ziel, Arbeitslosigkeit zu reduzieren. Das Projekt diente der Schaffung neuer Konzepte für die Weiterentwicklung von Politik und Praxis in Beschäftigung und Weiterbildung bzw. verschiedenen thematischen Bereichen, wie zum Beispiel der Förderung jüngerer Menschen an der Schnittstelle von Schule, Ausbildung und Beruf. »Auf KURS in die Zukunft« hatte sich folgende Ziele gesetzt:

- »Verbesserung der beruflichen Perspektiven für die Gruppen von Jugendlichen, deren Zugang zum Ausbildungs- und Arbeitsmarkt aus verschiedenen Gründen erschwert ist,
- eine frühzeitige und systematische Wirtschafts- und Berufsorientierung,
- eine verlässliche Zusammenarbeit von Schulen und Unternehmen,
- die Kompetenzentwicklung von Schülerinnen und Schülern, Lehrkräften sowie Beschäftigten von Unternehmen,
- eine interkulturelle Sensibilisierung,
- die Stärkung von Netzwerken (regional, national und international),
- die Entwicklung und Erprobung von analytischen Instrumenten zur Selbstbewertung« (Baedeker, Rohn & Lubjuhn, 2007, S. 4).

6 Schulleben und Schulprogramm

Weitere wichtige Instrumentarien zur Gestaltung der Einzelschule sind neben Schulmanagement und Evaluationsmaßnahmen unter anderem Schulprogramm, Schulleben und Schulkultur. Alle diese Instrumentarien, die nach Rolff in den Bereich der Organisationsentwicklung gehören, zielen darauf ab, die Schule als Organisationseinheit zu verstehen und sie als Ganzes zu entwickeln. Neben Schulmanagement oder neuen Finanzierungsformen von Schulen ist vor allem die Schulprogrammarbeit ein wesentlicher Bereich, der hier als Beispiel näher erläutert wird.

Ein Schulprogramm wirkt identitätsstiftend nach innen und imagepflegend nach außen. Es kann Wegweiser für Schülerinnen und Schüler, Lehrkräfte und Eltern, maßgebend für bestimmte schulische Aktivitäten und Richtschnur für das pädagogische Handeln in der Schule sein. Pädagogische Ziele der Schule, Schwerpunkte in der Erziehungsarbeit und im Bereich der Fächer sowie der Arbeitsgemeinschaften geben nach innen einen Orientierungsrahmen. Darüber hinaus kann es das Erscheinungsbild einer Schule in der Region unverwechselbar machen, die Position der Schule in einer Region festigen sowie ihr Image und ihr Selbstbild positiv nach außen darstellen, womit auch Sponsoren für die Schule interessiert werden können. Schulprogramme können somit »eine Leitfunktion übernehmen und eine Arbeitsbasis für die Gestaltung des Schullebens und des Unterrichts sein […]«

(Maritzen & Fleischer-Bickmann, 1996, S. 13). Schwerpunktsetzungen können beispielsweise im Hinblick auf interkulturelles Lernen (vgl. Kiel in diesem Band), der sozialwirksamen bzw. gewaltfreien Schule (vgl. Steinherr in diesem Band), der gesundheitsfördernden Schule (vgl. Schlotter in diesem Band) oder auch der Inklusion (vgl. Weiß in diesem Band) erfolgen.

Schulprogramme haben ihren Ursprung in betriebswirtschaftlichen Konzepten zur *Corporate Identity*, die über die Erstellung von Leitbildern in der Verwaltungsreform auch das Bildungswesen erreicht haben und hier weiterentwickelt wurden. Schulprogramme dienen nicht nur der Schaffung gemeinsamer Visionen, sondern auch der Beschreibung des Ist-Zustandes einer Schule. Über eine pädagogische Grundorientierung wird hier das pädagogische Profil einer Schule festgelegt. Aufbauend auf dem Schulprofil als Ausgangsgröße, das eher statischen Charakter hat, wird nun das eigentliche Schulprogramm als dynamisches Aktionsprogramm für die schulische Weiterentwicklung verfasst. Während das Schulprofil also den Ist-Zustand markiert, entsteht ein Schulprogramm mit der Zeit als »kollektiver Fließtext« (Maritzen & Fleischer-Bickmann, 1996). Ein Schulprogramm muss offen gestaltet sein, um flexibel modifiziert werden zu können, sobald es zu Änderungen in der Schule kommt. Es muss als Produkt nicht einzelner Lehrerinnen und Lehrer, sondern des ganzen Kollegiums entstehen. Somit ist das Schulprogramm ein Gesamtkonzept, das sich eine Schule gibt. Es beschreibt konkret und überprüfbar die unterrichtlichen und erzieherischen Aufgaben der Einzelschule sowie die daraus resultierenden Organisationsformen und die Schritte, wie bestimmte Maßnahmen umgesetzt und evaluiert werden.

Eine wichtige Rolle im Prozess des Schulprogramms nimmt auch die Schulaufsicht ein, da bei einer konsequenten Anwendung der im Schulprogramm erarbeiteten Grundsätze Kompetenzen von der Schulaufsicht auf die Einzelschule übertragen werden. Somit ist auch entscheidend, wie die Schulaufsicht in diesem Prozess vorgeht: »Auf allen drei Ebenen – der der Programmerstellung, der Umsetzung und der Evaluation – wird sich die Vermittlungsfunktion der Schulaufsicht als qualitative Unterstützung der angestrebten Entwicklung herausstellen. Je deutlicher die Schulaufsicht ihre Aufgabe in diesen Prozessen als grundsätzlich beratende, die Experten- und die Vorgesetztenrolle sachangemessen miteinander vermittelnde Aufgabe wahrnimmt, desto eher ist im Sinne eines pragmatischen Vorgehens ein Erfolg zu erwarten« (Köster-Bunselmeyer, 1998, S. 79). In einigen Bundesländern wird bereits seit Ende der 1990er Jahre mit Schulprogrammen gearbeitet, so in Hessen, Nordrhein-Westfalen, Niedersachsen und Schleswig-Holstein. Hier muss das Schulprogramm der Schulaufsicht vorgelegt werden und dient als Evaluationsgrundlage. Die Schulen werden daran gemessen, ob sie die hier festgelegten pädagogischen Ziele umgesetzt und das Schulprogramm kontinuierlich den veränderten schulischen Gegebenheiten angepasst haben.

Zusammenfassend kann man sagen, dass ein Schulprogramm zugeschnitten ist auf die Individualität der Einzelschule. Es dient zur

- Orientierung, Koordinierung und zur konkreten Gestaltung des Schullebens,
- Organisation und Aktualisierung der pädagogischen Grundorientierung (gemeinsam reflektierter Unterrichts- und Erziehungsauftrag) sowie

- der Schwerpunktsetzung innerhalb des Schulentwicklungsprozesses (Verständigung über zentrale Zielvorstellungen, Verfahren zur Implementation der Ziele sowie zu deren Evaluation, Dokumentation und Revision).

Schulleben bedeutet eine belebende Gestaltung von Schule und Unterricht über die Verbindung von Schule und Umwelt, außerunterrichtlicher Aktivitäten etc. und trägt zur Sozialerziehung bei. Folgende Komponenten des Schullebens können unterschieden werden:

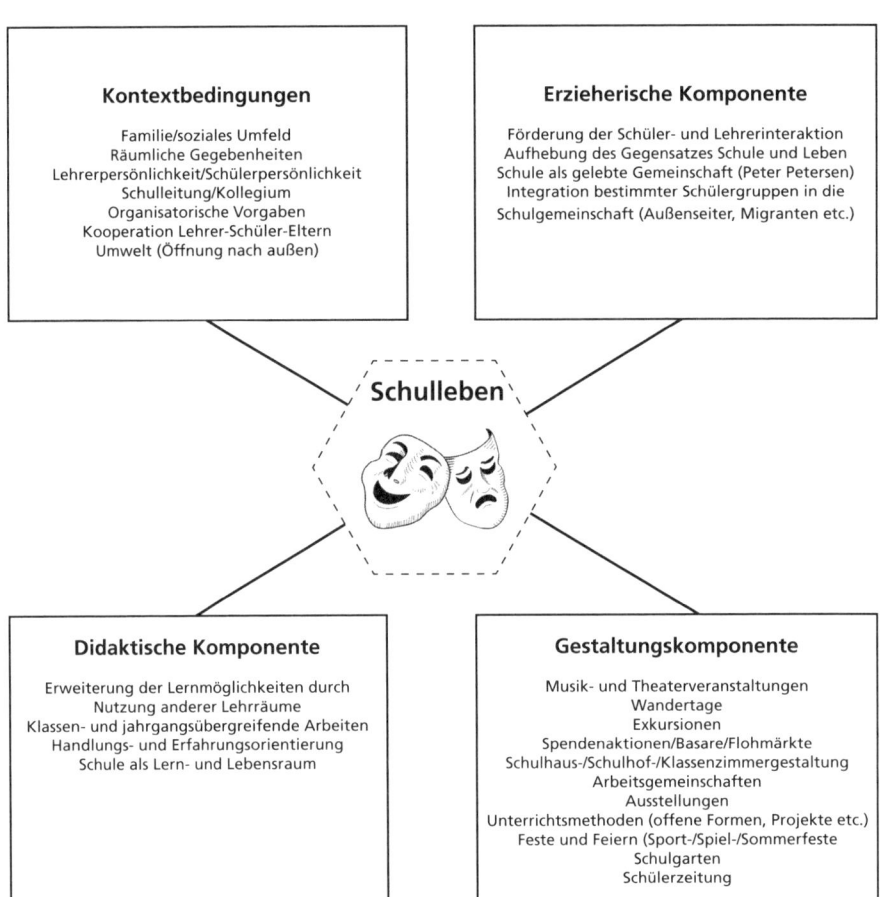

Abb. 2: Komponenten des Schullebens

Im Hinblick auf das Schulleben sind auch Begriffe wie Schulkultur, Schulklima und das bereits oben erwähnte Schulprofil von Bedeutung, die hier jedoch nicht weiter ausgeführt werden. Geht man von Schulkultur als übergreifendem Begriff aus, sind Schulleben, Schulprofil und Schulklima als Teilmengen der Schulkultur zu verstehen (vgl. Göhlich, 2007). Die Schulkultur als tragende Säule dessen, was Schule ausmacht, speist sich aus den drei Bereichen Schulleben, Schulprofil und Schulklima. Diese Teilmengen muss Schulkultur immer auch im Kontext von Schulentwicklung berücksichtigen. Durch den Wandel der Schule innerhalb von Schulentwicklungsprozessen wandelt sich auch die Kultur einer Schule und damit auch das Schulleben.

7 Fazit

Abschließend bleibt zu sagen, dass Schulentwicklung sowohl in der wissenschaftlichen Analyse als auch wie sie uns in der Praxis begegnet immer in Dichotomien eingebettet ist. So kann keine Schulentwicklungsmaßnahme einer Einzelschule losgelöst von Maßnahmen auf der Gesamtebene gesehen werden. Die Wechselbeziehungen zwischen den einzelnen Systemebenen, in die auch die Lehrkräfte mit ihrem Handeln eingebettet sind, sind maßgebend für alle Handlungs- und Gestaltungsprozesse. Diese Prozesse spiegeln sich auch in der Dichotomie von Freiheit und Grenzen bzw. Schaffung von Freiräumen und (teil)autonomen Handlungsfeldern auf der einen Seite und administrativen, rechtlichen und politischen Rahmensetzungen auf der anderen Seite wider.

Literatur

Arnold, K.-H. & Lindner-Müller, C. (2010). Einführung: Unterrichtsentwicklung – die Perspektive der Unterrichtswissenschaften. In T. Bohl, W. Helsper, H. G. Holtappels & C. Schelle (Hrsg.), *Handbuch Schulentwicklung. Theorie – Forschung – Praxis* (S. 313–315). Bad Heilbrunn: Klinkhardt.

Baedeker, C., Rohn, H. & Lubjuhn, S. (2007). *Die Entwicklungspartnerschaft »Auf KURS in die Zukunft – Kooperation Schule und Wirtschaft gestalten«*. Abschlussdokumentation. Wuppertal: Wuppertal Institut für Klima, Umwelt, Energie.

Baumert, J. & Köller, O. (2005). Sozialer Hintergrund, Bildungsbeteiligung und Bildungsverläufe im differenzierten Sekundarschulsystem. In V. Frederking, H. Heller & A. Scheunpflug (Hrsg.), *Nach PISA. Konsequenzen für Schule und Weiterbildung nach zwei Studien* (S. 9–21). Wiesbaden: VS.

Bayerisches Staatsministerium für Unterricht und Kultus (2000). *»Ihre Meinung ist gefragt! Kultusministerin Hohlmeier eröffnet im Internet Meinungsforum zur ›Inneren Schulentwicklung‹*. Pressemitteilung Nr. 104 vom 3. Mai 2000.

Benner, D. (1989). Auf dem Wege zur Öffnung von Unterricht und Schule. Theoretische Grundlegung zur Weiterentwicklung der Schulpädagogik. *Die Grundschulzeitschrift*, 27, 46–55.

Brophy, J. E. (2000). *Teaching*. Educational Practices Series, 1. Brüssel: International Academy of Education & International Bureau of Education.

Brüsemeister, T. (2007). Steuerungsakteure und ihre Handlungslogiken im Mehrebenensystem der Schule. In J. Kussau & T. Brüsemeister (Hrsg.), *Governance, Schule und Politik. Educational Governance*, Bd. 2 (S. 97–120). Wiesbaden: VS.

Feige, B. (2006). Lernorte außerhalb der Schule. In K.-H. Arnold, U. Sandfuchs & J. Wiechmann (Hrsg.), *Handbuch Unterricht* (S. 375–381). Bad Heilbrunn: Klinkhardt.

Franz, F. (2003). Chancen von Erziehungsverträgen. Eine hessische Initiative zur Stärkung der gemeinsamen Erziehungsaufgabe von Schule und Elternhaus – Teil I. *Schulverwaltung. Ausgabe Hessen, Rheinland-Pfalz und Saarland, 7* (3), 74–76.

Göhlich, M. (2007). Schulkultur. In H.-J. Apel & W. Sacher (Hrsg.), *Studienbuch Schulpädagogik* (3. Aufl.) (S. 104–120). Bad Heilbrunn: Klinkhardt.

Hattie, J. (2009). *Visible learning. A synthesis of over 800 meta-analyses relating to achievement*. London: Routledge.

Helmke, A. (2004). *Unterrichtsqualität erfassen, bewerten, verbessern* (3. Aufl.). Seelze: Kallmeyer.

Helmke, A. (2009). *Unterrichtsqualität und Lehrerprofessionalität. Diagnose, Evaluation und Verbesserung des Unterrichts*. Seelze: Kallmeyer.

Jürgens, E. (1993). Außerschulische Lernorte. Erfahrungs- und handlungsorientiertes Lernen außerhalb der Schule. *Grundschulmagazin, 7/8*, 4–6.

Kommunale Gemeinschaftsstelle (KGSt) (1996). *Neue Steuerung im Schulbereich*. KGSt-Bericht 9/1996. Köln: KGSt.

Köster-Bunselmeyer, D. (1998). Schulprogramm und Schulaufsicht. In Ministerium für Bildung, Wissenschaft, Forschung und Kultur des Landes Schleswig-Holstein (Hrsg.), *Wege zum Schulprogramm* (S. 75–81). Kiel: Ministerium für Bildung, Wissenschaft, Forschung und Kultur des Landes Schleswig-Holstein.

Krappmann, L. (2007). Der Besuch von Vernon Muñoz-Villalobos. Eine menschenrechtliche Perspektive auf das deutsche Bildungswesen. In B. Overwien & A. Prengel (Hrsg.), *Recht auf Bildung. Zum Besuch des Sonderberichterstatters der Vereinten Nationen in Deutschland* (S. 9–17). Opladen: Budrich.

Landeshauptstadt München (2015). *Münchner Schulpreis. Preisträgerschulen 2015*. Referat für Bildung und Sport. München: Eigenverlag.

Lohre, W. (2000). Einzelschulen entwickeln sich gemeinsam: auf dem Weg zu einer regionalen Schul- und Bildungslandschaft. *Pädagogik, 52* (7/8), 10–13.

Maritzen, E. & Fleischer-Bickmann, N. (1996). Schulprogramm. Anspruch und Wirklichkeit eines Instruments der Schulentwicklung. *Pädagogik, 48* (1), 12–17.

Mitchell, P. D. (1974). Verschiedene Lernorte im Zusammenhang der Éducation Permanente. *Unterrichtswissenschaft, 1*, 43–51.

Organisation for Economic Co-operation and Development (OECD) (2013). *Education at a Glance: OECD Indicators*. Paris: OECD.

Paradies, L. & Linser, H.-J. (2001). *Differenzieren im Unterricht*. Berlin: Cornelsen.

Reusser, K. & Pauli, C. (2003). *Mathematikunterricht in der Schweiz und in weiteren sechs Ländern. Bericht mit Videobeispielen über die Ergebnisse einer internationalen und schweizerischen Video-Unterrichtsstudie*. CD-ROM des pädagogischen Instituts Universität Zürich.

Rolff, H.-G. (1995). Autonomie als Gestaltungs-Aufgabe. Organisationspädagogische Perspektiven. In P. Daschner, H.-G. Rolff & T. Stryck (Hrsg.), *Schulautonomie – Chancen und Grenzen* (S. 31–54). Weinheim: Juventa.

Rolff, H.-G. (2013). *Schulentwicklung kompakt. Modelle, Instrumente, Perspektiven*. Weinheim: Beltz.

Saalfrank, W.-T. (2005). *Schule zwischen staatlicher Aufsicht und Autonomie. Konzeptionen und bildungspolitische Diskussion in Deutschland und Österreich im Vergleich*. Würzburg: Ergon.

Thiel, F. (2006). Lernen mit Experten. In K.-H. Arnold, U. Sandfuchs & J. Wiechmann (Hrsg.), *Handbuch Unterricht* (S. 370–375). Bad Heilbrunn: Klinkhardt.

Uhl, S. (2006). Erziehungsvereinbarungen: Aufgaben, Inhalte, Erfolgsaussichten. *Katholische Bildung, 107* (5), 216–219.

Walgenbach, K. (2012). Intersektionalität als Analyseperspektive heterogener Stadträume. In E. Scambor & F. Zimmer (Hrsg.), *Die intersektionelle Stadt. Geschlechterforschung und Medien an den Achsen der Ungleichheit* (S. 81–92). Bielefeld: transcript.

Weber, M. (1980). *Wirtschaft und Gesellschaft: Grundriß der verstehenden Soziologie* (5., rev. Aufl.) Tübingen: Mohr & Siebeck.

Erfolgreiche Gestaltung des Schulentwicklungsprozesses: Modelle – Begleitung – Akteure

Gabriele Kurz und Sabine Weiß

(F1) Mit der Einführung des achtjährigen Gymnasiums müssen neue Lehr- und Stoffverteilungspläne sowie Unterrichts- und Förderkonzepte umgesetzt werden. Das erfordert Veränderungen in vielen Bereichen.

(F2) Mehrere Kolleginnen und Kollegen bringen neue Ideen für die (Um-)-Gestaltung des Schullebens ein. Das reicht von fächerübergreifenden Projekten über Schulveranstaltungen bis zu gemeinsamen Aktionen mit anderen Schulen oder Vereinen. Diese Ideen möchten sie gemeinsam mit anderen Lehrkräften, engagierten Eltern sowie Schülerinnen und Schülern umsetzen.

(F3) Ein neuernannter Schulleiter übernimmt die Leitung einer Schule, an der ein Großteil der Lehrkräfte seit mehr als zwanzig Jahren arbeitet. Einige von ihnen leiden unter dem Entwicklungsstillstand an der Schule und wünschen sich Veränderung. Der Schulleiter sieht Reformbedarf und versucht einen Entwicklungsprozess anzustoßen.

(F4) Viele Lehrkräfte sind unzufrieden mit den Arbeitsbedingungen an ihrer Schule. Vor allem die Gestaltung und Ausstattung der Räume, aber auch unklare Zuständigkeiten, undurchsichtige Kommunikationsstrukturen und fehlende Wertschätzung werden beklagt.

(F5) Verschiedene ortsansässige Ausbildungsbetriebe schlagen eine stärkere Zusammenarbeit mit den Schulen vor. Dabei werden sie von der Gemeinde unterstützt. Verschiedene Angebote (Ausstattung von Fachräumen, Fortbildungen, Informationsveranstaltungen für Lehrkräfte, Eltern und Schülerinnen und Schüler, Bewerbungstrainings und Praktika) stehen zur Diskussion.

(F6) Die Möglichkeiten neuer Medien z. B. im Umgang mit sozialen Netzwerken bergen viele Gefahren für Kinder und Jugendliche. Eine besorgte Elterngruppe fühlt sich diesen Herausforderungen gegenüber hilflos und fordert nachhaltige Maßnahmen der Schule zur Stärkung der Medienkompetenz.

Einige dieser Anlässe für schulische Veränderungsprozesse sind Folgen von administrativen Vorgaben und schulischen Reformen, andere von sozialen, gesellschaftlichen und politischen Gegebenheiten. Ebenso können auch innerschulische Impulse, wie Kolleginnen und Kollegen, die »frischen Wind« ins Kollegium bringen, Prozesse anstoßen, gleichsam auch Erwartungen und Angebote von außerschulischen Partnern oder aktiven Elterngruppen. Manche Anlässe erfordern eher kurzfristiges, schnelles Handeln, andere setzen einen längeren Schulentwicklungsprozess als »systematisierte Weiterentwicklung« in Gang (vgl. Dedering, 2012, S. 6). Wie letzterer zielführend gestaltet werden kann, beschreibt das vorliegende Kapitel. Zu Beginn werden Modelle und einzelne Schritte vorgestellt, anschließend die Möglichkeit einer externen Prozessbegleitung erläutert. Zuletzt sind Funktionen und Rollen verschiedener Akteure sowie Stolpersteine beschrieben.

1 Wo beginnt Schulentwicklung? Der Treibstoff eines Entwicklungsprojekts – Zug und Druck

Der Innovationswürfel von Schratz und Steiner-Löffler (1999), dargestellt in Abbildung 1, veranschaulicht mittels dreier Dimensionen, wodurch Schulentwicklungsprozesse initiiert werden.

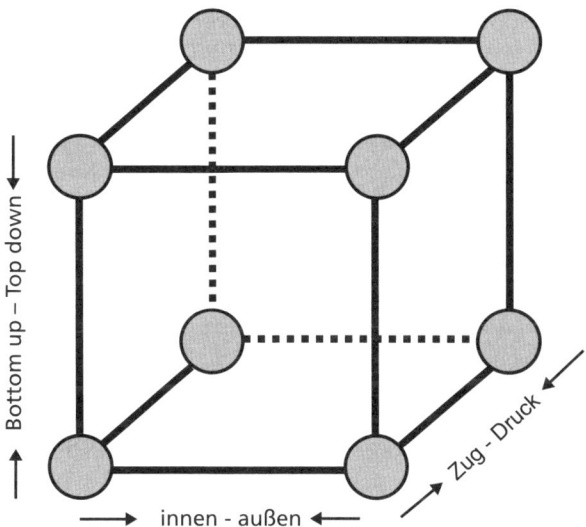

Abb. 1: Innovationswürfel von Schratz und Steiner-Löffler (1999, S. 144)

- *Bottom Up – Top Down*: *Bottom Up* bezeichnet Anregungen, die von Schülerinnen und Schülern, Lehrkräften und pädagogischen Mitarbeiterinnen und Mitarbeitern einer Schule ausgehen. *Top Down* charakterisiert Anregungen durch übergeordnete Institutionen wie der Schulleitung, der vorgesetzten Schulbehörde, dem Ministerium oder auch Anregungen von den Eltern.
- *Innen – außen*: Mitglieder einer Schulgemeinschaft können von *innen* heraus Schulentwicklung in Gang bringen. Impulse von *außen* kommen von politischen Instanzen oder außerschulischen Einrichtungen und Organisationen.
- *Zug – Druck*: *Zug* entsteht, wenn ein Ziel einer Schule als besonders attraktiv und erstrebenswert erscheint. *Druck* kommt auf, wenn sich eine Schule durch Vorgaben von z. B. Schulbehörde, Ministerium etc. oder durch Forderungen einflussreicher Akteure genötigt sieht zu handeln.

Für Schulentwicklung bedeutet das: Einerseits kann ein entsprechender Prozess durch ausreichend großen *Druck*, der von innen oder außen, von oben oder unten kommen kann, initiiert werden. Mit Blick auf die zu Beginn geschilderten Anlässe lässt sich dies folgendermaßen verdeutlichen:

- *Druck von oben und außen* entsteht, wenn beispielsweise politische Entscheidungen die Schule vor neue Aufgaben stellen, wie dies in der ersten Fallvignette geschieht. Mit der Einführung des achtjährigen Gymnasiums gehen ministerielle Vorgaben einher, die von den Schulen zwingend umzusetzen sind. Diese reichen von einschneidenden Veränderungen wie der Umsetzung neuer Lehrpläne über die konkrete Gestaltung der Intensivierungsstunden bis hin zur Organisation der Mittags- und Nachmittagsbetreuung.
- *Druck von unten und außen* ist etwa durch gesellschaftliche Veränderungen bedingt, die nachhaltige Lösungen erfordern, wie in der sechsten Fallvignette: Neue Medien mit ihren vielfältigen Nutzungsmöglichkeiten und hier insbesondere soziale Netzwerke bedeuten für Kinder und Jugendliche Zugang zu nahezu unbeschränkter Information. Das birgt Gefahren wie Spielsucht, Überforderung durch Gewaltdarstellungen oder Cybermobbing, deren Folgen auch die Schule zu spüren bekommt. Konzentrationsmangel, Unruhe, Leistungsabfall etc. werden beklagt, um nur einige zu nennen. Viele Eltern fühlen sich hilflos. Sie fordern Hilfe vonseiten der Schule. Eine solche Unterstützung kann sich auf einmalige Aktionen wie z. B. einen Eltern-Informationsabend oder ein Training für Schülerinnen und Schüler beschränken. Ist der Druck groß genug, kann dies auch Ausgangspunkt eines längerfristigen Prozesses sein.
- *Druck von unten und innen* geht beispielsweise von Lehrkräften aus, die wie in der vierten Fallvignette unzufrieden mit den Arbeitsbedingungen sind: Eine mangelhafte Ausstattung der Fachräume schränkt unter anderem die Möglichkeiten ein, in Biologie, Chemie oder Physik Experimente durchzuführen. Ebenso hemmen unklare Zuständigkeiten und umständliche Kommunikationswege die Bereitschaft der Lehrkräfte, sich etwa für Projekte oder für außerschulische Kooperationen zu engagieren. Gleiches gilt für fehlende Wertschätzung und Anerkennung.

Andererseits kann auch *Zug*, von innen oder außen, von oben oder unten, den Impuls für einen Entwicklungsprozess geben:

- *Zug von unten und innen* wird in der zweiten Fallvignette durch einen starken Wunsch nach Veränderung und Neugestaltung des Schullebens durch engagierte Akteure erzeugt. So erwerben Lehrkräfte durch Aus- oder Fortbildungen neue Kompetenzen und möchten diese zum Nutzen der Schule einbringen. Das kann z. B. die Gründung einer Schulspielgruppe, eines Schulchores oder eines Orchesters sein, aber auch die Durchführung von Projekten wie »Zeitung in der Schule«. Ebenso trägt eine neue Schulpartnerschaft zu einer Veränderung des Schullebens bei. Finden diese Ideen die Unterstützung von vielen Kolleginnen und Kollegen oder auch der Eltern, können daraus Impulse zur Weiterentwicklung entstehen, die längerfristig positive Effekte auf das Lernklima haben.

- *Zug von unten und außen* wird wie in der fünften Fallvignette etwa durch außerschulische Unterstützungsangebote angeregt. Da Handwerksbetriebe dringend Fachkräfte benötigen und auch ausbilden möchten, sind diese sehr daran interessiert, geeignete Schulabgänger zu finden. Die Gemeinde möchte die Unternehmen im Ort halten und gleichzeitig der Jugendarbeitslosigkeit entgegenwirken. Gemeinsam lassen sich Vorschläge erarbeiten, wie dies gelingen kann. Diese reichen von Projekten zur Berufsorientierung über intensive Zusammenarbeit bis hin zur Ausstattung von Fachräumen oder Bereitstellung von Material und Geräten durch Sponsoren.
- *Zug von oben und innen* entsteht, wenn wie in der dritten Fallvignette ein Schulleiter an einer Schule ein Entwicklungsprojekt initiiert. Leiden Lehrkräfte unter festgefahrenen Mustern und Routinen und in der Folge einem Entwicklungsstillstand, kann dies Anlass für den Schulleiter sein, bestehende Strukturen »aufzubrechen« und mit dem Kollegium neue, tragfähigere und für Lehrkräfte attraktivere Konzepte beispielsweise bezüglich Unterrichtsgestaltung zu entwerfen.

2 Wie gelingt Schulentwicklung? Leitfragen und Schritte

Setzt das Kollegium einer Schule einen Entwicklungsprozess in Gang, sollte dieser schrittweise ablaufen. Dazu liegen verschiedene Ablaufpläne und Modelle vor, die in die folgende Darstellung der einzelnen Phasen eines solchen Prozesses einfließen (z. B. Dubs, 2010; Keller, 2002; Redlich & Schley, 1983).

2.1 Wo stehen wir? Die Analyse der Ausgangssituation

An erster Stelle eines Schulentwicklungsprozesses steht die *Analyse der Ausgangssituation*. Redlich und Schley (1983) bezeichnen diesen ersten Arbeitsschritt als Diagnose. Alle an Schule beteiligten Personen(gruppen) sollten zu Wort kommen und ihre Sicht einbringen dürfen. Das kann durch Fragebögen, Gespräche, Gruppendiskussionen oder durch eine externe Evaluation geschehen, mittels derer eine möglichst umfangreiche Beschreibung der aktuellen schulischen Situation entsteht. In eine solche Erhebung sollten auch Schülerinnen und Schüler sowie Eltern integriert werden, um einen Einblick in deren Sicht zu bekommen. Diese Analyse bildet den Ausgangspunkt für die gemeinsame Zielbestimmung. Keller (2002) spezifiziert dieses Vorgehen, für das er den Begriff der Ist-Analyse wählt, dahingehend, dass sich diese auf unterschiedliche Schulaspekte beziehen kann und daher zunächst zu klären ist, was genau in den Blick genommen werden soll. Die Frage *Wo stehen wir?* kann verschiedene Fragestellungen oder Anlässe fokussieren, z. B. die Zusammenarbeit im Kollegium, Kommunikationsmuster, Schulklima,

Fragen der Unterrichtsarbeit oder aktuelle Herausforderungen wie den Umgang mit Medien.

Eine solche Analyse darf nicht ausschließlich defizitorientiert erfolgen. Sie dient nicht nur der Aufdeckung von Mängeln und Veränderungsbedarf, sondern auch einer Erfassung von Ressourcen. Rolff (2013) spricht daher von einer *Stärken-Schwächen-Analyse* oder *Chancen-Gefährdungs-Analyse*.

Stärken und Schwächen bzw. Defizite und Entwicklungspotenziale lassen sich durch die von Rolff beschriebene *SWOT-Analyse* herausarbeiten:

> **S**trength (Stärken): Welche Rahmenbedingungen, Kompetenzen, Mittel stehen zur Verfügung?
> **W**eakness (Schwächen): Woran mangelt es, welche Bereiche sollten gestärkt werden?
> **O**pportunities (Chancen): Mit welcher Unterstützung, unter welchen Bedingungen ergeben sich Erfolgsmöglichkeiten?
> **T**hreats (Risiken): Was ist schwer bzw. nicht kalkulierbar, woran könnte die Entwicklungsmaßnahme scheitern?

Die Analyseergebnisse sind sowohl für die genaue Zielbestimmung als auch für die Suche nach Umsetzungsstrategien und Handlungsoptionen fruchtbar. Sie lassen sich in eine Matrix (▶ Tab. 1) einordnen bzw. durch diese systematisieren.

Tab. 1: Matrix zur Einordnung der Ergebnisse der SWOT-Analyse

Stärken?	**Chancen?**
• Räume, Material, finanzielle Möglichkeiten; • Kompetenzen und Motivation der Lehrkräfte; • wertschätzende, unterstützende Schulleitung	• Fördermöglichkeiten durch den Sachaufwandsträger; • besondere Voraussetzungen für Modellschulen und Projekte; • Unterstützung von außerschulischen Partnern
Schwächen?	**Risiken?**
• mangelnde Ausstattung der Schule; • fehlende Kenntnisse oder Erfahrung innerhalb des Kollegiums; • schwierige Kommunikation innerhalb der Schule	• Genehmigungen und Anreize durch übergeordnete Stellen; • Mitarbeit engagierter Eltern, Schülerinnen und Schüler oder außerschulischer Partner

2.2 Wohin wollen wir? Der Prozess der Zielbestimmung

Die Analyse der Ausgangssituation, die Bestimmung von bestehenden Problemstellungen und Schwächen sowie Stärken und Ressourcen, ist der Ausgangspunkt dafür, daraus konkrete Ziele für das Entwicklungsprojekt abzuleiten: Die Ziele ergeben sich aus den Ergebnissen beispielsweise einer SWOT-Analyse an der Schule. Der Prozess der Zielbestimmung läuft in verschiedenen Einzelschritten ab, die im Folgenden näher beschrieben sowie durch Modelle und konkrete Regeln für das Vorgehen illustriert werden:

1. Visionen bzw. Idealzustand beschreiben, Leitbild entwickeln
2. Entwicklungsschwerpunkte festlegen
3. (Teil)Ziele formulieren und Zeitplan erstellen

2.2.1 Das Leitbild als Orientierungshilfe

> *Wenn das Leben keine Vision hat, nach der man strebt, nach der man sich sehnt, die man verwirklichen möchte, dann gibt es kein Motiv, sich anzustrengen.*
> (Erich Fromm)

Dieses Zitat verdeutlicht, welche Motivation von einer visionären Vorstellung z. B. einer »idealen Schule« ausgehen kann. »Unter einer Vision wird ein klares Bild der Zukunft verstanden, die man erschaffen möchte« (Buhren, 2010, S. 228). Im Kontext Schule wird dafür gerne der Begriff »Leitbild« verwendet. Dieses bezeichnet eine kurze prägnante Zusammenfassung und Präsentation zentraler Werte und leitender Ziele, die für alle Organisationsmitglieder Geltung haben (Rolff, 2013). Das Leitbild einer Schule kann nur dann für ihre Weiterentwicklung wirksam sein, wenn es von möglichst allen Mitgliedern mitgetragen wird. Hat eine Schule (noch) kein Leitbild, gilt es, dieses zu entwerfen und an alle Beteiligten zu kommunizieren. Besteht bereits ein Leitbild, ist möglicherweise zu klären, ob dieses noch Geltung hat, ob alle Personengruppen die zugrunde liegenden Werte noch mittragen, ob es allen bekannt und ob es revisionsbedürftig ist. Dies lässt sich mit Blick auf die dritte Fallvignette verdeutlichen. Der neue Schulleiter nutzt eine Auseinandersetzung mit dem Leitbild der Schule als Ansatzpunkt für einen Veränderungsprozess. Er initiiert beispielsweise einen Pädagogischen Tag, auf dem folgende Fragen thematisiert werden:

- *Welche Werte sind uns, für unsere pädagogische Arbeit an dieser Schule wichtig – warum?*
- *Wodurch unterscheidet sich unsere Schule von anderen?*
- *Wie spiegelt sich das im Leitbild unserer Schule?*
- *Wie setzen wir diese Werte um?*
- *Wie kommunizieren wir sie?*

Daraus ergeben sich weitere Fragen, die in die Zukunft weisen:

- *Was ist überholt, passt nicht mehr in unsere Zeit?*
- *Was sollte ergänzt oder modifiziert werden?*

Durch eine solche Auseinandersetzung mit dem Leitbild der Schule werden Werte und Vorstellungen, die das pädagogische Handeln prägen, (wieder) in den Blick gerückt. Visionen und neue Zielvorstellungen können entstehen. Daraus kann sich eine große Zugkraft entwickeln, auf die weitere Schritte der Schulentwicklung folgen. Ein konkretes Beispiel für ein Schulleitbild ist im Kapitel von Weiß in diesem Band zu finden.

2.2.2 Entwicklungsschwerpunkte festlegen – die Richtung wählen

In Anlehnung an Rolff (2013, S. 100) sind Entwicklungsschwerpunkte »Maßnahmen bzw. Vorhaben, die ein Kollegium im Laufe eines Schuljahres realisieren, zumindest jedoch zu einem Zwischenabschluss (Meilenstein) führen kann«. Bei der Festlegung eines oder mehrerer Entwicklungsschwerpunkte können folgende Fragen leitend sein:

- *Was erscheint besonders dringend und wichtig?*
- *Welche Ressourcen stehen dafür zur Verfügung?*
- *Welche weitere Unterstützung ist nötig?*

Bei der Fixierung der Schwerpunkte ist darauf zu achten, dass einzelne Personen(gruppen) nicht überfordert werden. Keller (2002) empfiehlt, zunächst nur einen Schwerpunkt zu definieren. Eine Schule, die sich mit mehreren verschiedenen Schwerpunkten zu viel vornimmt, gefährdet damit den Erfolg. Diese Gefahr, zu viel auf einmal zu wollen, scheint besonders in der zweiten Fallvignette gegeben: Die Vorschläge der Lehrkräfte finden viel Beifall, Unterstützung wird von mehreren Seiten zugesagt. So entsteht die Versuchung, möglichst viele Ideen gleichzeitig anzugehen. Für den Erfolg der Maßnahmen wäre es jedoch besser, sich auf einen Vorschlag zu einigen und erst, wenn dieser Entwicklungsschritt geschafft ist, den nächsten zu planen.

2.2.3 Ziele formulieren und Zeitplan erstellen

> *Der Langsamste, der sein Ziel nicht aus den Augen verliert,*
> *geht immer noch schneller als der, der ohne Ziel herumirrt.*
> (Gotthold Ephraim Lessing)

Auf die Entscheidung für einen oder mehrere Entwicklungsschwerpunkte folgt die Einigung auf bestimmte Ziele bzw. Teilziele. Bei deren Formulierung und Überprüfung ist die *SMART-Regel* (vgl. Berthel, 1973) hilfreich:

> Spezifizierung: Ziele müssen spezifisch, eindeutig und positiv beschrieben sein.
> Messbarkeit: Die Zielerreichung sollte messbar sein.
> Attraktivität: Für das Projektteam sollte es attraktiv sein, das Projektziel zu erreichen.
> Realisierbarkeit: Das Ziel muss auf realistische Weise erreichbar sein.
> Terminierung: Das Ziel muss innerhalb eines zeitlich festgelegten Rahmens erreichbar sein.

Dies ließe sich exemplarisch an der sechsten Fallvignette verdeutlichen, in der das Kollegium beschließt, die Anregung der besorgten Eltern aufzunehmen. Die Lehrkräfte könnten sich folgendes Ziel setzen: *Die Kompetenz der Schülerinnen und Schüler im Umgang mit modernen Kommunikationsmedien soll nachhaltig gestärkt werden.* Dazu wären folgende Teilziele möglich:

- Die Lehrkräfte erweitern ihre eigenen Kenntnisse in Bezug auf neue Medien und deren Nutzung und Gefahren; sie entwickeln eigene Fähigkeiten im Rahmen von Fortbildungen und durch gegenseitige Unterstützung weiter.
- Fächerübergreifend werden die Möglichkeiten der modernen Kommunikationsmedien genutzt, ihre sinnvolle Anwendung thematisiert und den Schülerinnen und Schülern nützliches Know-How vermittelt.
- Schülerinnen und Schüler werden zu Tutorinnen und Tutoren ausgebildet, die dann wiederum Mitschülerinnen und -schüler bei Fragen und Problemen beraten können.
- Die Eltern werden durch einen Informationsabend und Workshop-Angebote eingebunden und unterstützt.

Mit Blick auf die SMART-Regel zeigt sich: Diese Zielsetzungen sind *spezifisch*, denn sie beziehen sich auf einen eingegrenzten Schwerpunkt. Der Erfolg ist auch weitestgehend *messbar*: Man kann einerseits die neu erworbenen Kenntnisse und Fähigkeiten der Schülerinnen und Schüler überprüfen und andererseits durch Befragung von Eltern sowie Schülerinnen und Schülern feststellen, ob ein Rückgang des unkritischen Umgangs mit sozialen Netzwerken oder Online-Spielen zu verzeichnen ist. Darüber hinaus ist das Ziel für alle Beteiligten *attraktiv*, weil jeder die eigenen Fähigkeiten weiterentwickeln kann und gleichzeitig die Hilflosigkeit von Eltern und Lehrkräften abnimmt und so Entlastung eintritt. Das Ziel ist *realisierbar*, denn jedes Teilziel lässt sich in verschiedene Maßnahmen umgießen. Auch der *zeitliche* Rahmen für die Verwirklichung kann mit einem konkreten Handlungsplan gut eingegrenzt werden.

In jedem Fall sollte darauf geachtet werden, dass die Ziele realistisch und somit auch wirklich umsetzbar sind. Unrealistische Ziele haben zur Folge, dass sie bei ausbleibendem Erfolg entmutigen (Sieland, 2001). Komplexe Ziele führen selbst bei erfahrenen Lehrkräften zu Belastungserleben (Abele & Candova, 2007). Die Bereitschaft, sich in einem Schulentwicklungsprozess zu engagieren, nimmt dann ab. Ein Ziel sollte daher zwar persönlich herausfordernd, aber nicht zu schwierig zu erreichen sein.

Nach einer Handlungsphase sollte eine Überprüfung der Zielerreichung erfolgen. Sollte Bedarf bestehen, können die in 2.2.1 bis 2.2.3 beschriebenen Schritte wiederholt werden. Dies ist zum Beispiel dann der Fall, wenn es an den nötigen Mitteln fehlte oder die Ziele nicht in der vorgesehenen Zeit umgesetzt werden konnten. Wurde ein gesetztes Ziel nicht erreicht, gilt es abzuwägen, dieses entweder zu modifizieren und erneut anzugehen, oder dieses aufzugeben, bevor die »Kosten den erhofften Nutzen übersteigen« (Brandstätter, 2003).

2.3 Wie kommen wir ans Ziel? Die Entwicklung eines Handlungsplanes

Eine Generierung und Sammlung von Lösungsideen und -strategien lässt sich an die Ergebnisse der SWOT-Analyse anknüpfen (zu Fragen wie: *Welche eigenen Stärken und Ressourcen können genutzt werden? Welche Unterstützung ist darüber hinaus nötig bzw. wünschenswert?*). Dabei sind die verschiedenen Ebenen und Akteure (vgl. Bronfenbrenner, 1981) schulischen Handelns zu berücksichtigen. Eine Schule, die wie in der zweiten Fallvignette beschließt, neue Impulse für das Schulleben zu initiieren, kann z. B. aktive Eltern einbeziehen oder mit örtlichen Vereinen sowie benachbarten Schulen zusammenarbeiten: Eltern unterstützen möglicherweise die Theatergruppe beim Bau von Kulissen, beim Maskenbilden oder beim Kostümnähen. Der Musikverein stellt Leihinstrumente, Proberäume und Musikanlagen zur Verfügung. Durch schulübergreifende Projekte entstehen Synergieeffekte, da sich Kompetenzen und Ressourcen bündeln lassen (vgl. Dedering, 2012, S. 97 ff.).

Für die Sammlung von Ideen und Lösungsstrategien bieten sich verschiedene Formen des Brainstormings, z. B. Kartenabfragen, Austausch oder schriftliche Ideensammlungen auf Flipcharts an. So könnten, um die zweite Fallvignette wieder aufzugreifen, Lehrerinnen und Lehrer Vorschläge und Veränderungswünsche beispielsweise zu Schulprojekten, Elternarbeit, Veranstaltungen etc. auf Karten oder Flipcharts sammeln. Die Ergebnisse werden dann präsentiert, diskutiert, bewertet und sortiert. Dazu eignen sich unter anderem Arbeit in Kleingruppen, Punktebewertung oder Meinungsecken, in denen die zuvor gesammelten Vorschläge zur Umgestaltung des Schullebens besprochen werden können. Eine genauere Erläuterung hilfreicher Methoden findet sich z. B. bei Bohl et al. (2010), Keller (2002) oder Schratz und Steiner-Löffler (1999).

Die Bewertung und Auswahl einzelner Handlungsoptionen sollten kriteriengeleitet erfolgen. Hilfreich können folgende Kriterien sein:

- *Die möglichen Akteure*: Welche Personen sind motiviert, kompetent und in der Lage, sich einzubringen? (▶ Abschn. 4 in diesem Kapitel)
- *Die Unterstützung*: Welche weiteren Personen, welche Stellen oder Organisationen können unter welchen Bedingungen und in welchem Umfang welche Hilfe anbieten?
- *Die Verantwortung*: Wer steuert das Ganze, wer hat den Überblick über den Entwicklungsprozess, wer kann als Ansprechpartner fungieren?
- *Die gegebenen Rahmenbedingungen*: Wieviel Zeit, welche Mittel, welche räumlichen Bedingungen sind nötig, um die in Betracht gezogenen Aktionen umsetzen zu können? (vgl. SWOT-Analyse)
- *Die Kontrolle*: Sind die beschlossenen Maßnahmen gegebenenfalls überprüfbar?

Am Ende des Prozesses der Lösungsfindung sollte ein möglichst genauer, verbindlicher Handlungsplan stehen (vgl. Warnecke & Redlich, 2010). In diesem sind Antworten festgehalten zu der Frage *Wer macht was mit wem bis wann?* Der

Handlungsplan kann abhängig vom Entwicklungsschwerpunkt folgende Aspekte umfassen:

- Die Klärung von Verantwortlichkeiten
- Die Einbeziehung von Eltern sowie von Schülerinnen und Schülern
- Die Aktionen verschiedener Fachgruppen und einzelner Akteure
- Die Inanspruchnahme von Beratung und Prozessbegleitung
- Die Aktivierung externer Unterstützer
- Die Auswahl und Bereitstellung von geeignetem Material und passenden Methoden
- Die Organisation und Durchführung von Fortbildungen
- Das Ausprobieren neuer Unterrichtsmethoden oder die Neugestaltung von Lernumgebungen
- Festlegung der ersten Schritte in einem vorher festgelegten Zeitraum

2.4 Wie gelingt die Umsetzung? Arbeitsorganisation, Reflexion und kleine Schritte

Dem Handlungsplan entsprechend folgt eine Implementierung der erarbeiteten Maßnahmen. Der Erfolg ist davon abhängig, wie gut es den Akteuren gelingt, ihre jeweiligen Aufgaben in die alltägliche Terminplanung einzubinden und das Entwicklungsprojekt im Schulalltag am Laufen zu halten. Erfolgserlebnisse lassen sich leichter erzielen, wenn die Aufgaben im Fokus stehen, die für den Fortschritt des Projektes unerlässlich sind. Dazu sind eine realistische Zeiteinteilung und ein kleinschrittiges Vorgehen notwendig, um Überforderung zu vermeiden. Für die Zeit- und Arbeitsplanung hat sich ein Vorgehen nach der *ALPEN-Methode* (Seiwert, 2007) mit folgenden Schritten bewährt:

> Aufgaben sortieren nach Bedeutung und Dringlichkeit
> Länge der dazu benötigten Zeit einschätzen
> Pufferzeiten einplanen
> Entscheidungen treffen
> Nachkontrolle

Zunächst werden die Aufgaben nach dem sogenannten *Eisenhower-Prinzip* (vgl. Seiwert, 2007) eingeteilt. Dieses dient einer Sortierung nach dem Grad der Dringlichkeit und der Wichtigkeit: *A-Aufgaben* sind besonders bedeutsam für den Fortschritt des Projekts und müssen dringend, d. h zu einem bestimmten Termin oder zuerst erledigt werden. Diese haben Vorrang vor *B-Aufgaben*, die ebenfalls wichtig, aber weniger dringend (nicht terminiert) sind. *C-Aufgaben* sind für den Erfolg der Schulentwicklungsmaßnahme weniger entscheidend.

Dann wird die für die jeweilige Tätigkeit notwendige Zeit eingeschätzt. Zusätzlich sollten Pufferzeiten für unvorhergesehene Schwierigkeiten eingeplant (empfohlen werden 30 bis 40 %) und entschieden werden, welcher Schritt als nächstes ausgeführt wird. Am Ende steht eine Prüfung, ob das gewünschte (Teil-)Ergebnis erreicht wurde.

Eine gute Arbeitsorganisation berücksichtigt neben Pufferzeiten für Unvorhergesehenes auch Pausen für Reflexion und Erholung, ebenso für schulische Aufgaben, die Priorität haben vor dem Entwicklungsprojekt. Verschiedene Untersuchungen zeigen, dass Schulen, die in kleinen Schritten vorgehen und sich ausreichend Zeit dafür nehmen, in ihrer Entwicklung auf lange Sicht erfolgreicher sind als solche, die zu viel auf einmal wollen (siehe dazu Keller, 2002; Rolff, 2013). So kann möglicherweise in Zeiträumen mit einer hohen Belastung durch Prüfungen, Korrekturarbeiten, Zeugnisse etc. keine der vereinbarten Maßnahmen durchgeführt werden. Dennoch darf der Prozess der Schulentwicklung im Getriebe des Schulalltags nicht ganz zum Erliegen kommen und muss nach Pausen immer wieder angestoßen werden (vgl. Höhmann, 2010).

In regelmäßigen Arbeitstreffen sollte daher Bilanz gezogen werden: *Was wurde bisher erreicht? Was klappt gut, was nicht? Woran liegt das? Wer/Was könnte helfen?* Vor allem der Blick auf das bereits Erreichte fördert die Motivation für das weitere Vorgehen. In Folge dieser Bilanzierung wird auch die weitere Feinplanung überdacht und bei Bedarf korrigiert. Das kann z. B. dann angebracht sein, wenn ein bis dahin sehr engagierter Lehrer eine Pause braucht, weil er privat oder durch Schwierigkeiten mit einer Klasse vorübergehend stark belastet ist. Andere Akteure können an seine Stelle treten oder man lässt einzelne Aufgaben ruhen. Vielleicht stellt sich auch heraus, dass ein Projekt nicht wie geplant durchführbar ist, weil sich die Rahmenbedingungen geändert haben. Dann muss dieses Projekt verändert, verschoben oder sogar aufgegeben werden.

Vor allem den Mitgliedern der Steuergruppe, die an späterer Stelle noch näher beschrieben wird, kommt die Aufgabe zu, den Prozess der Schulentwicklung aufrechtzuhalten. Sie sollen den Überblick über die laufenden Maßnahmen behalten, den Zeitplan im Blick haben und Ansprechpartner für alle Akteure sein. Nach einer ruhigeren Phase liegt es bei ihnen, den Prozess neu anzustoßen, indem sie an das bisher Erreichte erinnern und gemeinsam mit allen Beteiligten die nächsten Schritte vereinbaren.

3 Unterstützung von außen: Externe Prozessbegleitung nach dem Serpentinenmodell

Für den Erfolg eines längerfristigen Schulentwicklungsprozesses spielen zunehmend Moderation und Beratung durch externe Begleitung eine wichtige Rolle (Dedering, 2012; Dedering et al., 2013; Klenk, 2007). Diese unterstützt die Schulen durch eine theoriegeleitete, überprüfbare und transparente Gestaltung des Vorgehens und mit entsprechenden Methoden der professionellen Beratung.

Für diese externe Begleitung steht in vielen Bundesländern speziell ausgebildetes Personal zur Verfügung, z. B. Schulentwicklungsberaterinnen und -berater,

Schulpsychologinnen und Schulpsychologen mit Zusatzausbildung in Konfliktmoderation, Supervision und Coaching oder Referenten für verschiedene Themenbereiche im Rahmen der Lehrerfortbildung. Sie werden bei Bedarf über die örtliche Schulbehörde, Kompetenz-Zentren oder Schulberatungsstellen vermittelt. Informationen findet man auch auf der Homepage des zuständigen Kultusministeriums. Da es unterschiedliche Bezeichnungen gibt, wird im Folgenden der Begriff Prozessbegleitung verwendet, der Personal in verschiedenen Funktionen und mit unterschiedlichen Aufträgen sowie Teams miteinschließt.

Eine externe Prozessbegleitung kann, je nach Bedarf, verschiedene Ebenen einbeziehen (vgl. Arnold & Reese, 2010) und abhängig von Entwicklungsschwerpunkt und Bedarf eine oder mehrere Aufgaben erfüllen:

- *Individualebene*: Unterstützung einzelner Personen durch Fortbildungen und Trainings, um die Kompetenzen einzelner Akteure zu stärken (z. B. Arbeitsorganisation, Zeitmanagement, kollegiale Fallberatung, Feedback oder Konfliktlösungsmöglichkeiten) und Coaching der Schulleitung.
- *Gruppenebene*: Team-Building-Maßnahmen, Training oder Fortbildungsmaßnahmen, Supervision aktiver Gruppen (Arbeits- oder Steuergruppen).
- *Organisationsebene*: Prozessbegleitung, Moderation von Arbeitstreffen und Konferenzen, die der Zielfindung, Klärung von Konflikten oder Umsetzungsplanung dienen.

Einen möglichen Ablauf einer Prozessbegleitung zeigt das Serpentinenmodell nach Pieper und Schley (1983, S. 9) auf:

Schritt 1: Anfrage nach externer Moderation bzw. Beratung, Kontaktphase

In diesem ersten Schritt finden Vorgespräche zwischen der Prozessbegleitung und der Schulleitung statt, in denen grundlegende Fragen über die Bedürfnisse und Anliegen der Schule auf der einen Seite sowie bezüglich der Arbeit bzw. das Angebot der Prozessbegleitung auf der anderen Seite geklärt werden. Dabei kommen unter anderem thematische Schwerpunkte, Bedingungen und der mögliche zeitliche Umfang der externen Moderation zur Sprache. Dieser Schritt dient ebenso dazu, ein Vertrauensverhältnis zwischen Schulleitung und Begleitung aufzubauen.

> Wichtig ist: Die Rolle der Prozessbegleitung besteht nicht darin, die Leitung über den Entwicklungsprozess zu übernehmen. Die Schule als Auftraggeberin entscheidet letztendlich darüber, wo Hilfe und Unterstützung benötigt wird, und welche Anregungen umgesetzt werden.

Wird die Prozessbegleitung von außen, z. B. von der vorgesetzten Schulbehörde oder dem Ministerium, angeboten, muss klargestellt werden, dass diese keine Kontroll- oder gar Bewertungsfunktion ausübt. Sonst besteht die Gefahr einer Manipulation der Ergebnisse oder Maßnahmen werden nur »zum Gefallen« der vorgesetzten Schulbehörde konzipiert, ohne nachhaltig zu sein (siehe auch Stolpersteine in Punkt 6).

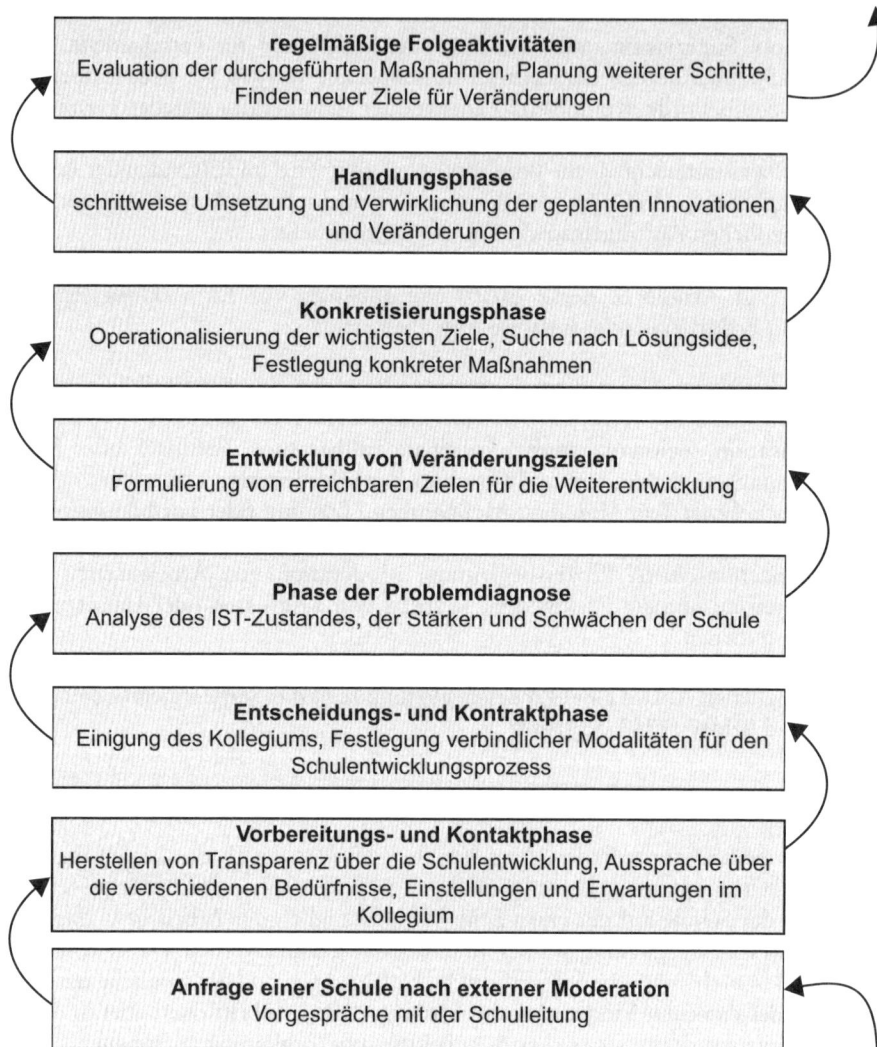

Abb. 2: Serpentinenmodell zur Prozessbegleitung nach Pieper und Schley

Diese Problematik lässt sich durch einen möglichen Verlauf der vierten Fallvignette veranschaulichen: Die Unzufriedenheit der Lehrkräfte verstärkt sich durch die Ergebnisse einer externen Evaluation. Diese verweist auf wenig Abwechslung bei den Lehrmethoden und vor allem zu wenig Schüleraktivität im Unterricht. Daraus ergeben sich verschiedene Empfehlungen für den Unterricht, z. B. mehr Methodenvielfalt, Gruppenarbeit und Projekte. Außerdem soll für jedes Fach und jede Jahrgangsstufe ein Katalog über das sogenannte »Grundwissen« festgeschrieben werden. Dazu werden an drei Nachmittagen SchiLFs (schulinterne Lehrerfortbildungen) zu Methodenvielfalt, Gestaltung von Gruppenarbeit und Projektunterricht durchgeführt. Darüber hinaus erstellen die Fachschaften seitenlange Listen zum Grundwissen. Die Berichte werden abgeschickt und im Schulentwicklungsordner abgeheftet. Die vorgesetzte Stelle ist zufrieden und an der Schule läuft der Unterricht im gewohnten Trott weiter. Dabei sind die meisten Kolleginnen und Kollegen durchaus an einer Verbesserung ihres Unterrichts interessiert. Sie sehen sich aber nicht in der Lage, dies alleine nach einer so knapp bemessenen Fortbildung zu bewältigen. Vielmehr würden sie sich für eine nachhaltige Unterrichtsentwicklung fachkundige Prozessbegleitung wünschen.

Schritt 2: Vorbereitungs- und Kontaktphase

Im zweiten Schritt stellt sich die Prozessbegleitung zunächst den Mitgliedern der Steuergruppe, dann dem gesamten Kollegium vor. Im Rahmen einer Konferenz erläutert die Prozessbegleitung ihr Vorgehen und macht bisherige Vereinbarungen mit Schulleitung und Steuergruppe transparent. Dann werden verschiedene Bedürfnisse, Einstellungen und Erwartungen der Lehrkräfte besprochen. In dieser Phase möchte die Prozessbegleitung einen Eindruck über Schulleitung und Kollegium gewinnen, mögliche Ansatzpunkte und Ansprechpartner kennenlernen. Umgekehrt kann sich das Kollegium ein Bild von der Arbeitsweise und den Kompetenzen der externen Prozessbegleitung machen und Vertrauen gewinnen.

Schritt 3: Entscheidungs- und Kontraktphase

Erst jetzt wird eine Vereinbarung zwischen der externen Prozessbegleitung und der Schule getroffen, die sich auf eine Abstimmung und Einigung im Kollegium stützt. In dieser Vereinbarung sind verbindliche Modalitäten festgelegt, z. B. zu folgenden Fragen: *Wann, wie oft, an welchen Punkten wird die Prozessbegleitung tätig? Wie oft und worüber erfolgt der Austausch mit den Ansprechpartnern an der Schule?*

Schritte 4 bis 6: Ist- und Soll-Analyse, Zielformulierung, Festlegung konkreter Maßnahmen

Die Schritte 4 bis 6 umfassen die Begleitung der ersten drei Phasen des Entwicklungsprozesses, die unter Punkt 3 beschrieben wurden. Die Prozessbegleitung findet dabei je nach Zielsetzung und Absprache in verschiedenen Formen und Settings statt. Neben der schon angeführten Moderation von Konferenzen und Entscheidungsprozessen kann dies auch Coaching der Schulleitung oder Supervision der Steuergruppe sein. Bedeutsam ist, Auftrag und Rollenverteilung genau zu klären, um Rollenkonfusion bei der Prozessbegleitung oder Misstrauen aufseiten der verschiedenen Akteure zu vermeiden. Wer etwa in einem solchen Prozess die Schulleitung coacht, sollte nicht gleichzeitig die Supervision der Steuergruppe oder anderer Arbeitsgruppen übernehmen. Eine Arbeit im Team kann die Gefahr einer Vermischung oder Verstrickung verschiedener Funktionen aufseiten der Prozessbegleitung einerseits und Misstrauen der Akteure andererseits vermeiden (Schreyögg, 2000).

Schritt 7: Umsetzungsphase

Vereinbarte Maßnahmen werden umgesetzt, Handlungsoptionen ausprobiert. Eine Unterstützung von außen ist nur noch bei Bedarf gefragt, wenn etwa unvorhergesehene Schwierigkeiten auftreten, Konflikte gelöst werden müssen, der Prozess ins Stocken kommt oder eine Neuorientierung nötig ist.

Schritt 8: Planung weiterer Schritte

In größer werdenden Abständen unterstützt die Prozessbegleitung die Schule bei der Evaluation von (Teil)Schritten und, soweit dies nötig ist, bei der Planung des weiteren Vorgehens.

Dieses Vorgehen lässt sich exemplarisch an der fünften Fallvignette verdeutlichen. Die von den Kolleginnen und Kollegen gewünschte Verbesserung der Arbeitsbedingungen zielt auf verschiedene Maßnahmen, die aufgrund ihrer Komplexität ohne Prozessbegleitung kaum gelingen können. Als erster Schritt wäre hier eine ausführliche SWOT-Analyse geboten. Dabei besteht bei den sehr unzufriedenen Lehrkräften die Gefahr, ausschließlich die Schwächen – vor allem der Schulleitung und der Ausstattung – zu sehen. Die Aufgabe der externen Prozessbegleitung besteht dann darin, den Blick gezielt auf mögliche Stärken, Chancen und Ressourcen zu richten. Zusätzlich können Team-Building-Maßnahmen und Supervision eingesetzt werden, damit langfristig ein wertschätzender Umgang, eine klare Kommunikationsstruktur und eine bessere Zusammenarbeit der Kolleginnen und Kollegen gelingt. Parallel kann auch Coaching für die Schulleitung angedacht und hier ein wertschätzender Umgang mit den in der Schule tätigen Personen angeregt werden. In den weiteren Entwicklungsschritten sollten wichtige Konferenzen durch Moderatorinnen und Moderatoren von außen geleitet werden, damit diese zielführend zu guten Ergebnissen kommen.

4 Wer kann den Entwicklungsprozess wie voranbringen? Ein Blick auf die Akteure und ihre Rollen

Zu einer Entwicklung der Einzelschule tragen unterschiedliche Akteure mit ihrem Engagement und in verschiedenen Funktionen bei. Diese sind in Abbildung 3 systematisiert und werden im Folgenden näher erläutert.

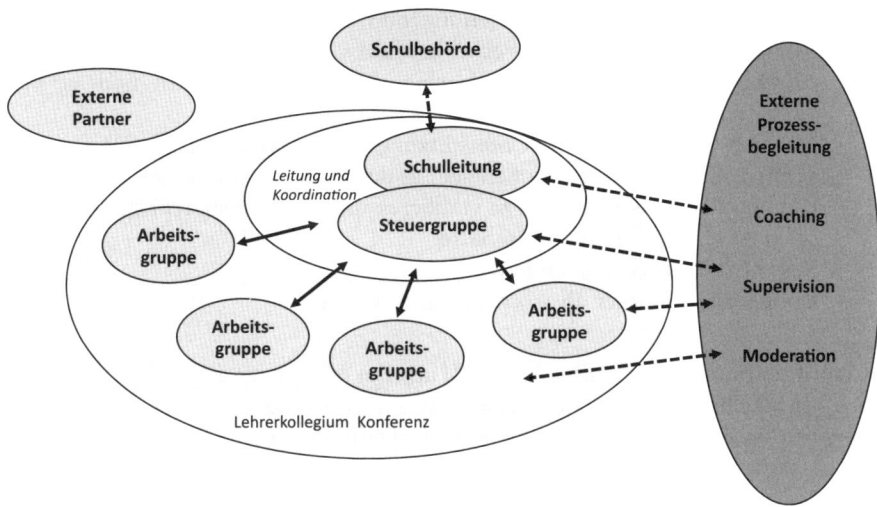

Abb. 3: Akteure im Schulentwicklungsprozess

4.1 Die Schulleitung als Dreh- und Angelpunkt

Die Schulleitung trägt als Person, die von der übergeordneten Stelle mit der Leitung der Einzelschule beauftragt wurde, die Verantwortung für alle die Schule betreffenden Aktivitäten. An größeren Schulen steht ein Leitungsteam (Schulleiter, erster und ggf. zweiter Stellvertreter, erweiterte Schulleitung) an der Spitze, das Zuständigkeiten und Verantwortung teilt. Die Aufgaben innerhalb der Schulleitung sind breit gefächert (näher beschrieben z. B. bei Bonsen, von der Gathen & Pfeiffer, 2002; Fend, 2008; Wissinger & Huber, 2002). Im Schulentwicklungsprozess kommen ihr folgende Aufgaben und Verantwortlichkeiten zu:

- Übergeordneten Behörden gegenüber trägt sie Verantwortung
  - für die Umsetzung von Entwicklungsaufgaben, wie sie z. B. die Einführung des G8 in der ersten Fallvignette mit sich bringt; diese betreffen Maßnahmen der Organisations-, der Personal- und der Unterrichtsentwicklung gleichermaßen.
  - für die Ergebnisse, die Schülerinnen und Schüler bei Vergleichsarbeiten oder in Abschlussprüfungen erzielen.
  - für den sinnvollen Einsatz bereitgestellter Mittel und Ressourcen für den erfolgreichen Verlauf der Entwicklungsmaßnahmen.
  - für messbare Ergebnisse der Schulentwicklung.
- Mit Blick auf das Kollegium muss sie
  - vorgegebene Entwicklungsaufgaben kommunizieren und erklären (*Top Down*).
  - Impulse der Lehrkräfte für die Schulentwicklung aufnehmen und prüfen (*Bottom Up*).

- Motivation und Anreize schaffen für Innovation.
- Kompetenzen der Lehrkräfte erkennen, entwickeln und stärken.
- Möglichkeiten und Grenzen einzelner Lehrkräfte erkennen und sie vor Überforderung schützen.
- Fortbildungsangebote und Unterstützungsmöglichkeiten bereitstellen.
• Gegenüber Eltern und nach außen geht es darum,
- Kommunikationsstrukturen zu etablieren und für Transparenz zu sorgen.
- offen zu sein für Ideen und Impulse.
- Ressourcen zu erkennen und zu nutzen.
- Kooperationspartner als solche anzuerkennen.

Nach Rahm und Schröck (2013, S. 104) agieren Mitglieder der Schulleitung und ihre Mitarbeiterinnen und Mitarbeiter als »Change Agents«, die eine Richtung vorgeben und die Innovation vorantreiben. Dafür ist eine »Kunst der Führung« erforderlich, die sowohl die Voraussetzungen für als auch die aktive Beteiligung an Schulentwicklung umfassen (vgl. Dubs, 2005, S. 176; zitiert nach Rahm & Schröck, 2013, S. 204):

1. *Langfristige Orientierung*: Visionen kommunizieren, Rahmenbedingungen für deren Umsetzung schaffen, Entwicklungen anregen
2. *Zielfindung*: Profil der Schule entwickeln, Maßnahmen der Entwicklung einleiten, Schulkultur fördern
3. *Führung*: kooperativ-situativ handeln, Präsenz, aktive Schulentwicklung
4. *Erwartungen*: hohe Erwartungen an Lehrkräfte und Schüler(innen), Anreizsituationen schaffen
5. *Einstellungen*: klare Wertvorstellungen, Schlüsselwerte, Engagement für Schulentwicklung und die beteiligten Statusgruppen

Welche unterschiedlichen Herausforderungen ein Schulentwicklungsprozess für die Schulleitung darstellen kann, lässt sich an zwei Beispielen verdeutlichen.

In der ersten Fallvignette (Top-Down-Prozess) zieht ein politischer Beschluss Vorgaben der Schulbehörde nach sich, für deren Umsetzung der Schulleiter verantwortlich ist. Er ist damit konfrontiert, den weitreichenden Veränderungsprozess erfolgreich umsetzen zu müssen (*Führung*). Das bedeutet, entsprechende Vorgaben müssen auch dann erfüllt werden, wenn das Konzept des G8 möglicherweise der eigenen *Einstellung* widerspricht. Ebenso können trotz einer Verpflichtung zur Umsetzung von Seiten der Schulleitung auch Spielräume geschaffen werden, um die Folgen als negativ betrachtete Vorgaben abzumildern. *Langfristige Orientierung* bedeutet dann, sich mit den positiven Effekten, die von der Einführung des G8 erwartet werden, auseinanderzusetzen, und diese Eltern, Schülerinnen und Schülern und Lehrkräften gegenüber zu kommunizieren. *Zielfindung* heißt in diesem Fall, in Kooperation mit den Lehrkräften die Vorgaben und eigene Ideen in überschaubare Teilziele und klare Handlungspläne zu übersetzen. Damit hängen auch *hohe Erwartungen* an die Lehrkräfte zusammen, die die Schulleitung klären und vermitteln muss. Um Anreize zu schaffen, muss sie mit der Schulbehörde passende

Rahmenbedingungen und mit dem Schulträger bzw. Sachaufwandsträger eine angemessene finanzielle Förderung aushandeln.

Eine andere Situation ergibt sich bei Bottom-Up-Prozessen wie in der zweiten Fallvignette. Hier ist es die *Führungs*aufgabe der Schulleitung zu prüfen, ob die Ideen der Lehrkräfte tragfähig genug für einen Schulentwicklungsprozess sind (*langfristige Orientierung*). Es gilt zu prüfen: Werden die Ziele von allen Beteiligten mitgetragen, sind sie realistisch? Welche Erwartungen müssen die Akteure erfüllen, welche Voraussetzungen mitbringen, um die Ziele zu erreichen? Die Schulleitung trägt hier eine große Verantwortung für den Erfolg des Entwicklungsprozesses. Sie muss verschiedene Maßnahmen, wie z. B. die Gründung eines Schulorchesters, genehmigen und Rahmenbedingungen schaffen wie z. B. die Einrichtung von Wahlfächern oder das Bereitstellen und die Ausstattung von Übungsräumen.

4.2 Die Steuergruppe als Koordinator und Ansprechpartner

4.2.1 Funktion und Aufgaben einer Steuergruppe

Die Schulleitung alleine kann die Schulentwicklung nicht vorantreiben und nicht zu einem erfolgreichen Ende führen. Es muss vom Kollegium getragene, innerschulische Strukturen geben, die die Arbeit an einem Entwicklungsprojekt unterstützen. Sonst bleiben alle Ideen und Initiativen der Schulleitung auf Dauer ohne Erfolg. Die Einrichtung einer Steuergruppe bietet den Lehrerinnen und Lehrern einer Schule die Basis dafür, ein Entwicklungsprojekt selbst in die Hand zu nehmen und selbst für dessen Fortgang verantwortlich zu sein. Anders formuliert: Ohne Steuergruppe verflüchtigen sich neue Vorhaben nach kurzer Zeit und erreichen selten das ganze Kollegium (Fischer, 1998).

Die Hauptaufgabe einer Steuergruppe liegt in der Prozess-Steuerung, also einer Steuerung des Schulentwicklungsprozesses durch die Mitglieder einer Schule. Damit eine Steuergruppe erfolgreich agieren kann, müssen folgenden Voraussetzungen erfüllt sein (Rolff, 2013):

- klare Definition des Auftrags des Kollegiums;
- Freiwilligkeit der Mitarbeit;
- Repräsentanz der wichtigsten Gruppierungen;
- Transparenz der Arbeit gegenüber dem Kollegium und anderen beteiligten Gruppen;
- Übernahme von Verantwortung durch alle Beteiligten;
- geklärtes Verhältnis zur Schulleitung.

Eine Steuergruppe ist als Organisations- bzw. Arbeitsausschuss des Kollegiums zu verstehen, sie nimmt dem Kollegium aber nicht die Verantwortung für das Projekt ab. Dennoch muss die Steuergruppe über Entscheidungsbefugnis verfügen. Das bedeutet, sie muss und soll Entscheidungen das Entwicklungsprojekt betreffend autonom fällen (können). Damit sie das auch kann bzw. ihre Entscheidungen auch bindend sind, muss die Steuergruppe dafür das Mandat des Lehrerkollegiums erhalten. Ihr kommen, je nach Mandat, verschiedene Aufgaben zu:

- Sie übernimmt Verantwortung für klar definierte Bereiche und entlastet damit die Schulleitung.
- Sie koordiniert die verschiedenen Aktivitäten, stimmt sie aufeinander ab; Becker und Thomas (2001, S. 14) sprechen in diesem Zusammenhang von der »Vogelperspektive« der Steuergruppe, die auf die Prozesse der ganzen Schule schaut.
- Sie moderiert und organisiert Konferenzen und Fortbildungsmaßnahmen und unterstützt damit die Lehrkräfte bei der Umsetzung des Handlungsplanes.
- Als Ansprechpartner für alle Akteure, auch für die externe Prozessbegleitung, behält die Steuergruppe den Überblick über die Umsetzung und den Fortschritt des Entwicklungsprozesses.
- Sie leitet die einzelnen thematischen Arbeitsgruppen an und unterstützt diese bei deren Vorhaben.
- Sie unterstützt Evaluationen und kommuniziert die Ergebnisse.
- Sie entwickelt Konzepte wie z. B. das Schulleitbild neu oder weiter.
- Sie dokumentiert den Schulentwicklungsprozess, also die konzipierten Maßnahmen, Erfolge etc.; sie erfüllt eine Informations- und Rechenschaftspflicht.

4.2.2 Zusammensetzung und Auswahl der Mitglieder

In einer Steuergruppe sollten alle am Schulentwicklungsprozess beteiligten (Arbeits-)Gruppen durch ein Mitglied vertreten sein. Eine solche Gruppe sollte eine arbeitsfähige Größe haben und sich, auch abhängig von der Größe der Schule und des Lehrerkollegiums, aus drei bis sieben Mitgliedern zusammensetzen. Es werden ein oder mehrere Sprecher gewählt. Die Teilnahme bzw. der Grad der Teilnahme und die Funktion von Schulleitung, Eltern(vertretern), Schülerinnen und Schülern sind genauer zu betrachten. Denn die Mitbestimmungsmöglichkeiten für Eltern und Schülerinnen und Schüler unterscheiden sich gravierend je nach Schulträger und/oder nach den Bestimmungen verschiedener Bundesländer.

Die Schulleitung kann, aber muss nicht Teil der Steuergruppe sein. Eine Mitarbeiterin/ein Mitarbeiter der Schulleitung sollte aber auf jeden Fall Mitglied der Steuergruppe sein, da die Schulleitung organisatorischen und strukturellen Umgestaltungen zustimmen muss, für deren Sinnhaftigkeit verantwortlich ist und Veränderungen auch nach außen vertreten und rechtfertigen muss (Rolff, 2013). Aus Gründen der Akzeptanz sollte jedoch jemand aus dem Kreis der Lehrerinnen und Lehrer die Leitung der Steuergruppe übernehmen, nicht die Schulleitung. Das bedeutet, die Schulleitung ist ein »gewöhnliches« Mitglied ohne besondere Rechte – eine mitunter gewöhnungsbedürftige Position. Daher ist vorab eine Klärung der Rollen sinnvoll, um Konflikten und Machtkämpfen vorzubeugen. Dazu haben Becker und Thomas (2001) einen Katalog zur Beziehungsklärung zwischen Steuergruppe und Schulleitung erstellt (S. 13 f.).

Eltern sowie Schülerinnen und Schüler spielen nicht nur als Adressaten von Schulentwicklung eine wichtige Rolle, sondern auch als Impulsgeber und Unterstützer (vgl. vor allem F2, F5 und F6). Schülerinnen und Schüler können und sollen durch mindestens einen Vertreter/eine Vertreterin am Entwicklungsprojekt beteiligt bzw. in die Steuergruppe integriert sein. Hier ist aber deren Alter Rechnung zu tragen. Eine Beteiligung ist besonders bei Sekundarschulen sinnvoll. Möglichkeiten und Formen der Beteiligung zeigt im Besonderen das Kapitel von Weiß in diesem Band.

Auch Eltern sollten in das Entwicklungsprojekt eingebunden und in der Steuergruppe vertreten sein. Eltern einzubeziehen wird häufig mit Widerstand vonseiten des Lehrerkollegiums begegnet. Exemplarisch dafür schildert Rolff (2013), dass Eltern als störend empfunden werden (ob berechtigt oder nicht), vor allem dann, wenn ein Kollegium sich für eine vorbehaltlose und ehrliche Analyse von Stärken und Schwächen entscheidet. Ebenso ist aber auch anzuführen, dass Eltern eine interessante und lohnenswerte Außenperspektive in ein Entwicklungsprojekt einbringen können. Schließt man Eltern aus, bleiben Schulentwicklungsprozesse alleine Angelegenheit der Lehrpersonen einer Schule. Diese »schmoren dann im eigenen Saft«, es fehlen Impulse von außen, man schont sich gegenseitig, der Prozess verliert an Dynamik. Rolff schlägt daher vor: Die Steuergruppe stößt den Schulentwicklungsprozess zuerst einmal allein an und öffnet sich dann den Eltern. Bei der Auswahl der teilnehmenden Elternvertreter sollte darauf geachtet werden, dass Eltern einbezogen werden, die dem Schulentwicklungsprozess prinzipiell positiv gegenüber stehen, auch wenn sie möglicherweise im Detail ein gewisses Misstrauen hegen. Über die direkte Mitarbeit in der Steuergruppe hinaus bestehen auch Möglichkeiten der Beteiligung von Eltern durch Fragebögen, Interviews etc. (siehe Ist-Analyse in Abschnitt 2.1).

Im Idealfall agieren die Mitglieder der Steuergruppe als erfolgreiches Team, indem sie sich gegenseitig ergänzen, unterstützen und informieren. Für eine erfolgreiche Arbeit der Steuergruppe ist es unerlässlich, dieser im Team-Building-Prozess sowie bei Entwicklung und Einsatz der angesprochenen Fähigkeiten Unterstützung zukommen zu lassen. Dies kann durch Fortbildungsmaßnahmen und durch externe Prozessbegleitung geschehen, wie unter Punkt 3 beschrieben.

4.3 Die Mitglieder des Lehrerkollegiums in verschiedenen Rollen und Funktionen

Nicht zuletzt hängt der Fortschritt des Schulentwicklungsprozesses von jeder einzelnen Lehrkraft ab, von deren Motivation, persönlichen Eigenschaften und Einstellung zu Veränderungen. In Veränderungsprozessen allgemein sowie in Schulentwicklungsprozessen im Besonderen lassen sich immer wieder bestimmte Typen und Rollen identifizieren, die von den beteiligten Lehrpersonen eingenommen werden. Zwei dieser Typologien werden im Folgenden skizziert; die erste wird zudem exemplarisch anhand der fünften Fallvignette veranschaulicht.

Das Spektrum des Rollengefüges in einem Entwicklungsprojekt lässt sich, von der hochmotivierten und begeisterten bis zur skeptischen Lehrkraft, wie folgt charakterisieren:

- *Initiatoren, Antreiber* sind motiviert, entwickeln Ideen, bringen sich ein, arbeiten in Teams und Arbeitsgruppen. So möchten diese z. B. die Angebote aus der Wirtschaft nutzen und befürworten ohne Wenn und Aber die Zusammenarbeit mit den Betrieben. Sie versuchen mit vielen guten Argumenten andere Kolleginnen und Kollegen zu überzeugen. Ihre wichtige Funktion besteht darin, weitere Unterstützer aus den Reihen der zurückhaltenden, interessierten Beobachter zu gewinnen. Sie laufen aber Gefahr, die begründeten Einwände und Warnungen der Bedenkenträger, Bewahrer und Bremser nicht ernst zu nehmen. Das kann zu übereilten Aktionen ebenso wie zur Gruppenbildung im Kollegium führen. Neben den Befürwortern formiert sich dann möglicherweise eine starke Gegnerschaft, die den Fortschritt der Schulentwicklung blockiert und dann einer Kooperation mit den Betrieben im Wege steht.
- *Unterstützer und weitere Beteiligte* sind bereit, in begrenztem Umfang an einzelnen Projekten teilzunehmen. Sie übernehmen einzelne Aufgaben, haben spezielle Kompetenzen. Sie stellen z. B. Unterrichtsstunden zur Verfügung, damit Vertreter der Ausbildungsbetriebe Informationsveranstaltungen oder Bewerbungstrainings durchführen können. Auch wenn sie nur einen kleinen Beitrag zum Schulentwicklungsprozess leisten, sind diese Personen wichtig für das Gelingen.
- *Zurückhaltende, interessierte Beobachter* halten sich im Hintergrund, warten ab, sind eher zögerlich und machen nur gelegentlich mit. Sie erkundigen sich vielleicht bei anderen Schulen nach Erfahrungen mit ähnlichen Partnerschaften, informieren sich ausführlich über die Angebote der Betriebe und prüfen diese, bevor sie eine Entscheidung treffen. Auf diese Weise können sie entweder zu Unterstützern oder zu Bedenkenträgern, Bewahrern und Bremsern werden. Das hängt davon ab, ob sie durch ihre Beobachtung und Recherche zur Überzeugung gelangen, dass die Angebote aus der Wirtschaft sinnvoll sind und ob ein Gewinn für die Schule und letztendlich für die Schülerinnen und Schüler zu erwarten ist.
- *Bedenkenträger, Bewahrer und Bremser* warnen vor möglichen unerwünschten Folgen der angestrebten Neuerungen und möchten Bewährtes bewahren. Sie sehen die Angebote von außen eher skeptisch. Sie verweisen darauf, dass Partner aus der Wirtschaft nicht uneigennützig handeln und warnen davor, die Schule könnte zum »Werbeträger« oder »Zulieferer« der Betriebe verkommen. Durch die Verpflichtung zur Zusammenarbeit sehen sie die Unabhängigkeit der Schule in Gefahr. Nicht zuletzt fürchten sie, ihre bisherige Arbeit könnte in Frage gestellt und für neue Ziele leichtfertig geopfert werden. Die Argumente von Bedenkenträgern, Bewahrern und Bremsern sollten ernst genommen werden, damit nicht vorschnelles Agieren den Erfolg des Entwicklungsprozesses gefährdet oder tatsächlich unbedacht und vorschnell unpassende Maßnahmen initiiert werden.

Eine ähnliche Typologie »von Schlüsselgruppen für den und in dem Veränderungsprozess« stellen Schratz und Steiner-Löffler (1999) basierend auf einer schwedischen Studie (vgl. Krebsbach-Gnath, 1992) dar. Diese eigentlich im Bereich des Personalwesens entwickelten Typen erscheinen auch im Schulkontext sehr vertraut. Sie sind in der Abbildung 4 nach der Häufigkeit ihres Auftretens dargestellt und werden dann folgend illustriert.

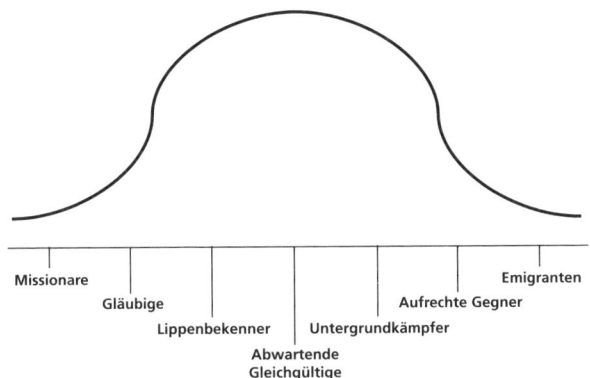

Abb. 4: Reaktionsmuster auf Veränderung (vgl. Krebsbach-Gnath, 1992; Schratz & Steiner-Löffler, 1999)

- *Missionare* sind praktisch die »Erfinder« der Neuerung. Getrieben von dieser Vision schwärmen sie aus, um alle anderen zu überzeugen.
- *Gläubige* lassen sich am schnellsten überzeugen und verbreiten dann ebenfalls, ohne Anstrengungen zu scheuen, Vision und Innovation weiter.
- *Lippenbekenner, Abwartende/Gleichgültige und Untergrundkämpfer* befinden sich zwischen den extremen Positionen. Sie können für neue Ideen begeistert werden, fassen sie Vertrauen in diese. Ebenso ist auch ein »Abrutschen« in die andere Richtung möglich. In dieser Gruppe befinden sich auch Desinteressierte, sich bewusst neutral Verhaltende und Opportunisten, die sich früher oder später auf die Seite der Mehrheit schlagen.
- *Aufrechte Gegner* kommunizieren, im Gegensatz zu den Untergrundkämpfern, ihre Ablehnung offen. Sie vertreten gegenteilige Positionen, haben wenig Vertrauen in das Projekt und leisten aktiven Widerstand.
- *Emigranten* ergreifen das Mittel der Flucht, da sie die Neuerung fürchten. In diesem Kontext gibt es auch die »innere« Emigration, bei der weder Widerstand noch Zustimmung gezeigt wird.

Alle beschriebenen Einstellungen und Rollen sind wichtig für den Entwicklungsprozess. So können z. B. die Bedenkenträger gemeinsam mit den Bewahrern verhindern, dass Initiatoren und Antreiber vorschnell und unüberlegt agieren und damit den Erfolg der Schulentwicklung gefährden. Gegner lassen sich zu Partnern machen, wenn ihre Kritik und ihr Opportunieren erst genommen werden und unterschiedliche Positionen diskutiert und geklärt werden. Es empfiehlt sich, das Positive in den Auffassungen der Gegenpartei zu sehen, statt diese einfach pauschal abzuwehren. So ist auch ein kritischer Blick auf das eigene Verhalten möglich. Besonders Emigranten sollte nicht zu viel Zeit und Energie gewidmet werden – gleiches gilt übrigens auch für Missionare. Das Mittel der Wahl ist hier emotionale Distanzierung, nicht das Bekämpfen.

5 Stolpersteine im Schulentwicklungsprozess erkennen und überwinden

Im Verlauf dieses Kapitels wurde bereits immer wieder angedeutet, dass in jeder Phase des Schulentwicklungsprozesses Schwierigkeiten auftreten können, die den Verlauf beeinflussen und den Erfolg gefährden können. Diese möglichen Stolpersteine, ihre Folgen und wie man ihnen begegnen kann fasst die folgende Tabelle 2 unter Berücksichtigung der jeweiligen Phase des Prozesses zusammen.

Tab. 2: Stolpersteine, mögliche Folgen und Gegenmaßnahmen im Schulentwicklungsprozess

Stolperstein	mögliche Folgen	Gegenmaßnahmen
Ausgangssituation		
• Anlass/Auftrag nicht genau geklärt • Ist-Soll-Analyse erfolgt nur oberflächlich • es gelingt nicht, kompetente Akteure zu motivieren • geringe Beteiligung (»Let-them-do-first-Effekt«) • großer Druck von oben und außen	• Der Entwicklungsprozess kommt nicht in Gang • Es finden sich keine »Mitstreiter« • »Scheinmaßnahmen« ohne wirkliche Veränderungen	• Einordnung des Anlasses mit Hilfe des Innovationswürfels • Einverständnis und Beteiligung möglichst aller Betroffener einholen • Anreize schaffen, Nutzen kommunizieren • Anlass und Auftrag genau klären und kommunizieren
Zielbestimmung		
• zu viele Ziele • vage und nicht überprüfbare Formulierungen • unrealistische Zielsetzung • Zielvorgabe »von oben« ohne Beteiligung der Betroffenen	• Verzettelung, zu viele »Baustellen« • Unklarheit darüber, ob Ziele erreichbar sind, keine Erfolgserlebnisse • mangelnde Identifikation mit den Zielen	• Schwerpunkte setzen • Ziele realistisch planen • Ziele operationalisierbar formulieren, Ziel überprüfbar machen • Abstimmung und Beteiligung aller Betroffener

Tab. 2: Stolpersteine, mögliche Folgen und Gegenmaßnahmen im Schulentwicklungsprozess – Fortsetzung

Stolperstein	mögliche Folgen	Gegenmaßnahmen
Handlungsplan • Mangel an fachlicher und entwicklungsmethodischer Kompetenz • unrealistischer Handlungsplan • fehlerhaftes Zeitmanagement	• Misserfolge • Frustration • Zeitdruck (z. B. weil Reformen umgesetzt werden müssen)	• realistische Zeitplanung • (Zeit für) Reflexion • regelmäßige Kontrolle • Expertisegewinn, z. B. durch Fortbildungen • Aktivierung externer Unterstützung
Umsetzung • Kommunikationsprobleme • Rollendiffusion, unklare Rollenverteilung und in der Folge mangelnden Rollenakzeptanz • unprofessioneller Umgang mit auftretenden Schwierigkeiten • Ressourcen falsch eingeschätzt • Zeitplan wird nicht eingehalten	• Missverständnisse und Konflikte • Fehler • Überforderung • Misserfolge • Frustration	• Transparenz, v. a. zwischen Schulleitung, Steuergruppe und Kollegium • klare Kommunikationsstrukturen • professionelles Krisenmanagement • Priorisierung bei der Aufgabenumsetzung
... und darüber hinaus • Blockade durch einzelne Akteure • Widerstand durch Schülerinnen und Schüler oder Eltern • Kritik von außen • Prozessbegleitung wird von der vorgesetzten Schulbehörde, Ministerium überwacht	• Prozess kann ins Stocken geraten oder im Sand verlaufen • Misserfolge, Frustration • Gefahr einer Manipulation der Ergebnisse: Es werden Erfolge oder Maßnahmen berichtet, die für eine nachhaltige Schulentwicklung wirkungslos sind	• Widerstand ernst nehmen • alle Beteiligten einbeziehen • klare Trennung bzw. Transparenz, wer wem in welcher Weise Rechenschaft abgelegt hat

Über die geschilderten Gegenmaßnahmen hinaus lassen sich abschließend einige Gelingensbedingungen für Schulentwicklungsprozesse formulieren, die zugleich das im Kapitel geschilderte Vorgehen zusammenfassen:

• Nur ausreichend großer Veränderungswille durch Druck oder Zug setzt den Veränderungsprozess in Gang. Möglichst alle Betroffenen sollen von Beginn an an Entscheidungen und deren Umsetzung beteiligt werden (*Innovationswürfel*).

- Eine sorgfältige Vorbereitung stützt sich auf eine gründliche Analyse der Ausgangssituation, definiert den Veränderungsbedarf, Potenziale und Grenzen (*SWOT-Analyse*).
- Um eine Überforderung der Akteure zu vermeiden, sind drei Punkte wichtig: Konzentration auf wenige Schwerpunkte, realistische Zielsetzung und großzügige Zeitplanung (*SMART-Regel*).
- Die sorgfältige Auswahl passender Handlungsoptionen mündet in einen verbindlichen Umsetzungsplan (*Wer macht was mit wem bis wann?*).
- Eine gute Arbeitsorganisation, kleinschrittiges Vorgehen und regelmäßige Reflexion sind wichtige Bedingungen, damit die Umsetzung gelingt (*ALPEN-Methode*). Dabei liegt eine besondere Herausforderung darin, Ziele oder Handlungsoptionen infrage zu stellen, gegebenenfalls einzelne Schritte neu zu planen und sich auch von nicht realisierbaren Zielen zu lösen.
- An entscheidenden Schnittstellen sollte sich die Schule durch externe Prozessbegleitung unterstützen lassen. So können Fehler vor allem in der Anfangsphase vermieden und auftretende Konflikte gelöst werden (*Serpentinenmodell*).
- Nicht zuletzt hängt das Gelingen eines Schulentwicklungsprozesses entscheidend von den *Akteuren* ab: Eine fruchtbare Zusammenarbeit zwischen Schulleitung, Steuergruppe und Lehrkräften, getragen von gegenseitiger Wertschätzung, wäre ideal. Auch deshalb sollte in regelmäßigen, vorher festgelegten Abständen Zeit für Reflexion und Würdigung des bisher Erreichten eingeplant werden. Das dient zum einen dazu, die Motivation aufrechtzuerhalten und macht zum anderen Korrekturen am bisherigen Kurs möglich.

Literatur

Abele, A. E. & Candova, A. (2007). Prädiktoren des Belastungserlebens im Lehrerberuf. Befunde einer 4-jährigen Längsschnittstudie. *Zeitschrift für Pädagogische Psychologie, 21* (2), 107–118.

Arnold, E. & Reese, M. (2010). Externe Beratung. In T. Bohl, W. Helsper, H. G. Holtappels & C. Schelle (Hrsg.), *Handbuch Schulentwicklung* (S. 298–302). Bad Heilbrunn: Klinkhardt.

Becker, A. & Thomas, L. (2001). Die Bedeutung von Steuergruppen für einen gelingenden Schulentwicklungsprozess. *Schulmanagement, 31* (2), 8–15.

Berthel, J. (1973). *Zielorientierte Unternehmenssteuerung. Die Formulierung operationaler Zielsysteme*. Stuttgart: Poeschel.

Bohl, T., Helsper, W., Holtappels, H. G. & Schelle, C. (Hrsg.) (2010). *Handbuch Schulentwicklung*. Bad Heilbrunn: Klinkhardt.

Bonsen, M., Gathen, J. von der & Pfeiffer, H. (2002). Wie wirkt Schulleitung? Schulleitungshandeln als Faktor für Schulqualität. *Jahrbuch der Schulentwicklung, 12*, 287–322.

Brandstätter, V. (2003). *Persistenz und Zielerreichung. Warum es oft so schwer ist loszulassen*. Göttingen: Hogrefe.

Bronfenbrenner, U. (1981). *Die Ökologie der menschlichen Entwicklung*. Stuttgart: Klett-Cotta.

Buhren, C.-G. (2010). Einführung: Personalentwicklung, Personalmanagement und Professionalisierung. In T. Bohl, W. Helsper, H. G. Holtappels & C. Schelle (Hrsg.), *Handbuch Schulentwicklung* (S. 225–231). Bad Heilbrunn: Klinkhardt

Dedering, K. (2012). *Steuerung und Schulentwicklung. Bestandsaufnahme und Theorieperspektive.* Wiesbaden: Springer VS.
Dedering, K., Tillmann, K.-J., Goecke, M. & Rauh, M. (2013). *Wenn Experten in die Schule kommen: Externe Schulentwicklungsberatung – empirisch betrachtet.* Wiesbaden: Springer VS.
Dubs, R. (2010). Methoden und Techniken der Organisationsanalyse. In T. Bohl, W. Helsper, H. G. Holtappels & C. Schelle (Hrsg.), *Handbuch Schulentwicklung* (S. 481–487). Bad Heilbrunn: Klinkhardt.
Fend, H. (2008). *Schule gestalten. Systemsteuerung, Schulentwicklung und Unterrichtsqualität.* Wiesbaden: VS.
Fischer, D. (1998). Braucht Schulentwicklung eine Steuergruppe? Aufgaben und Funktionen von Steuergruppen. *Journal für Schulentwicklung, 4*, 26–30.
Höhmann, K. (2010). Schulentwicklung und Zeitmanagement. In T. Bohl, W. Helsper, H. G. Holtappels & C. Schelle (Hrsg.), *Handbuch Schulentwicklung* (S. 254–257). Bad Heilbrunn: Klinkhardt
Keller, G. (2002). *Qualitätsentwicklung in der Schule. Ziele, Methoden, kleine Schritte.* Heidelberg: Asanger.
Klenk, G. (2007). »Famos« – fit für die Schulentwicklung. In W. Schönig (Hrsg.), *Spuren der Schulevaluation. Zur Bedeutsamkeit und Wirksamkeit von Evaluationskonzepten im Schulalltag* (S. 140–158). Bad Heilbrunn: Klinkhardt.
Krebsbach-Gnath, C. (1992). Wandel und Widerstand. In C. Krebsbach-Gnath (Hrsg.), *Den Wandel in Unternehmen steuern. Faktoren für erfolgreiches Change-Management* (S. 37–55). Frankfurt a. M.: FAZ-Verlag.
Pieper, A. & Schley, W. (1983). *Systembezogene Beratung in der Schule. Materialien aus der Beratungsstelle für soziales Lernen am Fachbereich der Universität Hamburg, Band 6.* Hamburg: Arbeitsgruppe Beratung und Training, Fachbereich Psychologie, Universität Hamburg.
Rahm, S. & Schröck, N. (2013). Schulentwicklung – von verwalteten zu eigenverantwortlichen Schulen. In L. Haag, S. Rahm, H. J. Apel & W. Sacher (Hrsg.), *Studienbuch Schulpädagogik* (5., überarb. Aufl.) (S. 97–116). Bad Heilbrunn: Klinkhardt.
Redlich, A. & Schley, W. (1983). Kooperative Verhaltensmodifikation. In B. Fittkau (Hrsg.), *Pädagogisch-psychologische Hilfen für Erziehung, Unterricht und Beratung* (S. 173–199). Braunschweig: Westermann.
Rolff, H.-G. (2013). *Schulentwicklung kompakt. Modelle, Instrumente, Perspektiven.* Weinheim, Basel: Beltz.
Seiwert, L. J. (2007). *Das neue 1x1 des Zeitmanagements.* München: Gräfe und Unzer.
Schratz, M. & Steiner-Löffler, U. (1999). *Die lernende Schule. Arbeitsbuch pädagogische Schulentwicklung.* Weinheim, Basel: Beltz.
Schreyögg, A. (Hrsg.) (2000). *Supervision und Coaching für die Schulentwicklung.* Bonn: DPV.
Sieland, B. (2001). Raus aus der Opferrolle! LehrerInnen zwischen Anforderungen und Ressourcen. *Forum E, 54*, 30–31.
Warnecke, C. & Redlich, A. (2010). Methoden und Techniken der Moderation von Arbeitsgruppen. In T. Bohl, W. Helsper, H. G. Holtappels & C. Schelle (Hrsg.), *Handbuch Schulentwicklung* (S. 516–525). Bad Heilbrunn: Klinkhardt.
Wissinger, J. & Huber, S. G. (Hrsg.) (2002). *Schulleitung – Forschung und Qualifizierung.* Opladen: Leske und Budrich.

Die gewaltpräventive Schule

Eva Steinherr

(F1) Einer Grundschullehrerin, die neu an der Schule ist, fällt auf, dass täglich während der Pausenzeiten eine hohe Anzahl von Schülerinnen und Schülern drinnen auf der Bank sitzen muss, da sie wegen körperlicher und verbaler Auseinandersetzungen auf dem Pausenhof von der Aufsicht »Platzverweis« bekommen haben. Unter diesen sind auch ein paar Kinder, die wiederkehrend diese Strafe erhalten. An ihrer vorigen Schule, so die Grundschullehrerin, hätte es kein »Strafsitzen« während der Pause gegeben, alle waren auf dem Hof.
(F2) Eine Mittelschule gilt als soziale Brennpunkt-Schule. Beleidigungen, Schlägereien und Sachbeschädigungen sind an der Tagesordnung. Lehrende klagen, dass Unterrichten aufgrund von Störungen kaum möglich ist. Folge des unterdurchschnittlichen allgemeinen Leistungsniveaus ist, dass ein hoher Prozentsatz an Jugendlichen nach Schulabschluss keinen Ausbildungsplatz bekommt. Die Fluktuation innerhalb des Kollegiums ist hoch.
(F3) In einer siebten Klasse Gymnasium bekommen alle Eltern via Rundmail plötzlich den »Hilferuf« eines Elternpaares: Seit Wochen sei ihr Sohn Martin Opfer von Mobbing in der Klasse. Es würden Karten mit obszönen Darstellungen von Martin und seinem Freund gezeichnet, getauscht und verkauft. Schülerinnen und Schüler anderer Klassen hätten sich angeschlossen, mittlerweile seien die Bilder auch im Internet zu finden. Die angesprochenen Eltern reagieren mit verharmlosenden Mail-Antworten oder gar nicht. Der Klassenlehrer erfährt erst verspätet durch die Direktorin, an die Martins Eltern sich schließlich wenden, von dem Vorfall. Er führt ein Gespräch mit der Klasse und bemerkt, dass niemand für Martin Partei ergreift, im Gegenteil, vielfache Meinung ist, dass Martin selbst aufgrund seines auffälligen Verhaltens Schuld an der Situation sei. Die Lehrkräfte sind überrascht, bisher schien der Zusammenhalt in der Klasse gut zu sein, sodass sie keine Mobbing-Präventionsmaßnahmen für nötig gehalten hatten.

Wenn in Schulen körperliche und verbale Auseinandersetzungen wie in den geschilderten Fallvignetten auftreten, sollte Schulinnovation auf die Implementierung von Gewaltpräventionsprogrammen zielen. Im Folgenden soll zunächst geklärt werden, was unter Gewalt zu verstehen ist. Um schulischer Gewaltprävention eine tragfähige theoretische Grundlage zu geben, wird diese als Teilbereich eines allgemeinen *autoritativen* Erziehungskonzepts mit seiner Orientierung an der Entwicklung des Empathievermögens sowie der Reflexions- und Dialogfähigkeit verstanden. Dies schließt vernünftige Grenzziehungen nicht aus. Da die Vorkommnisse und Entstehungsbedingungen von Gewalt komplex sind, wird schließlich dargelegt, was unter einem systemischen Präventionsansatz zu verstehen ist. Auf dieser Basis lassen sich exemplarisch drei schulische Gewaltpräventionsprogramme – das *Streitschlichter-Programm* (die *Peer-Mediation*), die *Sozialwirksame Schule* nach Werner Hopf und das *Anti-Cybermobbing-Programm Medienhelden* – schildern. Hierbei werden Herkunft, Ziele und Inhalte sowie eine mögliche Implementierung des jeweiligen Programms geklärt. Das Schlusskapitel widmet sich »Stolpersteinen« auf dem Weg zu einer gewaltpräventiven Schule.

1 Theoretische Grundlegung

1.1 Zur Definition von Gewalt

Unter dem Begriff der *Gewalt* wird in der Alltagssprache eine *absichtsvolle, schädigende Handlung* verstanden. Beim wissenschaftlichen Begriff muss zudem zwischen einer *engen*, einer *erweiterten* und einer *weiten* Auslegung von Gewalt unterschieden werden (vgl. Willems, 1993).

- In der *engen* Auslegung bezeichnet das Wort nur unmittelbare Gewalt, also die direkte physische Schädigung von Menschen durch Menschen mit zielgerichteter Tendenz. Hier kann auch die Beschädigung von Sachen (Vandalismus) miteinbezogen werden.
- In der *erweiterten* Auslegung werden auch psychische Angriffe, z. B. in verbaler Form, mit berücksichtigt. Kritisiert wird hier, dass diese Art von Gewalt kaum objektiv messbar ist, doch kommt psychische Gewalt häufig vor und richtet oft mehr Schaden an als die physische, wie anhand des Mobbingfalls in Fallvignette 3 leicht zu erahnen ist.
- Nach der *weiten* Auslegung liegt Gewalt immer dann vor, wenn Menschen so beeinflusst werden, dass ihre aktuelle körperliche und geistige Verwirklichung geringer ist als ihre potenzielle (vgl. Galtung, 1976). Diese Definition umfasst auch Schädigungen, die nicht direkt von Personen verursacht werden, bezieht also auch institutionelle und strukturelle Gewalt ein. Demnach müssen Gewaltpräventionsprogramme berücksichtigen, dass Schulen nicht nur ein Ort importierter, sondern auch – z. B. aufgrund von Anpassungsdruck, der Förderung von Konkurrenzverhalten, entfremdeter Lernvorgänge, restriktiver Erziehungsmaßnahmen und eines hierarchisch-autoritären Lehrerverhaltens allgemein – der selbst produzierenden Gewalt sind (vgl. Fend, 1986; Holtappels & Meier, 1997; Melzer, Schubarth & Ehninger, 2011). Schulische Strukturen und Vorgehensweisen müssen daraufhin überprüft werden, inwiefern sie lern- statt nur leistungsbezogen sind, d. h. Kooperation statt Ellenbogen-Denken fördern. Um der *weiten* Auslegung des Gewaltbegriffs in diesem Artikel Rechnung zu tragen, obwohl er nicht Teil unserer Definition ist, wird auf die Vorbildrolle des Lehrenden eingegangen, der nicht nur zur Gewaltfreiheit erzieht, sondern als

Vertreter der Institution Schule selbst möglichst gewaltfrei agieren muss (▶ Abschnitt 1.3.3). Auch der systemische Ansatz von Gewaltprävention (▶ Abschnitt 1.4), von der in diesem Text ausgegangen wird, schließt das Vorhandensein institutioneller und struktureller Gewalt auf der Makroebene nicht aus.

Da gegen die *weite* Auslegung eingewendet wird, dass Gewalt damit zu einem *Catch-all*-Begriff wird, der eine sinnvolle Verständigung eher behindert als erleichtert und zu einem inflationären Gebrauch des Begriffs führt (Tillmann et al. 2007; Nolting, 2005), soll für eine abschließende Definition von Gewalt *nur* die *enge* und *erweiterte* Auslegung zusammengefasst werden. Demnach soll unter Gewalt *eine von einer Person ausgeführte absichtsvolle Handlung verstanden werden, die eine physische oder psychische Schädigung des Opfers zur Folge hat.*

Als Sonderform kann das *Mobbing/Bullying* angesehen werden, denn diese Gewalthandlung wird – wie bei der zu Anfang geschilderten Fallvignette 3 erkennbar – durch weitere Merkmale bestimmt: In der Regel agieren mehrere Täter. Außerdem ist zu beachten, dass es nicht nur Täter und Opfer gibt, sondern in der Gruppe ein *komplexes Rollengefüge* herrscht. Die Vorgänge laufen eher verdeckt ab und finden *wiederholt* und *systematisch* gegen *Schwächere* statt mit dem Ziel, einen *hohen sozialen Stand* innerhalb der Gruppe zu *erlangen* und *aufrechtzuerhalten* (vgl. Smith et al. 2002). Hier reichen die üblichen Konfliktlösestrategien oft nicht aus, flankierende Maßnahmen sind notwendig. Als drittes schulisches Gewaltpräventionsprogramm wird deshalb in diesem Artikel das *Anti-Cybermobbing-Programm Medienhelden* vorgestellt.

Wenn von *schulischer Gewaltprävention* die Rede ist, sind also in erster Linie Maßnahmen gemeint, die die körperliche und verbale Gewalt zwischen Schülern langfristig zu minimieren versuchen. Nach Schubarth (2010) lassen sich *primäre, sekundäre und tertiäre Maßnahmen der Gewaltprävention* unterscheiden:

- Durch *primäre Prävention* soll das erstmalige Auftreten von Gewalt verhindert werden, indem Partizipation, Teamfähigkeit und Konfliktlösekompetenzen der Kinder und Jugendlichen durch alltägliche fachliche, didaktisch-methodische und soziale Ansätze im Rahmen einer demokratischen Schulentwicklung gestärkt werden.
- *Sekundäre Prävention* hat zum Ziel, aufgetretene Störungen möglichst frühzeitig zu behandeln, um einen chronischen Zustand zu verhindern und mögliche negative Folgen abzuwehren. Auf dieser Ebene werden von den Schulen häufig spezielle Anti-Gewalt-Programme implementiert.
- *Tertiäre Prävention* dient der Schadensbegrenzung bereits stattgefundener Gewalttätigkeit. Sie richtet sich auf die Verhinderung von Rückfallvorkommnissen und strebt Resozialisierungsprozesse an. Statt von *tertiärer Prävention* ist jedoch häufiger von Maßnahmen der *Intervention* die Rede.

Im Rahmen eines *systemischen* Ansatzes der Gewaltprävention (▶ Abschnitt 1.4) lassen sich *primäre, sekundäre und tertiäre Maßnahmen* miteinander vernetzen.

1.2 Konstruktive Konfliktbewältigung als zentraler Bestandteil von Gewaltprävention

Das frühzeitige Erkennen von Konflikten und deren Lösung durch konstruktive Strategien ist auf allen Ebenen ein zentraler Bestandteil von Gewaltprävention.

Ein sozialer Konflikt ist eine Interaktion zwischen Aktoren (Individuen, Gruppen, Organisationen etc.), wobei wenigstens ein Aktor Unvereinbarkeiten im Denken, Vorstellen, Wahrnehmen, Fühlen oder Wollen mit einem oder mehreren anderen erlebt und im Realisieren von Zielen und Interessen eine Beeinträchtigung durch diese(n) erfährt (vgl. Glasl, 2010).

Einer positiven Auffassung des Konflikts zufolge ist er ein Anzeichen dafür, dass etwas verändert werden muss, und bietet »eine Chance zur Entwicklung und zur Verbesserung der gegenseitigen Beziehungen. Ob diese Chance genutzt wird, hängt davon ab, wie der Konflikt angegangen wird« (Besemer, 1994, S. 24). Im Gegensatz zu einer destruktiven Austragung, bei der ein unerkannter und lang anhaltender Konflikt sich vervielfältigt und bis zur Unlösbarkeit verfestigt, weil das Problem nicht als das aller Beteiligten, sondern nur die jeweils andere Partei als Problem angesehen wird, begeben sich bei der konstruktiven Konfliktbewältigung alle gemeinsam auf Lösungssuche. Wesentlich ist nach Besemer die Unterscheidung zwischen *Position* und *Interesse*. *Positionen* sind fest gefügte Vorstellungen darüber, wie ein Problem gelöst werden sollte. Diese sind oft nicht miteinander vereinbar, und eine einvernehmliche Lösung scheint unmöglich. Betrachtet man aber die zugrunde liegenden *Interessen*, so können diese auf verschiedene Weise befriedigt werden. Werden sie offen gelegt, ist es oft möglich, Lösungen zu finden, die für die jede Partei annehmbar ist oder sogar den Interessen und Bedürfnissen aller Beteiligten entgegenkommen (*Win-Win-Situation*).

Doppler und Lauterburg (2002) beschreiben die Dynamik der Konfliktentwicklung in vier Stufen fortschreitender Beschleunigung. Ein möglichst frühzeitiges Eingreifen neutraler Dritter ist oft nötig, um die Aufschaukelung in einer Gewaltspirale abzustoppen.

1. *Diskussion*: Zu einer Sachfrage gibt es unterschiedliche Ansichten. Dies führt nur dann zum Konflikt, wenn Meinungen im Laufe der Auseinandersetzung die Form starrer Positionen annehmen.
2. *Überlagerung*: Die Sachfrage wird durch Wert-, Personen- und Beziehungsfragen überlagert. Es wird immer weniger Mühe darauf verwendet, Argumente zu verstehen und auf sie einzugehen; im Vordergrund steht der gegenseitige Vorwurf mangelnder Wertschätzung, des Eigennutzes und der Unaufrichtigkeit. Selbstdarstellung und Konkurrenz beherrschen das Gespräch. Es geht nur noch um Gewinnen oder Verlieren. Mittels Taktierens wird versucht, den anderen am Erreichen seiner Ziele zu hindern und sich selbst durchzusetzen (*Win-Lose-Situation*).
3. *Eskalation*: Die sachliche Kommunikation wird abgebrochen, die Kontrahenten gehen zum Angriff über. Wut und Empörung beherrschen die Lage. Aufgrund selektiver Wahrnehmung glaubt man sich allein im Recht, während

der Gegenpartei die Schuld zugewiesen wird. Beide Seiten suchen nach Verbündeten, indem sie den eigenen Standpunkt idealisieren und den Gegner durch üble Nachrede denunzieren. Das Wissen darum, dass keiner mehr gewinnen kann, setzt sich durch. Es geht nur noch darum, dafür zu sorgen, dass dem Gegner ein größerer Schaden zugefügt wird als einem selbst (*Lose-Lose-Situation*).
4. *Verhärtung:* Früher oder später kühlt der Konflikt ab. Entweder kann eine Seite ihre Interessen durchsetzen, d. h. der Schwächere gibt nach und harmonisiert (*Win-Lose-Situation*), oder es entsteht durch ausgeglichene Kräfte eine Patt-Situation (»kalter Krieg«), Spannungen bleiben jedoch bestehen (*Lose-Lose-Situation*). Die Aufrechterhaltung dieses Zustands kostet viele Ressourcen. Spannungen beherrschen das soziale Klima und beeinträchtigen die Leistungen. Zu diesem Zeitpunkt ist nicht mehr Prävention, sondern nur noch eine sich sehr schwierig gestaltende Intervention möglich, die mit der Aufarbeitung des Konflikts beginnen muss.

Nach Blake und Mouton (1964) vermeidet eine konstruktive Konfliktbewältigung die drei biologischen Konfliktstile der *Unterwerfung*, der *Flucht* oder des *Kampfes*, in denen allein die Macht regiert. Der Reflexions- und Dialogfähigkeit des Menschen entsprechen dagegen die Strategien geistig-sozialer Auseinandersetzung, nämlich des *Kompromisses* und – als bester Alternative – der *Kooperation*. Sie sind anspruchsvoll und zeitaufwendig, führen aber zu einer beide Parteien (möglichst) zufriedenstellenden Lösung (*Win-Win-Situation*).

Dem Gedanken der konstruktiven Konfliktbewältigung wird durch eine festgelegte Phasen-Struktur des Gesprächs Rechnung getragen (vgl. Ballreich & Glasl, 2011; Schubarth, 2010). Neutrale Dritte, nämlich die Moderierenden, achten auf deren Einhaltung, damit subjektive Sichtweisen und begleitende Empfindungen verbalisiert werden und die Konfliktpartner von der *Positions-* zur *Interessen*ebene gelangen.

1. *Vorphase/Einleitung der Mediation:* Zu Beginn versucht der Moderator (das Moderatorenpaar) durch eine vertrauensvolle Atmosphäre die Bereitschaft zur Mediation zu schaffen. Das Verfahren und die Gesprächsregeln (z. B. aktives Zuhören, Ausreden lassen, Ich-Botschaften statt Äußern von Vorwürfen und Beleidigungen) werden geklärt.
2. *Konfliktdarstellung:* Die Konfliktpartner schildern das Problem und ihr Anliegen aus eigener Sicht. Der Moderator hört ihnen aufmerksam zu und fasst die Aussagen zusammen. In dieser ersten Aussprache soll bereits der Prozess gegenseitigen empathischen Verstehens und Anerkennens angebahnt werden.
3. *Konflikt- bzw. Interessenerhellung:* Der Prozess gegenseitigen empathischen Verstehens und Anerkennens wird durch einen Rollentausch (Perspektivwechsel) vertieft. Die Gegner sprechen die Gedanken und Gefühle zum Konflikt aus der Sicht des jeweils anderen aus. So werden die Hintergründe des Problems, wie die ihm zugrunde liegenden Interessen der einzelnen Beteiligten, aufgedeckt.
4. *Handlungsoptionen:* Gemeinsam werden kreative Lösungsmöglichkeiten gesammelt und auf Übereinstimmungen hin untersucht.

5. *Übereinkunft:* Die übereinstimmenden Lösungsmöglichkeiten werden in Form eines Vertrags festgehalten und von beiden Parteien unterzeichnet. Sich möglicherweise ergebende Widerstände werden dabei mitbedacht. Der Moderator vereinbart ggf. einen weiteren Termin, um zu kontrollieren, ob die Vereinbarungen eingehalten wurden und der Konflikt beseitigt werden konnte. Man bedankt sich für die Mitarbeit.

1.3 *Autoritative* Erziehung (*Autonomie*erziehung) als Grundlage der Gewaltprävention – Stärkung von Empathie-, Reflexions- und Dialogfähigkeit ohne Verzicht auf vernünftige Grenzsetzungen

1.3.1 Inwiefern ist gewaltpräventive Erziehung *autoritative* Erziehung?

Die Zielrichtung und Haltung *gewaltpräventiver* Erziehung ist identisch mit derjenigen der *autoritativen* Erziehung (Baumrind, 1995) oder *Autonomieerziehung*. Vermittelt werden soll, dass nicht das »Recht des Stärkeren«, also die möglichst effektive Durchsetzung eigener Interessen, sondern das Erkennen und Anerkennen berechtigter Ansprüche aller Beteiligten im Mittelpunkt steht. Es geht um die Entwicklung von selbstständigem Denkvermögen und Handeln aus Einsicht. Deswegen wird auf die Stärkung von Empathie- und Reflexionsfähigkeit gesetzt und der argumentative Dialog gesucht, ohne dass auf vernünftige Grenzsetzungen verzichtet wird. Ziel ist letztlich die Bereitschaft zur Selbstverpflichtung, nicht zu Gehorsam und Anpassung (vgl. dazu Steinherr, 2012).

1.3.2 Zur Definition von *autoritativer* Erziehung in Abgrenzung zu den beiden antagonistischen Erziehungsstilen *autoritär* und *antiautoritär* (*laissez-faire*)

Diana Baumrind (1995) charakterisiert den *autoritativen* Erziehungsstil mittels zweier Eckpunkte, der »Interessiertheit« am Kind und einer »Forderungshaltung« ihm gegenüber, die es zum selbstständigen, verantwortungsvollen Denken und Handeln führen soll. Entsprechend setzt sich der Begriff *autoritativ* aus den Worten *autoritär* (→ fordernd) und *integrativ* (→ interessiert) zusammen. Gleichzeitig spielt Baumrind durch ihre neue Begriffsschöpfung auf die beiden antagonistischen Erziehungsstile *autoritär* und *antiautoritär* (*laissez-faire*) als Extreme, die zu vermeiden sind, an. An Baumrind knüpfen bis heute viele Erziehungskonzepte an, von denen nur das von Klaus A. Schneewind (2002; 2012) *Freiheit in Grenzen* genannt werden soll. Schneewind bezeichnet die beiden defizitären Formen als *Grenzen ohne Freiheit* (*autoritärer Stil*) und *Freiheit ohne Grenzen* (*Laissez-faire-Stil*).

Die Extreme des *autoritären* und des *Laissez-faire*-Stiles gleichen sich insofern, als beide zu wenig die verbale Auseinandersetzung suchen. Bei der zu Anfang erwähnten Fallvignette 1 (Pausenverbot) ändert sich nichts an der Praxis des »Strafsitzens«, weil die Konflikte nicht aufgearbeitet werden. Dieses Beispiel geht in die *autoritäre* Richtung, während der *Laissez-faire-Stil* einfach ignorieren würde, dass auf dem Pausenhof das »Recht des Stärkeren« gilt. In der Fallvignette 3 (Mobbing) wird zu wenig präventive Erziehungsarbeit geleistet, Regeln des Umgangs miteinander fehlen, sodass dieses Beispiel eher in Richtung *laissez-faire* geht. Ein Abgleiten in die Extreme ist, wie die Fallvignetten zeigen, leicht möglich. Beide Erziehungsstile zeigen zu wenig pädagogisches Interesse am Kind oder Jugendlichen, sodass nicht genügend Zeit investiert wird, um gemeinsam gute Lösungen zu finden. Beide trauen der Einsichtsfähigkeit junger Menschen, die durch Kommunikation befördert werden könnte, zu wenig zu, weshalb sie auch leicht ineinander umschlagen.

1.3.3 Die Haltung und Verhaltensweisen des gewaltfrei Erziehenden in der Balance zwischen Gewährung von Freiheiten und angemessenen Grenzsetzungen

Es versteht sich von selbst, dass der *autoritativ* Erziehende nicht nur zur Gewaltfreiheit erzieht, sondern auch selbst zum Vorbild wird, indem er gewaltfrei agiert. Dies betrifft insbesondere den Ausgleich zwischen Gewährung von Freiheiten und angemessenen Grenzsetzungen.

*Autonomie*erziehung bedeutet nämlich nicht, dass Kinder keine Grenzen kennenlernen sollten – das wäre Willkür oder, modern gesprochen, *laissez-faire*. Im Gegenteil erlangt der Mensch wahre Mündigkeit nur, wenn er lernt, die berechtigten Bedürfnisse anderer wahrzunehmen und eigenen egoistischen Tendenzen selbstkritisch gegenüberzustehen. Der *autoritativ* Erziehende verweigert dazu die nötige Anleitung nicht, gewährt aber vor allem – je nach dem Entwicklungsstand und Verstehenshorizont des Kindes – die Freiheit zum Selber-Denken und -Tun. Er eruiert Verhaltenshintergründe und Motive der Kinder und Jugendlichen und setzt sich mit ihnen argumentativ auseinander. Auf *präventivem* Wege wird versucht, durch Dialog den Respekt vor der Würde des anderen wachzurufen. Funktioniert dies nicht und mangelt es dem einzelnen Gewaltbereiten an Einfühlungs- und Erkenntnisvermögen, reagieren der Erwachsene, aber auch die anderen Mitglieder der Klassen- und Schulgemeinschaft *interventiv*: Sie fungieren quasi als Stellvertreter der fehlenden *inneren Autorität* und ersetzen diese vorläufig durch *äußere*: Sie achten auf Regeleinhaltungen und setzen dem Gewaltbereiten vernünftige Grenzen, d. h. sie erlauben keine Wertverletzungen. Lehrende sollten dabei jedoch stets eine bewusste Haltung der Offenheit für die verbale Auseinandersetzung zeigen, sonst ist ein Abgleiten in den *autoritären* Erziehungsstil leicht möglich. Auch sind dem jungen Menschen Handlungs-Fehlversuche zuzugestehen, sofern er dadurch nicht zu großen Schaden anrichtet und die Hoffnung besteht, dass er aus ihnen lernen kann. Strategien sind also immer neu zu reflektieren und zu verändern. Bei der Entscheidung über das »Wie viel?« von Freiheit oder Grenzsetzungen bewegen Erziehende sich immer auf unsicherem Boden.

In Fallvignette 1 des Pausenhof-Verbots halten Lehrkräfte ihre erzieherische Aufgabe für erfüllt, wenn rein pragmatisch erreicht ist, dass die äußere Ordnung aufrechterhalten wird. Für eine *Autonomie*erziehung ist dies jedoch ein zu anspruchsloses Ziel. Von einer Eruierung der Verhaltenshintergründe sowie einer Bewusstmachung der Würde des anderen im Dialog kann keine Rede sein. Viele Sanktionen stellen in der Schulpraxis einen Endpunkt dar, über den nicht weiter kommuniziert wird, selbst dann nicht, wenn sie sich, wie an den »Wiederholungstätern« in Fallvignette 1 deutlich wird, sogar pragmatisch als nicht zielführend erweisen. Auch in Fallvignette 2, der sozialen Brennpunkt-Schule, und in Fallvignette 3 des Mobbings zeigt sich, dass Überwachung und äußerer Druck nicht einmal ausreichen, um einen störungsfreien Unterrichtsablauf zu gewährleisten.

1.3.4 Die Einführung von Regeln bzw. Regelsystemen

Regeln bzw. Regelsysteme spiegeln den Anspruch *autoritativer* Erziehung wider, dass Grenzsetzungen vernünftig sein sollen. Sie entsprechen dem allgemeinen Gerechtigkeitsempfinden und gelten deshalb für alle Beteiligten gleichermaßen. Verstößt jemand gegen gemeinschaftlich beschlossene Regeln, trifft ihn die festgelegte Sanktion quasi wie ein Naturgesetz und entspringt nicht der Willkür einer einzelnen Lehrperson. Als ausformulierte Verhaltenserwartungen schaffen Regeln für Lehrende und Schülerinnen und Schüler Orientierungssicherheit, denn sie machen Ermahnungen und Konsequenzen vorhersagbar.

Die Einführung von Regeln bzw. Regelsystemen in Schulen gelingt am besten unter folgenden Bedingungen (vgl. Emmer & Evertson, 2009; Evertson, Emmer & Worsham, 2006):

- Beschränkung auf *wenige*, zentrale Verhaltensaspekte erfassende Regeln
- *frühzeitige* Etablierung
- *klare* und *eindeutige* Formulierung
- *positive* Verhaltensbeschreibung
- Abdeckung des *gesamten* Lern- und Sozialverhaltens
- möglichst *gemeinsame* Regeln für die ganze Schule
- Achten auf *konsequente Einhaltung*
- Festlegung von *Konsequenzen* (Bevorzugung von Anreizen bei Einhaltung statt Strafen bei Nicht-Einhaltung)
- Betonung des *Verbindlichkeitscharakters* von Regeln, z. B. durch Visualisierung oder persönliche Unterschrift jedes/r Beteiligten
- Erhöhung der Verbindlichkeit durch *gemeinsame Erarbeitung mit Schülerinnen und Schülern*
- *regelmäßige Erinnerung* an geltende Regeln über das Schuljahr hinweg und, falls sinnvoll, *Ergänzung* durch neue Regeln

Insofern Regeln mit Schülerinnen und Schülern gemeinsam erarbeitet werden, wird auch *Empathie-, Reflexions- und Dialogfähigkeit* gestärkt. Hierbei ist zu beachten, dass es nicht verhandelbare und verhandelbare Regeln gibt. Nicht verhandelbare Regeln sind häufig ethischen Charakters, unter die verhandelbaren fallen vor allem Verfahrensregeln. Das heißt nicht, dass nicht verhandelbare Regeln »heteronom«

verkündet werden müssten und hier kein Diskussionsbedarf bestände. Im Gegenteil: *Autoritative* Erziehung setzt gerade bei ethischen Fragen auf Einsicht und Selbstverpflichtung, die oft erst über Dialog erreicht werden (siehe z. B. die Kohlbergschen Dilemmadiskussionen). So ist es besser, wenn Schülerinnen und Schüler *selbst* Begründungen für die uneingeschränkte Gültigkeit prosozialer Regeln finden, als wenn Lehrende dies tun. Prosoziale (ethische) Regeln beziehen sich letztlich auf die allgemeinen und notwendig gültigen (unveränderlichen) Grundwerte, Verfahrensregeln dagegen eher auf konkretere (historisch und kulturell bedingte und deshalb veränderliche) Normen. Gerade weil Regeln ethischen Gehalts sich auf Grundwerte beziehen, sind sie allerdings häufig nur vage formulierbar (Bsp.: »Ich zeige allen Menschen der Schulgemeinschaft gegenüber Toleranz und Respekt«). Dies führt dann in konkreten Situationen oft zu Auseinandersetzungen, ob eine Regelverletzung vorliegt oder nicht (Bsp.: Lehrende interpretieren als respektloses Verhalten, was Schülerinnen und Schüler als »ganz normalen« Umgangston empfinden).

1.4 Der systemische Ansatz der Gewaltprävention

Der *systemische Ansatz* der Gewaltprävention richtet sich gegen möglichst viele verschiedene Formen von Gewalt und berücksichtigt gleichzeitig unterschiedliche Bedingungsfaktoren der Entstehung. Er ist zu bevorzugen, weil alle am Schulalltag Beteiligten sowie außerschulische Unterstützergruppen bei den vorbeugenden Maßnahmen einbezogen und mitwirken können (vgl. Melzer, Schubarth & Ehninger, 2011).

Ein wesentlicher Teil von Gewaltprävention ist die Eruierung von Verhaltenshintergründen und Motiven der Kinder und Jugendlichen. Vor allem spielen die familiäre Situation, die Gleichaltrigengruppe, die Institution Schule, der Einfluss der Medien und Umwelt-Stressoren eine Rolle (vgl. Kunczik & Zipfel, 2006; Melzer, Schubarth & Ehninger, 2011; Tulodziecki, Herzig & Grafe, 2010).

Beim systemischen Ansatz der Gewaltprävention wird die *Makro-, Meso- und Mikroebene* unterschieden:

- Die *Makroebene* entspricht der gesellschaftspolitischen Ebene. Soziale Ungerechtigkeit durch strukturelle und institutionelle Gewalt soll durch eine geeignete Familien-, Bildungs-, Jugend- und Sozialpolitik möglichst verhindert werden (siehe die *weite* Auslegung des Gewaltbegriffs).
- Die *Mesoebene* umfasst die Ebene der Schule innerhalb ihres Umfelds und des Gemeinwesens. Auf dieser findet die Zusammenarbeit mit außerschulischen Partnern statt, die einen Einfluss auf die Persönlichkeitsentwicklung von Kindern und Jugendlichen haben können, wie (Schul-)Psychologen, Jugendeinrichtungen, Jugendamt, Polizei, Suchtberatungen, Unternehmen und Handwerksbetriebe (etc.).
- Die *Mikroebene* bezieht sich auf die *Ebene der Schule und ihrer Akteure*. Anti-Gewalt-Programme werden hier implementiert. Die *Mikroebene* kann wiederum in *drei Bereiche* unterteilt werden: die *Schulebene*, die *Klassenebene* und die *individuelle Schülerebene* (vgl. Melzer, Schubarth & Ehninger, 2011; Olweus, 2008).

Im Folgenden soll Gewaltprävention in den *drei* Bereichen der *Mikroebene* der Schule und ihrer Akteure dargestellt werden. Vor allem die *Mesoebene* der Zusammenarbeit mit außerschulischen Partnern spielt hier manchmal mit herein; in diesem Fall soll sie nicht unerwähnt bleiben.

1.4.1 Gewaltprävention auf der *Schulebene*

Auf Schulebene gelten Grundsätze, die das gesamte Schulklima betreffen. Sie prägen auch den sozialen Umgang auf Klassen- und persönlicher Ebene (vgl. Eder, 2011). Folgende Maßnahmen erweisen sich hier als sinnvoll:

- *Formulierung eines pädagogischen Konzepts, das sich im Schulleitbild/in einer Schulordnung widerspiegelt*: Ein Beispiel dafür bietet die Mittelschule Wasserburg mit den von Schülerinnen und Schülern gemeinsam erarbeiteten Grundwerten und Schulregeln einer *Sozialwirksamen Schule* sowie dem darauf abgestellten Ordnungs- und Erziehungsrahmen (▶ Abschnitt 2.3.3).
- *Schulische Angebote für Eltern*: Im Schulleitbild kann vorgesehen sein, dass die Schule ein Beratungsangebot im Rahmen von *Erziehungskonferenzen* bereithält, um bestehende Probleme zu besprechen. In diesen versuchen Eltern und Lehrkräfte in partnerschaftlicher Zusammenarbeit *Erziehungsvereinbarungen* festzulegen, d. h. Regeln, die sowohl in der Schule als auch zu Hause gelten. Eltern werden außerdem von der Schule zu Informationsveranstaltungen, etwa zum pädagogischen Konzept der Schule oder zu Erziehungsfragen, eingeladen. Bei der Erstellung des Schulleitbildes kann Elternbeteiligung erwünscht sein.
- *Etablierung einer demokratischen und motivierenden Lern- und Schulkultur zur Förderung von Partizipation und Verantwortungsbereitschaft*: Unter die Gestaltung des Schullebens fallen z. B. gemeinsame Schulfeiern oder die Durchführung von schulübergreifenden Projekten. Schülerinnen und Schüler sowie deren Eltern können etwa an der Gestaltung des Schulgebäudes mitwirken. Tendenzen zu Vandalismus wird so vorgebeugt.
- *Aufbau eines Netzwerkes mit außerschulischen Einrichtungen*: So kann z. B. mit Jugendeinrichtungen wie Sportvereinen Kontakt aufgenommen werden, die Freizeitprogramme anbieten, die an Schulen nicht möglich sind. Daneben können spezielle Förderprojekte mit Partnern wie z. B. ortsansässigen Unternehmen oder Handwerksbetrieben ins Leben gerufen werden.
- *Durchführung schulischer Anti-Gewalt-Programme*: Dies ist vor allem dann nötig, wenn das gesamte Schulklima von einer Atmosphäre allgemeiner Respektlosigkeit geprägt ist, so wie dies zu Anfang in Fallvignette 2 der Mittelschule, die als soziale Brennpunktschule gilt, geschildert wurde.

1.4.2 Gewaltprävention auf der *Klassenebene*

Hier werden Maßnahmen genannt, die dem pädagogischen Konzept der Schule entsprechen, aber nur auf Klassenebene umgesetzt werden können.

- *Gemeinsames Aufstellen und Einhalten von Klassenregeln*: Über geltende Regeln sollte möglichst ein Konsens herrschen.
- *Stärkung von Partizipation und Verantwortungsbereitschaft aller Schülerinnen und Schüler, Lehrkräfte und der Klassen-Eltern*: Das Verantwortungsbewusstsein aller für die Klassengemeinschaft sollte gestärkt werden. Dies geschieht z. B. durch handlungsorientierten Unterricht und den Aufbau von Kooperationsstrukturen.
- *Schaffung von Anlaufstellen für Probleme der Klasse*: Das Amt der Klassensprecherin/des Klassensprechers darf nicht nur nominell bestehen, sondern dessen Vermittlungsfunktion muss verdeutlicht werden. Auch an eine regelmäßig stattfindende Klassenrunde ist zu denken. Im Internet-Zeitalter ist z. B. auch an einen von einer Lehrkraft betreuten virtuellen »Kummerkasten« zu denken, der bessere Anonymität gewährleistet.
- *Durchführung gemeinsamer Projekte zur Stärkung der Klassengemeinschaft*: Hier sind außer- und innerschulische Veranstaltungen gemeint, wie Klassenfeiern oder Theateraufführungen, aber auch die gemeinsame Gestaltung des Klassenzimmers.
- *Durchführung von Anti-Gewalt-Programmen auf Klassenebene*: Diese werden vor allem dann nötig, wenn einer konkurrierenden Cliquenbildung vorgebeugt werden soll, aber auch, wenn sich eine größere Gruppe gegen Einzelne stellt, so wie dies zu Anfang in Fallvignette 3 des Mobbing-Vorfalls in einer siebten Klasse des Gymnasiums geschildert wurde. Da dagegen präventiv auf Klassenebene nicht rechtzeitig etwas unternommen wurde, weitete der Fall sich bis auf die Schulebene aus.

1.4.3 Gewaltprävention auf der *individuellen Schülerebene*

Auf der persönlichen Ebene geht es vor allem um die Beziehung der Schülerinnen und Schüler untereinander, aber auch um die Beziehung zwischen Schülerinnen und Schülern und ihren Lehrkräften. Bei letzterer handelt es sich vor allem um die Vermeidung psychisch-verbaler Gewalt, sowohl seitens der Schülerinnen und Schüler gegenüber Lehrkräften als auch umgekehrt. Aufgabe der Lehrkräfte ist vor allem, ein den Einzelnen wertschätzendes, kooperatives und lernförderliches Klima im Unterricht zu schaffen:

- *Aufbau einer von Respekt und gegenseitigem Verständnis getragenen Beziehung zu Schülerinnen und Schülern und deren Eltern*: Lehrkräfte fordern die Eigenaktivität von Schülerinnen und Schülern und deren Eltern heraus, indem sie als Lern- und Erziehungsberater Hilfe zur Selbsthilfe anbieten.
- *Gerechter, berechenbarer, konsequenter Unterrichtsstil*: Hier spielt vor allem die Transparenz der Leistungsbeurteilung eine große Rolle.
- *Schaffung von Anlaufstellen für Probleme einzelner Eltern*: Im Rahmen der o. g. *Erziehungskonferenzen* bieten Lehrkräfte in schwierigen Erziehungssituationen *Einzelfallberatungen* an.
- *Partnerschaftlicher Interaktionsstil mit Vorbildcharakter*: Angezielt wird ein von emotionaler Wärme gekennzeichneter, aber auch Orientierung vermitteln-

der und ggf. Grenzen setzender Kommunikationsstil. Auf verbale Angriffe sollte nicht mit Gegenangriffen reagiert, sondern vielmehr versucht werden, den Grund für das aggressive Verhalten der Schülerin oder des Schülers herauszufinden.
- *Vermittlung von prosozialem Verhalten*: Schülerinnen und Schüler sollten in Empathiefähigkeit, Hilfsbereitschaft und Konfliktbewältigung geschult werden. Indirekt geschieht dies vor allem durch offene Formen der Lernarbeit.
- *Einübung des Umgangs mit Frustrationen*: Meinungsverschiedenheiten müssen konstruktiv ausgetragen werden. Konkurrenzdenken wird abgebaut, wenn Schülerinnen und Schüler z. B. im Rahmen einer Gruppenarbeit erkennen, dass jeder zum Gelingen des Projkts beiträgt.
- *Entwicklung positiver Leistungs- und Selbstkonzepte*: Schülerinnen und Schüler sollten individuell so gefördert werden, dass Lernfortschritte für sie sichtbar werden und sie Erfolgserlebnisse haben. Nicht nur kognitive Kompetenzen, sondern auch soziales Engagement sollte gewürdigt werden.
- *Vermittlung von Medienkompetenz*: Das Problem des *Cybermobbings* stellt noch ein verhältnismäßig junges Thema dar, wird aber als so brisant eingeschätzt, dass es explizit unter den Zielen der Gewaltprävention genannt wird. Schülerinnen und Schüler müssen die Gefahren des Internets aufgezeigt werden, aber auch, wie sie es sinnvoll nutzen können (Kunczik & Zipfel, 2006).

2 Zur Praxis gewaltpräventiver Erziehung: Beispiele schulischer Gewaltpräventionsprogramme

2.1 Systemischer Vergleich der gewaltpräventiven Ansätze

Allgemein haben alle schulischen Anti-Gewalt-Programme das Ziel, eine Verbesserung der Empathie-, Toleranz-, Integrations-, Kommunikations-, und ethischen Urteilsfähigkeit zu erreichen. Bei den gewaltpräventiven Ansätzen ergeben sich hinsichtlich ihres systemischen Wirkungsgeschehens jedoch Unterschiede.

Niedrigschwellige Konzepte wie das *Streitschlichter-Programm* (die *Peer-Mediation*) setzen auf der *Mikro-Ebene* der Schule, Klasse und individuellen Schülerebene an und stellen hier enge Kooperationsstrukturen her. Sie lassen sich relativ leicht implementieren, verzichten aber in der Regel auf eine inner-außerschulische Netzwerkbildung, können jedoch Teil einer solchen sein. (So wird die *Peer-Mediation* auch in der *Sozialwirksamen Schule* praktiziert).

Bei den *komplexen Mehr-Ebenen-Modellen* werden vielfältige Einzelmaßnahmen in ein schulspezifisches Gesamtkonzept einbettet und ein inner-außerschulisches Netzwerk aufgebaut, durch das das Lebensumfeld der Schülerinnen und Schüler viel stärker mit einbezogen wird. Programme wie die *Sozialwirk-*

same Schule und das *Anti-Cybermobbing-Projekt Medienhelden* verbinden außerdem explizit die *Meso-Ebene* der außerschulischen Berater mit der schulischen *Mikro-Ebene*. Komplexe Mehr-Ebenen-Konzepte werden der Tatsache besser gerecht, dass Gewalt nicht am Schultor beginnt und endet, und erweisen sich deshalb längerfristig als effektiver (vgl. Petermann & Koglin, 2013; Schubarth, 2010).

In den folgenden Punkten werden etwas ausführlicher drei exemplarische schulische Gewaltpräventionsprogramme – das *Streitschlichter-Programm* (die *Peer-Mediation*), die *Sozialwirksame Schule* nach Werner Hopf und das *Anti-Cybermobbing-Programm Medienhelden* vorgestellt. Hierbei werden Herkunft, Ziele und Inhalte sowie eine mögliche Implementierung des jeweiligen Programms geklärt. Für Schulen gibt es jedoch noch viele andere bundes- oder landesweite Präventions- oder Interventionsangebote bzw. Lehrmaterialien zur eigenständigen Durchführung von Kursen, auf die man im Internet stößt, wenn man entsprechende Schlagworte (z. B. »Gewalt- oder Mobbing-Prävention«, »Schulklima«, »Zeit für uns« …) eingibt. Als Beispiel sollen hier noch vier Projekte genannt werden, die auf diese Weise zu finden sind:

- *SeSiSta (Selbstbewusst-Sicher-Stark)*: Ein Team von Selbstverteidigungsexperten, Pädagoginnen und Pädagogen, Kriminalbeamten sowie Psychologinnen und Psychologen führt Kurse zur Schaffung von Selbstbewusstsein und zur Erweiterung von Handlungsmöglichkeiten in für Jugendliche typischen Konfliktsituationen durch (http://www.sesista.de/).
- *No-Blame-Approach*: Hierbei handelt es sich um ein Interventionsprogramm zur zeitnahen und nachhaltigen Beendigung schulischen Mobbings, das sich durch den Verzicht auf Schuldzuweisungen und Bestrafungen und Etablierung einer Unterstützergruppe für das Opfer auszeichnet (http://www.no-blame-approach.de/ oder http://www.fairaend.de/).
- *Gewaltprävention und Demokratielernen*: Unter dem Motto *Aufeinander achten. Füreinander da sein. Miteinander lernen.* werden vom Hessischen Kultusministerium verschiedene Projekte zum Erlernen von Mediation und Partizipation vorgestellt (https://kultusministerium.hessen.de/lehrer/gewaltpraevention/).
- *KiVa-Programm*: Es handelt sich um ein internationales Anti-Mobbing-Programm der finnischen Universität Turku (http://www.kivaprogram.net/).

2.2 Das *Streitschlichter-Programm* (*Peer-Mediation*)

2.2.1 Woher stammt das *Streitschlichter-Programm*?

Das *Streitschlichter-Programm* wurde in den 1960er und 1970er Jahren in den USA zur Vermeidung von Gerichtsverfahren entwickelt. Die Sonderform in der Schule wird international auch als *Peer-Mediation* bezeichnet, da sie nicht von Erwachsenen, sondern von Kindern und Jugendlichen (Peers) selbstständig durchgeführt wird.

Im englischsprachigen Raum gibt es zwei Arten von Peer-Mediation (vgl. Behn, 2006): Beim *Cadre Approach* nehmen ausgewählte Schülerinnen und Schüler außerhalb des Unterrichts an einem Mediationstraining teil und fungieren anschließend als offizielle Streitschlichter an ihren Schulen. Beim *Whole School Approach* wird die gesamte Schule in Konflikt- und Mediationsstrategien geschult und das Training in den allgemeinen Unterricht integriert. In Deutschland wurden die ersten Streitschlichter-Projekte in den 1990er Jahren erprobt. Meist handelte es sich dabei um die Form des *Cadre Approach* (vgl. Faller, Kerntke & Wackmann, 1996; Jeffreys & Noack, 1995).

Im Unterschied zur außergerichtlichen Einigung Erwachsener hat die schulische Mediation die Besonderheit, dass zwischen den Streitschlichtern und den Konfliktparteien eine längerfristige Beziehung besteht, da alle einer Schulgemeinschaft angehören. Die Beteiligten sind jung und lernfähig, sodass im Laufe eines Mediationsprozesses die Chance für alle besteht, ihr Repertoire an Schlüsselkompetenzen wie Empathievermögen sowie Kommunikations-, Konfliktlösungs- und Teamfähigkeit erheblich zu erweitern.

Das *Streitschlichter-Programm* ist aufgrund seiner verhältnismäßig leichten Umsetzbarkeit und schnellen gewaltpräventiven Effektivität das wohl am meisten verbreitete Gewaltpräventionsprogramm (vgl. Schubarth, 2010). Es stellt eine erzieherisch sinnvolle Alternative zu Lehrerbestrafungen, etwa zum Pausenhof-Verbot, wie zu Anfang im Fallvignette 1 geschildert, dar.

2.2.2 Welche Ziele und Inhalte hat das *Streitschlichter-Programm*?

Der Mediation liegt der Gedanke einer konstruktiven Konfliktbewältigung (wie in ▶ Abschnitt 1.2 geschildert) zugrunde. Sie richtet sich an Konfliktparteien, die offenkundig alleine aus dem Konflikt nicht herausfinden würden und deshalb die Hilfe neutraler Dritter, nämlich der oder des Mediatoren, in Anspruch nehmen. Die Mediatoren haben die Aufgabe, den Konfliktlösungsprozess zu strukturieren und zu moderieren, nicht die des Schiedsrichters (*Prozess-Verantwortlichkeit*). Die Konfliktparteien haben die Aufgabe, eigenständig den Konflikt zu lösen (*Ergebnis-Verantwortlichkeit*). Die Mediatoren sind zur Verschwiegenheit verpflichtet. Das Verhandlungsergebnis ist erst dann bindend, wenn alle Konfliktparteien zugestimmt haben. Ziel ist eine *Win-Win-Situation*.

Hier muss jedoch noch der Hinweis erfolgen, dass die schulische Mediation zwar idealerweise freiwillig von den Schülerinnen und Schülern aufgesucht wird, Lehrkräfte aber auch die schuleigene Einrichtung offiziell beauftragter Streitschlichterinnen und Streitschlichter nutzen sollten, um die Lösung sozialer Probleme zu delegieren und Schülerinnen und Schüler zur Eigenverantwortlichkeit zu führen. Im Rahmen des schulischen Erziehungsauftrags kann die Teilnahme an einem Konfliktlösungsprozess bis zur Vertragsabschließung für Schülerinnen und Schüler deshalb verbindlich gemacht werden.

2.2.3 Wie erfolgt die Implementierung des *Streitschlichter-Programms* an Schulen?

Mindestens zwei Lehrkräfte einer Schule übernehmen die Umsetzung des Streitschlichter-Programms in den Schulalltag. Sie können an Fortbildungen teilnehmen, die z. B. von Lehrerfortbildungsinstituten oder dem schulpsychologischen Dienst angeboten werden, oder sich auch die erforderlichen Kenntnisse autodidaktisch aneignen. Innerhalb des Kollegiums muss abgesprochen werden, an welche Klassenstufen sich das Streitschlichterprogramm richtet (i. d. R. an die unteren Jahrgangsstufen des Sekundarbereichs I), wie viele Streitschlichterinnen und Streitschlichter (i. d. R. zehn bis zwölf) ausgebildet werden und nach welchen Kriterien die Auswahl der Sich-Bewerbenden erfolgt. Da Streitschlichtende gelegentlich vom Unterricht befreit werden müssen, sollten sie ein gutes Notenbild aufweisen. Es ist z. B. aber auch sinnvoll, bewusst Schülerinnen und Schüler auszuwählen bzw. ihnen das Amt der Streitschlichtenden aktiv vorzuschlagen, die sich in der Klassengemeinschaft auffällig verhalten oder Schwierigkeiten haben, sich in diese zu integrieren. So kann man ihnen einen neuen Verantwortungsbereich anbieten, in dem sie Erfolg haben und Freunde finden können. Außerdem ist sowohl das Einverständnis der Schulleitung und des Lehrkörpers als auch der Eltern nötig.

Die Ausbildung der Streitschlichtenden ist vom Zeitumfang nicht festgelegt, die Schulen gestalten sie individuell. Vorstellbar ist etwa ein zweitägiges Seminar, das folgende Inhalte umfassen sollte (vgl. z. B. Faller, Kerntke & Wackmann, 1996):

- Durchführung von Kennenlern-, (Gefühls-)Wahrnehmungs- und Kommunikationsübungen, dabei Einüben von Kommunikationsstrategien (z. B. Aktives Zuhören, Ich-Botschaften)
- Theoretisches Kennenlernen der Phasen des strukturierten Mediationsgesprächs (▶ Abschnitt 1.2) und deren praktische Einübung durch Rollenspiele anhand von Fallbeispielen zu typischen schulischen Konfliktsituationen

Die betreuenden Lehrkräfte haben lediglich eine unterstützende und organisatorische Funktion, indem sie bei Fragen und Problemen beraten und evtl. »Auffrischungskurse« anbieten. Sie sorgen auch gemeinsam mit den Streitschlichtenden für die Bekanntmachung des Programms an der Schule (denkbar ist etwa Werbung durch Info-Stände an Schulveranstaltungen oder durch Unterrichtsbesuche, wobei die Methode der konstruktiven Konfliktbewältigung vorgestellt bzw. exemplarisch durchgeführt wird; die amtierenden Streitschlichterinnen und Streitschlichter sollten sich auch per »Steckbrief« mit Foto im Schaukasten der Schule vorstellen). Die Lehrer-Coachs stellen für sie einen Dienstplan für das Schuljahr auf und beobachten die Akzeptanz des Konzepts. Streitschlichtende sollten paarweise eingesetzt werden, damit sie sich gegenseitig bei der Gesprächsdurchführung unterstützen können. Es empfiehlt sich aber auch schon allein deshalb, weil zu den Gesprächen Protokolle angefertigt und Verträge ausgearbeitet werden müssen. Falls die Streitschlichtenden unterschiedlichen Altersgruppen angehören, bietet es sich im Sinne des klassenübergreifenden Lernens an, Paare aus Älteren und Jüngeren zu bilden. Für die Konfliktlösungsgespräche unter Ausschluss der Öffentlichkeit muss ein Raum zur Verfügung stehen und ein Ordner bereitgestellt werden, in dem die Schlichtungsprotokolle gesammelt werden können. Diese sind nur den Streitschlichtenden und den betreuenden Lehrkräften zugänglich.

2.3   Die *Sozialwirksame Schule*

2.3.1   Woher stammt das Programm der *Sozialwirksamen Schule*?

Das Konzept der *Sozialwirksamen Schule* wurde von Werner Hopf, Schulpsychologe an der Staatlichen Schulberatungsstelle für Oberbayern-Ost, in den Jahren 1998/99 entwickelt.

Hopf geht von Erziehung und Unterricht als den zentralen Aufgaben der Schule aus. Priorität hat dabei aber die Erziehung, weshalb auf die pädagogisch-psychologische Qualifikation der Lehrkräfte besonders Wert gelegt wird und z. B. Unterrichtseinheiten zum *sozialen Lernen* fester Bestandteil der Stundenpläne aller Klassen werden. Vorrangiges Ziel eines qualitativen Schulentwicklungsprozesses ist ein gutes Schul- und Klassenklima. Erst wenn es hergestellt ist, kann es in einem nächsten Schritt um die Verbesserung der Unterrichtsqualität gehen (vgl. Hopf, 2001).

Das Konzept der *Sozialwirksamen Schule* zielte zunächst auf die Bewältigung spezifischer Mittelschulprobleme, wurde aber in Folge auch an anderen Schularten, insbesondere Grundschulen, sowie in anderen Bundesländern umgesetzt.

2.3.2   Welche Ziele und Inhalte hat die *Sozialwirksame Schule*?

Hopf geht bei der Stärkung des Erziehungsprofils einer Schule von einem *Mehr-Ebenen-Konzept* aus. Er nennt Ziele und Inhalte für die Schule, die Klassen und die Individuen, die in einem konkreten Schulentwicklungsprozess – wie bei der Pilotschule Wasserburg am Inn/Oberbayern geschehen (▶ Abschnitt 2.3.3) – variiert und erweitert werden können (vgl. Hopf, 2001; 2004):

Schulebene
Pädagogisches Konzept: Autoritative Erziehung
Regeln und Konsequenzen   Elternarbeit: Information, Erziehungskonferenzen, Integration
Projekttage zum sozialen Lernen, Schulversammlungen, Peer-Mediation
Klassenebene
Unterrichtseinheiten zu sozialem Lernen, kritische Medienerziehung
Individualebene
Einzelfallberatung, vernetzte Krisenintervention

Die genannten Merkmale sollen im Folgenden charakterisiert werden.

Merkmale auf der Schulebene:

- Die Schule entwickelt ein *pädagogisches Konzept*, das sich im Leitbild widerspiegelt. Schülerinnen und Schüler arbeiten an der Erstellung gemeinsamer Grundwerte mit, die durch ein einheitliches Regelwerk ergänzt werden.
- Die *Elternarbeit* gestaltet sich vielfältig. Eltern werden an einem Themenabend über das pädagogische Konzept der Schule informiert und um ihre Unterstützung gebeten. Ferner werden ihnen Informationsveranstaltungen zu Erziehungsfragen angeboten. Eltern, deren Kinder in der Persönlichkeitsentwicklung besonders gefährdet erscheinen, werden *Erziehungskonferenzen* angeboten. In diesen sprechen Lehrkräfte und Eltern, ggf. auch mit externen Beratern, über die bestehenden Probleme.
- *Projekttage* finden während des ganzen Schuljahres zu verschiedenen Themen statt. Dabei wird die Klassenstruktur aufgehoben, die Schülerinnen und Schüler bilden Arbeitsgruppen, die aus unterschiedlichen Jahrgängen bestehen. So können sie durch ein Schuljahresanfangs-Projekt etwa die vom Lehrerkollegium in pädagogischen Konferenzen erarbeiteten *Regeln* des Zusammenlebens kennenlernen, wobei ihre Aufgabe ist, sie zu ergänzen oder zu korrigieren. Die Ergebnisse werden in einer gemeinsamen, abschließenden *Schulversammlung* allen Schülerinnen und Schülern, den Lehrkräften sowie auch den Eltern und Vertretern der Öffentlichkeit präsentiert.
- Institutionalisierte *Schulversammlungen* ermöglichen ein Gemeinschaftserlebnis und Demokratie-Erfahrungen für alle Schülerinnen und Schüler. Hier können für Probleme und schulspezifische Angelegenheiten Lösungen gesucht und aktuelle politische Ereignisse diskutiert werden. Ebenso findet hier z. B. die Schulsprecherwahl statt, und neue Lehrkräfte oder die amtierenden Streitschlichtenden werden vorgestellt (zur *Peer-Mediation* ▶ Abschnitt 2.2).

Merkmale auf der Klassenebene:

- Zwischen Lehrkräften und Schülerinnen und Schülern werden klassenspezifische *Regeln* vereinbart.
- In allen Klassen werden zu festgelegten Zeiten Unterrichtseinheiten (ein bis zwei Stunden pro Woche) zum *sozialen Lernen* durchgeführt. »Durch diese festgelegten Zeiten bekommt soziales Lernen ein stärkeres Gewicht gegenüber einer bloß situativen Durchführung, die meistens nach zufällig entstehenden Ereignissen geschieht. Systematisches Sozialtraining bereitet auf problematische soziale Situationen vor und vermittelt Handlungskompetenz« (Hopf, 2001, S. 414).
- Zudem ist die *Kritische Medienerziehung* gleichwertiger Bestandteil in den Unterrichtseinheiten des sozialen Lernens.

Merkmale auf der Individualebene:

- Wie schon auf der Schulebene beschrieben (→ *Erziehungskonferenzen*), wird Eltern in schwierigen Erziehungssituationen eine *Einzelfallberatung* angeboten.
- *Vernetzungen* bieten die Möglichkeit, auch externe Institutionen zu Konfliktlösungen hinzuzuziehen.

2.3.3 Wie wird eine Schule zu einer *Sozialwirksamen Schule*?

Die Implementierung der Ziele und Inhalte der *Sozialwirksamen Schule* soll am Beispiel der Mittelschule Wasserburg am Inn/Oberbayern aufgezeigt werden. Nach einem halben Jahr mit hausinternen Fortbildungen und pädagogischen Konferenzen unter Hinzuziehung des externen Beraters Werner Hopf startete das Konzept im Schuljahr 1999/2000. Gleich zu Beginn wurden an Projekttagen mit Schülerinnen und Schülern gemeinsam Grundwerte erarbeitet, die zudem durch ein einheitliches Regelwerk konkretisiert wurden. Die *Grundwerte der Mittelschule Wasserburg* fungieren zugleich als ihr Schulprofil (vgl. http://www.hauptschule-¬wasserburg.de/index.php/schulkonzep/schulprofil/schulregeln/):

In unserer Schule kommen täglich mehrere hundert Menschen zusammen. Um ein friedliches und harmonisches Miteinander zu gewährleisten, ist es unerlässlich unser Verhalten folgenden Grundwerten anzupassen:

- Toleranz und Respekt jedem Mitschüler und Lehrer gegenüber
- Akzeptanz anderer Meinungen und Glaubensrichtungen
- Eigenverantwortung für Entscheidungen und Taten
- Gewaltverzicht gegenüber Personen und Gegenständen
- Leistungsbereitschaft innerhalb und außerhalb der Schule
- Akzeptanz von Entscheidungen der Mehrheit
- Umweltbewusstsein
- Anpassung ohne Aufgabe von Individualität

Um diese Werte umzusetzen bedarf es Regeln:

1. **Ich** übe keinerlei Form von Gewalt aus.
2. **Ich** zeige mich stets hilfsbereit.
3. **Ich** spreche ruhig und freundlich.
4. **Ich** grüße und erwidere den Gruß.
5. **Ich** erscheine pünktlich und vorbereitet zum Unterricht.
6. **Ich** beteilige mich aktiv am Unterricht und folge ihm ruhig und aufmerksam.
7. **Ich** trage im Schulhaus angemessene Kleidung.
8. **Ich** achte auf Sauberkeit im Schulhaus und gehe sorgsam mit allen schulischen Gegenständen um.
9. **Ich** halte mich auch in unmittelbarer Umgebung der Schule an das Rauch- und Alkoholverbot auf dem Schulgelände.

10. **Ich** verlasse das Schulgelände nur mit Erlaubnis einer Lehrkraft.
11. **Ich** verzichte auf jeglichen Verzehr während des Unterrichts.
12. **Ich** sorge dafür, dass mich meine Eltern im Krankheitsfall unverzüglich entschuldigen.
13. **Ich** folge den Anweisungen des Hauspersonals.
14. **Ich** frage schulfremde Personen höflich nach ihrem Anliegen.
15. **Ich** fordere meine Mitschüler auf, diese Regeln einzuhalten.

Durch die Einhaltung der Regeln und die Berücksichtigung der Grundwerte kann ich dazu beitragen, dass der Schulalltag gelingt!

Die Schulregeln wurden als Hausordnung in allen Räumen des Schulhauses ausgehängt. Auf die Einhaltung der Schulregeln wird durch das Kollegium konsequent geachtet. Dazu bedurfte es eines *Ordnungs- und Erziehungsrahmens*, der in Verbindung mit dem regelmäßigen *sozialen Lernen* das Gerüst zur Umsetzung der Schulregeln bieten sollte. Als Beispiel sind die Bestimmungen zur ersten Regel abgebildet:

Schulregel	Konsequenzen	Kontrolle
1. **Ich** übe keinerlei Form von Gewalt aus.	1. Jede Lehrkraft interveniert und stellt Name/Klasse von Opfer/Täter fest. 2. Täter und Opfer bleiben bis zur Information der Klassenleitung bei der intervenierenden Lehrkraft. 3. Weitere Intervention: Klassenleitung, Streitschlichtende. 4. Bei Gewalttaten erfolgt prinzipiell eine Mitteilung an die Eltern bzw. eine Ordnungsmaßnahme bis zur Anzeige.	• Klassenbuch • Verhaltensbeobachtung • Kommunikation • Regeldurchsetzung

Als besondere Maßnahme auf *Schulebene* wurde das im Ordnungs- und Erziehungsrahmen erwähnte *Klassenbuch* an der Mittelschule Wasserburg am Inn/Oberbayern eingeführt, das im Lehrerzimmer aufliegt. In diesem Klassenbuch befinden sich, nach Jahrgangsstufen geordnet, jeweils eine Klassenübersicht in Form von Einzelfotos der Schülerinnen und Schüler und ein Beobachtungsbogen für jeden. Auf diesem werden sein positives oder negatives Verhalten sowie die evtl. damit verbundenen Ordnungsmaßnahmen festgehalten.

2.4 Das Anti-Cybermobbing-Programm *Medienhelden*

2.4.1 Woher stammt das Anti-Cybermobbing-Programm *Medienhelden*?

Das Phänomen *Cybermobbing* stellt im Bereich der Gewalt- und Aggressionsforschung ein noch junges Thema dar. Erstmals tauchte es wohl etwa um die Jahrtausendwende auf, als das Internet und die neuen Kommunikationsmedien für Jugendliche zunehmend bedeutsamer wurden (vgl. Riebel, 2008).

Zwischen Cybermobbing und traditionellem Mobbing gibt es einige inhaltliche Unterschiede, die besonderen Anlass zur Besorgnis bieten, weil sie die Ohnmacht der Opfer vergrößern:

- Die Täter haben die Möglichkeit, *anonym* zu bleiben. Die Opfer können häufig nicht einschätzen, wer hinter den Attacken steckt (vgl. Kowalski, Limber & Agatston, 2012). Viele Täter treten jedoch nicht anonym auf, da sie durch versteckte Attacken nicht den erhofften Zuspruch bekommen (vgl. Riebel, 2008).
- Die *Öffentlichkeitswirkung* ist enorm, da es mit Hilfe moderner Kommunikationswege leicht möglich ist, in kurzer Zeit eine unüberschaubar große Anzahl an Menschen zu erreichen. Auch verbleiben die verbreiteten Informationen für unbestimmte Zeit im Internet (vgl. Riebel, 2008).
- Die Opfer haben *keinen Schutzraum*. Sobald sie das Handy oder den Computer benutzen, werden sie mit den Diffamierungen konfrontiert. Diese finden rund um die Uhr und bis ins eigene Zimmer statt (vgl. Katzer, 2014).
- Cybermobbing ist indirektes Mobbing. Die Täter bekommen die Reaktion der Opfer auf ihr Handeln nicht mit. Aufgrund des *mangelnden Feedbacks* sinkt bei vielen die Hemmschwelle, die Angriffe werden immer perfider (vgl. Riebel, 2008).

Aus der begründeten Annahme, dass es sich beim Cybermobbing um eine Form der Aggression handelt, die den Opfern mehr Schaden zufügt als traditionelles Mobbing, wurde die Schlussfolgerung gezogen, dass spezielle Präventionsmaßnahmen dagegen entwickelt werden müssen.

Das Programm *Medienhelden* ist eines der bundesweit ersten Präventionsprogramme gegen Cybermobbing und wurde in den Jahren 2010/11 an der Freien Universität Berlin von vier Psychologen (Schultze-Krumbholz et al., 2012; Scheithauer 2013) als ein *Mehr-Ebenen-Konzept*, das das soziale Umfeld der Jugendlichen mit einbezieht, entwickelt. Es richtet sich an die Klassenstufen 7 bis 10 (es ist evtl. sinnvoll, es früher einzusetzen). Auch sollen Lehrkräfte dafür sensibilisiert werden, Cybermobbing möglichst frühzeitig zu erkennen.

Für das *Medienhelden*-Programm wurde ein Unterrichtsmanual erstellt, auch damit Schüler-Aussagen durch zusätzliches Informationsmaterial ergänzt werden können (Schultze-Krumbholz et al. 2012).

2.4.2 Welche Ziele und Inhalte hat das Anti-Cybermobbing-Programm *Medienhelden*?

Das Programm hat im Einzelnen folgende Ziele:

- kritische Bewertung von Medieninhalten, Hinterfragung der eigenen Mediennutzung und des Medienverhaltens
- Vermittlung einer klaren Begriffs-Definition zu Cybermobbing, Bewusstmachen der Folgen
- Perspektiv-Übernahme, Entwicklung von Empathievermögen und persönlichem Verantwortungsgefühl, Erhöhung von Handlungsbereitschaft und -kompetenz, um Cybermobbing zu verhindern oder angemessen auf Angriffe reagieren zu können (= Peer-to-Peer-Tutoring)
- Aufstellen von Klassenregeln, Förderung des Klassenklimas

Es gibt zwei Ausführungen des *Medienhelden*-Programms, die je nach verfügbarer Zeit und Intention durchgeführt werden können:

- Das *Medien-Curriculum* wird über einen Zeitraum von etwa zehn Wochen in den regulären Unterricht mit einbezogen.
- Der *Medienhelden-Projekttag* ist eine um einige Übungen und Rollenspiele, moralische Dilemma-Diskussionen und Peer-to-Parent-Tutoring (= Eltern-Informationsabend) gekürzte Version des *Medien-Curriculums*.

Außerdem existiert in manchen Städten das Angebot von Cybermobbing-Workshops für die Klasse, die von geschulten Pädagoginnen und Pädagogen durchgeführt werden und sich am *Medienhelden*-Programm orientieren (z. B. für den Großraum München beim *Café Netzwerk*, Dauer etwa drei Stunden, kann direkt gebucht werden unter http://www.cafe-netzwerk.de/).

2.4.3 Wie erfolgt die Implementierung des Anti-Cybermobbing-Programms *Medienhelden*?

Das *Mehr-Ebenen-Konzept* sieht neben präventiven auch interventive Maßnahmen vor. Um Unbeteiligte und Beteiligte zu ermutigen, Vorfälle zu melden, sich zu wehren bzw. einzugreifen, sollte es feste Ansprechpartner (Schulpsychologinnen und Schulpsychologen oder spezielle Cybermobbing-Beauftragte) an der Schule geben. Es empfiehlt sich z. B. auch die Einrichtung eines von einer Lehrkraft betreuten Kummerkastens, möglichst online, um Anonymität zu ermöglichen.

Lehrende müssen vor der eigenständigen Durchführung des *Medienhelden*-Programms an einer mindestens zehnstündigen Fortbildung teilnehmen, die sowohl theoretische Hintergründe zum Thema »Neue Medien« vermittelt als auch mit dem methodischen Ablauf des *Curriculums* und des *Projekttages* vertraut macht.

Es wird methodisch vielfältig gearbeitet, z. B. mit Fragebogen-Erhebung, Aufklärung durch Lehrervortrag, Film-Vorführung, Gruppenarbeiten, Plenumsdiskussionen, Standbildern, strukturierten Rollenspielen und Übungen sowie Visualisierungen durch Mind-Maps, Poster und Meinungs-Skala. Der *Projekttag* z. B. setzt sich aus vier Modulen zusammen, die in jeweils neunzigminütigen Einheiten durchgeführt werden:

- *Modul 1: Unsere Medien-Nutzung und Gefahren* (allgemeine Aufklärung)
- *Modul 2: Folgen von Cybermobbing* (Entwicklung von Empathiefähigkeit)
- *Modul 3: Was können wir tun?* (Entwicklung von Handlungsstrategien)
- *Modul 4: Ergebnispräsentation und Abschlussrunde* (Entwicklung von Handlungsstrategien)

Der im Modul 2 gezeigte Videoclip *Let's fight it together* ist verfügbar über: http://www.klicksafe.de/ueber-klicksafe/downloads/weitere-spots/uk-child¬netlet-s-fight-it-together-deutsch/.

3 Stolpersteine auf dem Weg zu einer gewaltpräventiven Schule

3.1 Mangelnde Bereitschaft, sich mit der Gewaltproblematik auseinanderzusetzen

In der Typologie nach Caselmann (1970) unterscheidet dieser die *logotrope* und die *paidotrope* Haltung von Lehrerinnen und Lehrern. Beim *logotropen* Typus dominiert die fachwissenschaftliche Begeisterung, die pädagogische Aufgabe wird dem untergeordnet, beim *paidotropen* Typus ist es umgekehrt. Beim *logotropen* Typus besteht häufig eine verkürzte Vorstellung davon, welche pädagogischen Aufgaben eine *autoritative* Erziehung (*Autonomie*erziehung) mit sich bringt, weshalb auch die Auseinandersetzung mit der Gewaltproblematik nicht dem eigenen Rollenverständnis entspricht. In Fallvignette 1 des Pausenhof-Verbots halten Lehrkräfte ihre erzieherische Aufgabe für erfüllt, wenn sie im Falle von Regeldurchbrechungen »Strafsitzen« verordnen. An höheren Schulen geben viele Pädagoginnen und Pädagogen sich z. B. damit zufrieden, »Verweise« zu erteilen. Häufig wird durch Sanktionen jedoch nicht einmal das pragmatische Ziel der Aufrechterhaltung der äußeren Ordnung zur Gewährleistung eines störungsfreien Unterrichts erreicht.

Die Konzepte der Gewaltprävention und -intervention setzen grundlegender an: Sie versuchen die Empathie-, Reflexions- und Dialogfähigkeit zu fördern, um die Entwicklung von selbstständigem Denkvermögen und Handeln aus Einsicht zu ermöglichen. Lehrkräften fehlt es zur Umsetzung jedoch häufig an pädagogischen Kompetenzen: In Fallvignette 3 schätzen sie den Zusammenhalt der Klasse fälschlich als »gut« ein und werden entsprechend durch die Mobbing-Situation »überrascht«. Treten Gewaltsituationen auf, ist kein Handlungsrepertoire sinnvoller Maßnahmen vorhanden. Das Spektrum der Ineffektivität reicht von Unsicherheit und Angst (»Was soll ich tun?«, »Was passiert mir selbst, wenn ich versuche einzuschreiten?«) über Herunterspielen der Problematik bis zur gewalttätigen Überreaktion. Manchmal sehen Lehrkräfte sogar bewusst weg, weil sie fürchten, selbst Opfer gewalttätiger Handlungen seitens ihrer Schülerinnen und Schüler zu werden. Statt sich der Gewaltproblematik aktiv zu stellen, wird es vorgezogen, die Schule zu verlassen (siehe Fallvignette 2 der sozialen Brennpunkt-Schule).

3.2 Mangelnde Umsetzung des Schulprogramms in der alltäglichen Praxis

Pädagogisch wertvolle Leitziele allein nützen nichts: Mit der Integration des Schulprogramms in die alltägliche Praxis steht und fällt dessen Effizienz. Schulen, die etwa das *Streitschlichter-Programm* einführten, unterschieden sich erheblich in der Nutzung dieses Angebots. Für die mangelnde Umsetzung gibt es manche Gründe:

- Im Schulalltag fehlt oft die *Zeit*, sich mit vorbeugenden Maßnahmen auseinanderzusetzen. Lehrpläne fokussieren auf Wissensvermittlung und lassen wenig Platz für die Entwicklung sozialer Kompetenzen. Meist wird erst dann etwas zur Vermeidung von Gewalt und Aggression getan, wenn die Atmosphäre wie in Mobbing-Fallvignette 3 schon »vergiftet«, es also bereits zu Übergriffen gekommen ist.
- Anti-Gewalt-Programme sind auf die *Akzeptanz* der Beteiligten angewiesen. Häufig basieren sie auf Freiwilligkeit der Teilnahme und werden somit meistens zusätzlich zum normalen Unterricht angeboten, also in der Freizeit. Finden sie während der Schulzeit statt, ist mit dem Unmut von Lehrkräften zu rechnen, die sich über Fehlstunden oder die Abwesenheit einzelner Schülerinnen und Schüler beschweren. Wichtig ist außerdem, dass Lehrende den Schülerinnen und Schülern zutrauen, Probleme selbstständig zu lösen, sonst delegieren sie z. B. beim *Streitschlichter-Programm* Konfliktgespräche nicht oder greifen stattdessen zu Sanktionen. Vor der Einführung von Maßnahmen ist die Notwendigkeit von Gewaltprävention zu vermitteln, denn die Schaffung eines allgemeinen Problembewusstseins ist für Effizienz zentral. Auch noch während des Prozesses müssen Werbemaßnahmen ergriffen, organisatorische Hemmnisse beseitigt und Evaluationen durchgeführt werden, sonst verläuft der Schulentwicklungsprozess im Sande.

3.3 Beschränkung der persönlichen Autonomie

Wie bereits deutlich wurde, gewährt die *autoritative* Erziehung den einzelnen Lehrenden einen Spielraum pädagogischer Ausdeutungen. Dieser Freiraum kann durch die Implementierung eines Schulprogramms um des gemeinsamen Anliegens willen Einschränkungen erfahren. So können z. B. Lehrkräfte, die an der *Sozialwirksamen Schule* arbeiten, in das Dilemma geraten, ob sie Regelübertretungen tatsächlich bei allen Schülerinnen und Schülern auf gleiche Weise ahnden, wie das Schulprogramm es vorsieht, oder ob sie Ausnahmen erlauben bzw. individuell geltende Regeln vereinbaren, und sich dadurch evtl. der Kritik des Kollegiums aussetzen. Durch den Aufbau eines Netzwerkes mit außerschulischen Einrichtungen nehmen evtl. weitere Wertvorstellungen Einfluss, die einzelne Lehrende nicht unbedingt teilen.

3.4 Die Schwierigkeit der Einhaltung einer *autoritativen* Erziehung

Wie in Abschnitt 1.3 geschildert, bewegen sich der *autoritativ* Erziehende wie auch die entsprechenden Anti-Gewalt-Programme in der Schwierigkeit einer rechten Balance zwischen Freiheitsgewährung und Grenzsetzungen. *Äußere* Autorität, wie der Einsatz von Disziplinierungsmaßnahmen, ist nur dann erzieherisch gerechtfertigt, wenn junge Menschen dadurch *innere* Autorität entwickeln. Für den pädagogischen Praktiker bedeutet dies, je nach Individuum und Situation darüber entscheiden zu müssen, was diesem Ziel letztlich dienlicher ist: Soll man das Kind bzw. den Jugendlichen besser selbst agieren und ausprobieren lassen oder ihm doch Grenzen setzen? Anti-Gewalt-Programme, besonders die *Mehr-Ebenen-Konzepte*, sehen häufig nicht nur Maßnahmen der *Prävention* wie Stärkung des Empathievermögens, der Reflexion und des Dialogs vor, sondern auch die der *Intervention* gegen faktisch stattfindende Gewalt. Festgelegte *interventive* Maßnahmen können jedoch zu sehr in Richtung *autoritär* tendieren. Das verbindliche Regelwerk der *Sozialwirksamen Schule* mit festgelegten Sanktionen z. B. leistet evtl. zu rigiden Kontrollmechanismen Vorschub und widerspricht damit pädagogischen Zielsetzungen, für die gilt: »Die in der Leistungsbeurteilung angewandte ›individuelle Bezugsnorm‹ kann und sollte auch bei Verhaltenserwartungen zum Einsatz kommen« (Kiel, Frey & Weiß, 2013, S. 72). Gewaltpräventive Erziehung erfordert demnach nicht nur die Implementierung eines Schulprogramms, sondern sie muss im Kontext einer allgemeinen *autoritativen* Erziehung stattfinden, die den Lehrenden noch Freiraum lässt.

Literatur

Ballreich, R. & Glasl, F. (2011). *Konfliktmanagement und Mediation in Organisationen. Ein Lehr- und Übungsbuch mit Filmbeispielen auf DVD.* Stuttgart: Concadora.
Bauer, J. (2006). *Prinzip Menschlichkeit. Warum wir von Natur aus kooperieren.* Hamburg: Hoffmann und Campe.
Baumrind, D. (1995). *Child maltreatment and optimal caregiving in social contexts.* New York: Garland.

Behn, S. (Hrsg.) (2006). *Mediation an Schulen: Eine bundesdeutsche Evaluation.* Wiesbaden: VS.
Besemer, C. (1994). *Mediation: Vermittlung in Konflikten.* Karlsruhe: Pazifix-Materialvertrieb; Stiftung für gewaltfreies Leben.
Blake, R. & Mouton, J. (1964). *The managerial grid: The key to leadership excellence.* Houston: Gulf.
Caselmann, C. (1970). *Wesensformen des Lehrers.* Stuttgart: Klett.
Doppler, K. & Lauterburg, C. (2002). *Change Management. Den Unternehmenswandel gestalten.* Frankfurt a. M.: Campus.
Eder, F. (2011). Klassenklima. In E. Kiel & K. Zierer (Hrsg.), *Basiswissen Unterrichtsgestaltung. Bd. 2: Unterrichtsgestaltung als Gegenstand der Wissenschaft* (S. 113-128). Baltmannsweiler: Schneider Hohengehren.
Emmer, E. T. & Evertson, C. M. (2009). *Classroom management for middle and high school teachers.* Upper Saddle River, NJ: Pearson.
Evertson, C. M., Emmer, E. T. & Worsham, M. E. (2006). *Classroom management for elementary teachers.* Boston: Allyn & Bacon.
Faller, K., Kerntke, W. & Wackmann, M. (1996). *Konflikte selber lösen: Ein Trainingshandbuch für Mediation und Konfliktmanagement in Schule und Jugendarbeit.* Mülheim a. d. R.: Verlag an der Ruhr.
Fend, H. (1986). Gute Schulen – schlechte Schulen. Die einzelne Schule als pädagogische Handlungseinheit. *Die Deutsche Schule, 3,* 275–293.
Galtung, J. (1976). Gewalt, Frieden und Friedensforschung. In H. Friebel (Hrsg.), *Aggressivität und Gewalt. Arbeitsmaterialien und Diskussionen zur konstruktiven Aggressionserziehung und kritischen Gewaltkontrolle* (S. 116–141). Wuppertal: Hammer.
Glasl, F. (2010). *Handbuch Konfliktmanagement.* Bern: Haupt.
Holtappels, H.-G. & Meier, U. (1997). Gewalt an Schulen. Erscheinungsformen von Schülergewalt und Einflüsse auf das Schulklima. *Die Deutsche Schule, 1,* 50–63.
Hopf, W. (2001). Sozialwirksame Schule: ein neues Konzept pädagogischer Schulentwicklung. Schulklima, soziale Kompetenzen und Gewaltprävention – Teil I. *SchulVerwaltung BY, 12,* 412–417. Verfügbar unter http://www.verantwortung.muc.kobis.de/Projekte/¬F4/hopf_sozialwirksameschule1.pdf (21.10.2015).
Hopf, W. (2004). Sozialwirksame Schule: Schulkultur, soziales Lernen und Gewaltprävention. *SchulVerwaltung BY, spezial, 1,* 19–22. Verfügbar unter http://www.sozialwirk¬same-schule.de/pdf/Schulverwaltung_BY_spezial_2004_Sozialwirksame_Schule.pdf (21.10.2015).
Jeffreys, K. & Noack, U. (1995). *Streiten, Vermitteln, Lösen: Das Schüler-Streit-Schlichter-Programm für die Klassen 5–10.* Lichtenau: AOL.
Katzer, C. (2014). *Cybermobbing: Wenn das Internet zur W@ffe wird.* Berlin: Springer.
Kiel, E., Frey, A. & Weiß, S. (2013). *Trainingsbuch Klassenführung.* Bad Heilbrunn: Klinkhardt.
Kowalski, R., Limber, S. & Agatston, P. (2012). *Cyberbullying: Bullying in the digital age.* Malden, MA: Blackwell.
Kunczik, M. & Zipfel, A. (2006). *Gewalt und Medien. Ein Studienhandbuch.* Köln, Weimar, Wien: Böhlau UTB.
Melzer, W., Schubarth, W. & Ehninger, F. (2011). *Gewaltprävention und Schulentwicklung: Analysen und Handlungskonzepte* (2., überarb. Aufl.). Bad Heilbrunn: Klinkhardt.
Nolting, H.-P. (2005). *Lernfall Aggression. Wie sie entsteht – wie sie zu vermindern ist.* Hamburg: Rowohlt.
Olweus, D. (2008). *Gewalt in der Schule. Was Lehrer und Eltern wissen sollten – und tun können.* Bern: Huber.
Petermann, F. & Koglin, U. (2013). *Aggression und Gewalt von Kindern und Jugendlichen.* Berlin: Springer.
Riebel, J. (2008). *Spotten, Schimpfen, Schlagen...* Landau: Empirische Pädagogik.
Scheithauer, H. (2013). *Psychische Störungen durch Cybermobbing verhindern: Das Programm »Medienhelden«.* Vortrag im Rahmen der CCKids-Fachforen »Wissenschaft und Praxis im Dialog«, Hochschule für angewandte Wissenschaften Hamburg, 16.04.2013.

Schneewind, K. (2002). Freiheit in Grenzen. Wege zu einer wachstumsorientierten Erziehung. In H.-G. Krüsselberg & H. Reichmann (Hrsg.), *Zukunftsperspektive Familie und Wirtschaft* (S. 213–262). Grafschaft: Vektor.
Schneewind, K. A. (2012). *»Freiheit in Grenzen« – Begründung eines integrativen Medienkonzepts zur Stärkung elterlicher Erziehungskompetenzen.* Verfügbar unter http://¬www.paed.uni-muenchen.de/ppd/freiheit/freiheit3/F-i-G_Medienkonzept.pdf (21.10.2015).
Schubarth, W. (2010). *Gewalt und Mobbing an Schulen: Möglichkeiten der Prävention und Intervention.* Stuttgart: Kohlhammer.
Schuster, B. (2013). *Führung im Klassenzimmer: Disziplinschwierigkeiten und sozialen Schwierigkeiten vorbeugen und effektiv begegnen – ein Leitfaden für Miteinander im Unterricht.* Berlin: Springer VS.
Schultze-Krumbholz, A., Zagorscak, P., Siebenbrock, A. & Scheithauer, H. (2012). *Medienhelden: Unterrichtsmaterial zur Förderung von Medienkompetenz und Prävention von Cybermobbing.* München: Reinhardt.
Smith, P. K., Cowie, H., Olafsson, R. & Liefooghe, A. (2002). Definitions of bullying: a comparison of terms used, and age and sex differences, in a 14-country international comparison. *Child Development, 73* (4), 1119–1133.
Steinherr, E. (2012). »Wie kultiviere ich die Freiheit bei dem Zwange?« In E. Kiel (Hrsg.), *Erziehung sehen, analysieren, gestalten* (S. 45–79). Bad Heilbrunn: Klinkhardt.
Tillmann K.-J., Holler-Nowitzki, B., Holtappels, H.-G. & Meier, U. (2007). *Schülergewalt als Schulproblem. Verursachende Bedingungen, Erscheinungsformen und pädagogische Handlungsperspektiven.* Weinheim, München: Beltz Juventa.
Tulodziecki, G., Herzig, B. & Grafe, S. (2010). *Medienbildung in Schule und Unterricht. Grundlagen und Beispiele* (3. Aufl.). Bad Heilbrunn: Klinkhardt.
Willems, H. (1993). Gewalt und Fremdenfeindlichkeit. Anmerkungen zum gegenwärtigen Gewaltdiskurs. In H.-U. Otto & R. Merten (Hrsg.), *Rechtsradikale Gewalt im vereinten Deutschland. Jugend im gesellschaftlichen Umbruch* (S. 88-108). Opladen: Leske & Budrich.

Internet-Adressen

Café Netzwerk: http://www.café-netzwerk.de/
Homepage der Mittelschule Wasserburg: http://www.hauptschule-wasserburg.de/
Hopf, W. (2002). Sozialwirksame Schule: ein neues Konzept pädagogischer Schulentwicklung (Teil II). Evaluation des Konzepts sozialwirksame Schule. *SchulVerwaltung BY, 1,* 24–31. Verfügbar unter http://www.verantwortung.muc.kobis.de/Projekte/F4/hopf_sozialwirk¬sameschule2.pdf
Hopf, W. (2003). Sozialwirksame Schule: »An einem Strang ziehen«. *Pluspunkt, 3,* 6–7. Verfügbar unter http://www.sozialwirksame-schule.de/pdf/Pluspunkt_3_2003_An_¬einem_Strang_ziehen.pdf
Klicksafe: Die EU-Initiative für mehr Sicherheit im Netz: http://www.klicksafe.de/ueberkli¬cksafe/downloads/weitere-spots/uk-childnet-lets-fight-it-together-deutsch/

Gesunde Schule

Philipp Schlotter

(F1) Pausenverkauf und Mittagsverpflegung in der Schule zeichnen sich häufig nicht durch ein besonders gesundheitsbewusstes Angebot aus. Viele Schülerinnen und Schüler – und auch Lehrkräfte – bedienen sich am liebsten an den aufgestellten Automaten mit Süßigkeiten. Wie kann an der Schule gesunde Ernährung gefördert werden?

(F2) Sportlehrkräfte stellen eine zunehmende Zahl übergewichtiger Kinder und Jugendlicher fest, die sich im Sportunterricht schwer tun und die sich äußerst ungern bewegen. Die meisten Schülerinnen und Schüler verbringen die Pause sitzend im Schulhaus und sind in den folgenden Unterrichtsstunden unruhig. Wie kann Bewegung einen größeren Stellenwert im Schulleben einnehmen?

(F3) Auf Klassenfahrten kommt es trotz entsprechender Regeln immer wieder zu exzessivem Alkoholkonsum. Berichte über »Komasaufen« von Schülerinnen und Schülern kursieren regelmäßig im Lehrerzimmer. Wie kann Suchtprävention an der Schule aussehen?

(F4) Einige Klassenzimmer sollen neu eingerichtet werden. Doch welche Möblierung ist aus ergonomischer und psychosozialer Sicht am besten geeignet? Wie kann die Lärmbelastung für alle Beteiligten verringert werden?

(F5) Unmotivierte und unruhige Schülerinnen und Schüler, die den Unterricht stören, wenig Austausch und gegenseitige Rückmeldung im Kollegium, Schwierigkeiten, Arbeit und Privatleben zu trennen und Entspannung zu finden – der Lehrerberuf bringt trotz aller positiven Seiten eine Vielzahl von Herausforderungen mit sich. Wie kann diesen (noch besser) begegnet werden?

(F6) Schülerinnen und Schüler klagen häufig über einen zunehmenden Leistungs- und Notendruck, der sich bereits in der Grundschule mit dem anstehenden Übertritt auf die weiterführenden Schulen anbahnt. Wie kann hier eine Entlastung aussehen?

Diese Fallvignetten zeigen das breite Spektrum möglicher Maßnahmen der Gesundheitsförderung in der Schule auf: So kann der Wunsch nach gesunder Ernährung mit einem entsprechenden Pausen- und Mittagsangebot (F1) ebenso den Ausschlag geben für einen Schulentwicklungsprozess wie die Erkenntnis, dass den Schülerinnen und Schülern mehr Bewegungsmöglichkeiten zur Verfügung gestellt werden müssen (F2). Typische Handlungsfelder bilden auch der Umgang mit Suchtmitteln im schulischen Umfeld (F3) und entsprechende Strategien der Prävention. Möglicherweise werfen bereitgestellte finanzielle Mittel die Frage auf, wie Klassenräume lern- und gesundheitsförderlich eingerichtet werden können (F4).

Aber auch die angesprochenen Klagen über hohes Stress- und Belastungserleben aufseiten der Schülerinnen und Schüler (F6) wie auch der Lehrkräfte (F5) können ein Anlass sein, sich mit den Möglichkeiten einer gesundheitsförderlichen Gestaltung der Lern- und Arbeitsbedingungen an der eigenen Schule zu beschäftigen. Auf dem Weg zu einer gesunden Schule ist es sinnvoll, den Prozess mit einem solchen konkreten Handlungsfeld anzustoßen und dann ein systemisches, ganzheitliches und passgenaues Konzept der Gesundheitsförderung zu entwickeln.

Im Folgenden sollen zunächst grundlegende Begriffe wie Gesundheit, Gesundheitsförderung und Prävention geklärt werden (▶ Abschnitt 1). Außerdem werden mit den Modellen der Salutogenese und des Empowerments zwei für die praktische Tätigkeit bedeutsame gesundheitstheoretische Ansätze erläutert (▶ Abschnitt 2). Befunde zur gesundheitlichen Situation von Kindern und Jugendlichen (▶ Abschnitt 3) sowie Lehrkräften (▶ Abschnitt 4) führen zur Vorstellung des Setting-Ansatzes der Gesundheitsförderung und des Konzepts der guten gesunden Schule (▶ Abschnitt 5). In Abschnitt 6 werden die in den Fallvignetten erwähnten konkreten Handlungsfelder schulischer Gesundheitsförderung und mögliche Maßnahmen beleuchtet und es wird auf weiterführende Informationsmöglichkeiten und Projekte verwiesen. Abschließend wird auf typische Stolpersteine eines derartigen Schulentwicklungsprozesses eingegangen (▶ Abschnitt 7).

1 Grundbegriffe

1.1 Gesundheit

In der als klassisch bezeichneten Definition der WHO wird Gesundheit nicht nur als die Abwesenheit von Krankheit, sondern als ein Zustand des völligen physischen, psychischen und sozialen Wohlbefindens beschrieben (WHO, 1946). Häufig wird diese Auffassung als zu radikal und idealistisch angesehen, da sich die Frage stellt, wer nach diesem Verständnis überhaupt als gesund gelten kann. Außerdem lassen sich nur schwer konkrete Handlungsempfehlungen daraus ableiten, da die Prozesshaftigkeit von Krankheit und Gesundheit nicht berücksichtigt wird (Dür, 2011; Klein-Heßling, 2006). Einige Kritikpunkte nahm die WHO in eine neue Definition aus dem Jahr 1984 auf, wo sich bereits deutliche Parallelen zu heutigen Definitionen von Gesundheit finden. Gesundheit soll im vorliegenden Kontext folgendermaßen verstanden werden:

- Es wird unterschieden zwischen einer objektiven und einer subjektiven Gesundheit, wobei medizinisch identifizierte Gesundheitsbefunde/-fakten nicht deckungsgleich mit dem subjektiven Empfinden jedes Einzelnen sein müssen (Hurrelmann, 1990).
- Gesundheit ist ein ganzheitlicher und multidimensionaler Prozess, der physische, psychische, soziale, ökologische und spirituelle Aspekte einschließt (Hurrel-

mann & Franzkowiak, 2011; Paulus, 2010). Insbesondere geht es mit Blick auf psychische Gesundheit darum, eigene Wünsche, Hoffnungen und Bedürfnisse zu verwirklichen (Paulus, 2006).
- Von Gesundheit wird gesprochen, wenn Anforderungen des täglichen Lebens in einem Gleichgewicht mit Ressourcen stehen, die zu ihrer Bewältigung dienen (Nieskens, Schumacher & Sieland, 2014).
- Gesundheit und Krankheit sind nicht zwei dichotome, voneinander unabhängige Kategorien, sondern sie befinden sich auf einem dynamischen Kontinuum mit fließenden Übergängen (Hundeloh, 2012). Gesundheit muss täglich neu reguliert und aktiv hergestellt werden (Nieskens, Rupprecht & Erbring, 2012).

1.2 Gesundheitsförderung und Prävention

Als Meilenstein für die Gesundheitsförderung gilt die Ottawa-Charta der WHO aus dem Jahr 1986. Sie schreibt fest, dass Gesundheit in unterschiedlichen gesellschaftlichen Feldern und damit auch in Schulen gefördert werden soll. Schließlich wurde in der »Jakarta-Erklärung zur Gesundheitsförderung für das 21. Jahrhundert« (WHO, 1997) Gesundheit als grundlegendes Menschenrecht verankert. Das Ziel besteht darin, alle Menschen zur Stärkung ihrer Gesundheit zu befähigen (Hundeloh, 2012, vgl. das Konzept des *Empowerment* unter Punkt 2.2). Damit ist die Aufrechterhaltung und Förderung von Gesundheit nicht mehr nur eine Aufgabe der Medizin, sondern es werden individuelle Handlungsmöglichkeiten und die Verantwortung aller sozialen Systeme betont (Altgeld, 2011).

Auch die Verabschiedung des Gesetzes zur Stärkung der Gesundheitsförderung und der Prävention im Deutschen Bundestag im Juni 2015 dient einem massiven Ausbau von Gesundheitsförderungs- und Präventionsprogrammen. Dabei lässt sich unterscheiden zwischen *Verhaltens-* und *Verhältnisprävention*:

> Einerseits wird Gesundheit durch unser Verhalten beeinflusst, das entweder eher protektiv und gesundheitsförderlich oder aber riskant und damit potenziell gesundheitsgefährdend sein kann (Klein-Heßling, 2006). Versuche, diese Verhaltensweisen zu verändern, werden als *Verhaltensprävention* bezeichnet. Geht es darum, die äußeren Rahmenbedingungen (etwa das häusliche oder schulische Umfeld) zu beeinflussen, spricht man von *Verhältnisprävention* (Leppin, 2010). Ansätze der *Verhaltensprävention* lassen sich oft leichter umsetzen, bleiben aber in ihren Wirkungen unvollständig, wenn nicht auch auf die Rahmenbedingungen Einfluss genommen wird (Badura, 2008).

Neben diesen unterschiedlichen Ansatzpunkten von Prävention spielen Zielgruppe und Zeitpunkt, zu dem Maßnahmen ergriffen werden, eine Rolle:

> *Primärprävention* richtet sich an überwiegend gesunde, breite Bevölkerungskreise, um Erkrankungen zu vermeiden. *Sekundärprävention* meint die Früh-

> erkennung von Krankheiten, um eine Behandlung einzuleiten und eine Verschlechterung zu verhindern. Schließlich versteht man unter *Tertiärprävention* die Behandlung erkrankter Personen mit dem Ziel der Heilung und Linderung von Beschwerden sowie eine Rückfallprophylaxe (Lehr, 2014). Schulische Gesundheitsförderung ist in erster Linie im Bereich der Primärprävention und zum Teil der Sekundärprävention verortet.

Auch wenn die Begriffe *Gesundheitsförderung* und *Prävention* oftmals synonym gebraucht werden, unterscheiden sie sich doch in ihrem Fokus: Erstere zielt ab auf die Stärkung der Gesundheit, letztere auf die Verhinderung von Krankheit (Hähne et al. 2008). Dies spiegelt das Konzept der Salutogenese wider, das im Folgenden erläutert wird.

2 Gesundheitstheoretische Ansätze

Zwei gesundheitstheoretische Ansätze haben in den letzten Jahren weite Verbreitung gefunden und bilden eine gute Grundlage für das Verständnis von Gesundheitsförderung im schulischen Kontext. Dabei handelt es sich um die Konzepte der Salutogenese sowie des Empowerments.

2.1 Konzept der Salutogenese

Im Sinne einer in der Medizin vorherrschenden pathogenetischen Orientierung wurde lange Zeit ausschließlich die Frage nach krankmachenden Faktoren gestellt. Will Gesundheitsförderung aber erfolgreich sein, muss sie auch und insbesondere die andere Seite der Medaille beleuchten und fragen: Was erhält gesund und wie kann Gesundheit positiv beeinflusst werden (Faltermaier, 2010)? Darin besteht das Grundprinzip der Salutogenese mit ihrer Ressourcenorientierung, die auf Aaron Antonovsky (1997) zurückgeht. Entscheidend für die oben angesprochene Bewegung auf dem Gesundheits-Krankheits-Kontinuum ist demnach, wie Menschen mit psychischen, sozialen und körperlichen Belastungen und Stressoren umgehen und auf welche (Widerstands-)Ressourcen sie zurückgreifen können. Veranschaulichen lässt sich dies in einem systemischen Anforderungs-Ressourcen-Modell (SAR-Modell) (Becker, 2003; Blümel, 2011): Gesundheit und Krankheit sind hier das Resultat von Anpassungs- und Regulationsprozessen zwischen einem Individuum und seiner Umwelt. Es besteht also ein wechselseitiges Interaktionsverhältnis zwischen dem einzelnen Menschen und seiner Umgebung.

Faltermaier (2005) unterscheidet – in Erweiterung von Antonovsky (1997) – folgende Ressourcen:

- *personal-psychische Ressourcen*: Persönlichkeitsmerkmale wie hohe Kontroll- und Selbstwirksamkeitsüberzeugungen, hohes Selbstwertgefühl, eine stabile Identität oder eine optimistische Grundhaltung;
- *Handlungskompetenzen*: rational-flexible Bewältigungsmuster mit entsprechender Anpassungsfähigkeit an variierende Belastungen oder soziale Kompetenzen im Umgang mit anderen;
- *körperlich-konstitutionelle Ressourcen*: gute körperliche Fitness und entsprechende Widerstandsfähigkeit;
- *sozial-interpersonale Ressourcen*: stabile und vielfältige soziale Netzwerke mit der Möglichkeit einer angemessenen Unterstützung;
- *sozio-kulturelle Ressourcen*: gute soziale oder kulturelle Integration, stabile Grundüberzeugungen (z. B. religiöser Art);
- *materielle Ressourcen*: materiell-existenzielle Sicherheit mit der Möglichkeit, über Geld, Güter und Dienstleistungen zu verfügen.

Wenn Menschen im Laufe ihres Lebens auf eine Vielzahl von Ressourcen zurückgreifen können und damit positive Bewältigungserfahrungen machen, entwickeln sie nach salutogener Vorstellung ein sogenanntes Kohärenzgefühl (Antonovsky, 1997). Ein hohes Kohärenzgefühl wirkt sich durch die Mobilisierung angemessener Ressourcen wiederum gesundheitsförderlich aus. Allgemein beschreibt es eine Lebensorientierung, die sich durch folgende Merkmale auszeichnet:

- Es herrscht eine allgemeine Zuversicht, dass aktuelle und zukünftige Herausforderungen gut zu bewältigen sind (Bewältigbarkeit).
- Das eigene Leben wird als emotional bedeutsam wahrgenommen und Herausforderungen werden als sinnvoll erlebt (Sinnhaftigkeit).
- Die eigene Wahrnehmung ist klar und strukturiert, wodurch die eigene Biografie als verstehbar erlebt wird (Verstehbarkeit).

Nach Faltermaier (2005) muss das Kohärenzgefühl als ein Einflussfaktor auf Gesundheit ergänzt werden um ein Gesundheitsbewusstsein (Wissen und Überzeugungen über Gesundheit und Krankheit), das schließlich ein bestimmtes Gesundheitshandeln bedingt.

2.2 Konzept des Empowerment

Detaillierter mit den individuellen Voraussetzungen gesundheitsorientierten Handelns befasst sich das Konzept des Empowerment, auf das auch die bereits erwähnte Ottawa-Charta Bezug nimmt. Wörtlich übersetzt handelt es sich hierbei um eine »Selbst-Bemächtigung«, also die Erweiterung von Handlungskompetenzen, damit Kontrolle über die eigenen Lebensumstände ausgeübt, Selbstbestimmung hinsichtlich der eigenen Gesundheit erlebt und letztlich gesundheitsorientiert gehandelt werden kann (Dür, 2010). In Anlehnung an das Konzept der Salutogenese geht es darum, die eigenen Stärken zu entdecken, Ressourcen zu fördern und die eigene Lebenswelt (mit)zugestalten (Altgeld, 2011). Empowerment ist ein langandauernder Prozess, der Geduld und einen angemessenen Umgang mit Rückschlägen erfordert. Bei vorhandenen gesundheitlichen Risiken sollen deren negative Einflüsse verringert werden (Jerusalem, 2006).

Für erfolgreiche Empowerment-Prozesse müssen gesundheitsbezogene Motive, Wissensstrukturen und Bewältigungsstile im Umgang mit Stressoren aufgebaut werden (Jerusalem, 2006). In diesem Zusammenhang wird auch vom Erwerb von *Gesundheitskompetenz (Health Literacy*, Abel & Bruhin, 2003) oder *Lebenskompetenz* (Jerusalem, 2006) gesprochen.

Gesundheitskompetenz setzt sich nach Soellner et al. (2010) zusammen aus

- grundlegenden gesundheitsbezogenen Fertigkeiten (z. B. gesundheitsrelevante Texte verstehen),
- angeeignetem Wissen über Gesundheit/Krankheit und das Gesundheitssystem,
- gesundheitsrelevanter Handlungskompetenz (z. B. mit Ärzten kommunizieren und kooperieren, sich weitergehende Gesundheitsinformationen beschaffen, Selbstregulation) und
- der Motivation zur Verantwortungsübernahme für die eigene Gesundheit.

Weiter gefasst ist der Begriff der *Lebenskompetenz*, der den Einsatz erworbener Fertigkeiten und entsprechenden Wissens sach- und situationsgerecht und zum richtigen Zeitpunkt für das Erreichen eines Ziels in unterschiedlichen Lebensbereichen umfasst (Jerusalem, 2006). Hier knüpfen Lebenskompetenz (»Life Skills«)-Programme an, die überwiegend in der Suchtprävention verortet sind (zum Vorgehen und zu Inhalten derartiger Programme siehe Punkt 6.3).

Empowerment- und Lebenskompetenz-Ansätze sind aus der Einsicht heraus entstanden, dass rein kognitiv-rationale Ansätze, die lediglich über Gesundheitsrisiken aufklären, kaum wirksam sind. Die belehrende Wissensvermittlung, teils mit dem Ziel der Abschreckung, war das traditionelle Modell der Gesundheits*erziehung* und nicht einer umfassenden Gesundheits*förderung* (Paulus, 2010). Vielmehr ist es notwendig, neben der Vermittlung gesundheitsrelevanten Wissens auch eine praktische Umsetzung anzustreben, das heißt, die Themenbereiche müssen im Schulalltag für alle Beteiligten erfahrbar werden (Hurrelmann & Settertobulte, 2008). Dazu sind der aktuelle Lebenskontext, psychosoziale Aspekte und Widerstände sowie der Prozesscharakter von Verhalten zu berücksichtigen (Jerusalem, 2006).

3 Gesundheitliche Situation von Kindern und Jugendlichen in Deutschland

3.1 Subjektive Gesundheit und Beschwerden von Kindern und Jugendlichen

Die gesundheitliche Situation von Kindern und Jugendlichen in Deutschland ist in den letzten Jahren immer mehr ins Zentrum des wissenschaftlichen Interesses gerückt. So wird seit 2003 die längsschnittlich angelegte »Studie zur Gesundheit von Kindern und Jugendlichen in Deutschland« (KiGGS) des Robert-Koch-Instituts (RKI) durchgeführt.

Insgesamt ist festzustellen, dass eine übergroße Mehrheit von 89 % aller Kinder und Jugendlichen in Deutschland die eigene allgemeine Gesundheit als sehr gut oder gut einschätzt. Mit steigendem Alter der Jugendlichen kommt es zu einer leichten Verschlechterung dieses Werts, insbesondere bei den Mädchen/jungen Frauen. Zumindest teilweise wird dies mit der schulischen Situation und entsprechendem Leistungsdruck erklärt (RKI, 2014).

Auch internationale Studien wie etwa die WHO-Vergleichsstudie »Health Behaviour in School-aged Children« (HBSC) kommen zu ähnlichen, wenn auch nicht ganz so positiven Einschätzungen (Ravens-Sieberer, Thomas & Erhart, 2003). Grundsätzlich gilt auch mit Blick auf offizielle Krankheitsstatistiken das Kindes- und Jugendalter im Vergleich zu anderen Altersgruppen als gesündeste Lebensphase. Das hat zur Folge, dass eine wahrgenommene beeinträchtigte oder gefährdete Gesundheit weniger als Ansatzpunkt für präventive Maßnahmen in der Arbeit mit Schülerinnen und Schülern dient (Klein-Heßling, 2006). Auch wenn diese Zahlen sehr positiv sind, wäre es jedoch ein Trugschluss, die Notwendigkeit von Gesundheitsförderung in der Schule in Frage zu stellen. Gleichzeitig ist nämlich eine enge Kopplung des Gesundheitszustands an die soziale Herkunft festzustellen: Bei niedrigem sozialen Status besteht ein deutlich erhöhtes Risiko für die Klassifikation des eigenen Gesundheitszustands als schlecht oder mittelmäßig (Ravens-Sieberer, Thomas & Erhart, 2003; RKI, 2014).

Auch gesundheitliche Risikoverhaltensweisen zeigen sich deutlich häufiger bei Schülerinnen und Schülern aus sozial benachteiligten Schichten, mit Migrationshintergrund und an Schulen mit niedrigeren Schulabschlüssen (Lampert, 2010; Paulus, 2010). Schon in Schuleingangsuntersuchungen weisen sozial benachteiligte Schülerinnen und Schüler häufiger motorische, sprachliche und emotionale Auffälligkeiten auf, die direkte Auswirkungen auf den Lernerfolg haben können (Paulus, 2010). Lampert (2010, S. 62) bringt diesen Zusammenhang folgendermaßen auf den Punkt: »[J]e höher der soziale Status, desto besser ist die Aussicht, gesund aufzuwachsen«. Diese Zusammenhänge nehmen im Laufe des Jugendalters kaum ab (Lampert, 2010). Damit muss die Kompensation dieser Differenzen ein wichtiges Ziel schulischer Gesundheitsförderung bleiben.

Grundsätzlich ist eine Verschiebung von den somatischen zu den psychischen und psychosomatischen Störungen und von den akuten zu den chronischen Erkrankungen auszumachen (Schlack, 2004). Dabei werden veränderte Lebens- und Umweltgewohnheiten als wesentliche Ursachen diskutiert, die gerade durch präventive Maßnahmen beeinflussbar sind (Schubert et al., 2004).

Trotz überwiegend positiver Bewertung der eigenen Gesundheit treten in nicht unerheblichem Ausmaß unterschiedlichste Einschränkungen auf. In diesen Kontext sind folgende Zahlen zu psychosomatischen Beschwerden bei Elf- bis 15-Jährigen einzuordnen (Klein-Heßling, 2006):

Beschwerden	fast täglich/mehrmals pro Woche	fast jede Woche
Müdigkeit/Erschöpfung	25 %	21 %
Einschlafschwierigkeiten	14 %	11 %
Gereiztheit/schlechte Laune	14 %	17 %
Kopfschmerzen	12 %	12 %
Rückenschmerzen	8 %	9 %
Bauchschmerzen	7 %	9 %

Immer wieder wird diskutiert, inwiefern die Schule negative Auswirkungen auf die Gesundheit der Schülerinnen und Schüler hat. So wirken sich als hoch wahrgenommene schulische Arbeitsanforderungen negativ auf die Schulfreude und das Stressempfinden aus. Dieser Effekt verstärkt sich, wenn die Unterrichtsqualität schlecht beurteilt wird (Bilz, Hähne & Melzer, 2003). Neben psychosomatischen Beschwerden kann sich Leistungsdruck auch in Problem- und Suchtverhalten und allgemeiner Schulunlust niederschlagen (Winkler Metzke et al., 2006). Ebenso kann die erlebte Schulkultur, z. B. in Form von mangelnder sozialer Unterstützung durch Mitschülerinnen und -schüler oder Lehrkräfte psychosomatische Beschwerden auslösen (Bilz & Hähne, 2006). Positive Bildungserfahrungen und Erfolgserleben in der Schule, positive Lehrer-Schüler-Beziehungen mit entsprechendem Klassenklima und Mitbestimmungsmöglichkeiten dagegen stehen in Zusammenhang mit einem geringeren Belastungserleben, weniger berichteten Beschwerden sowie besserer Gesundheit und höherer Lebenszufriedenheit, aber auch selteneren Risikoverhaltensweisen wie etwa Rauchen (Hascher, 2004; Ravens-Sieberer, Kökönyei & Thomas, 2004). Verbessern gesundheitsfördernde Maßnahmen, wie sie unter Punkt 6 vorgestellt werden, das soziale Klima einer Schule, steigt die Schulfreude der Schülerinnen und Schüler deutlich und ebenso deren psychische und physische Gesundheit (Bilz, Hähne & Melzer, 2003).

3.2 Gesundheits- und Risikoverhalten von Kindern und Jugendlichen

Anregungen für Maßnahmen der Gesundheitsförderung lassen sich auch aus Befunden zum Gesundheits- und Risikoverhalten von Kindern und Jugendlichen ableiten, da ein wesentliches Ziel in der frühzeitigen Verhinderung eines ungesunden Lebensstils liegt. In der Gesamtschau nimmt gesundheitsförderliches Verhalten über die Jugendphase hinweg ab und potenziell gesundheitsschädigendes Verhalten zu (Klein-Heßling, 2006).

Ernährungsverhalten/Übergewicht

Rund 15 % der Kinder und Jugendlichen in Deutschland gelten als übergewichtig, 6 % innerhalb dieser Gruppe als adipös. Der Anteil ist umso höher, je älter die

Schülerinnen und Schüler werden. Außerdem ist in den letzten Jahren ein grundsätzlicher Anstieg übergewichtiger Kinder und Jugendlicher zu verzeichnen (RKI, 2014). Übergewicht ist dabei nicht monokausal auf eine Ursache zurückzuführen, aber besondere Risikofaktoren liegen in Übergewicht der Eltern, hohem Medienkonsum einhergehend mit wenig körperlicher Bewegung sowie dem insgesamt bei Jugendlichen nicht unerheblichen Konsum von gesüßten Getränken. Als problematisch ist Übergewicht aufgrund eines erhöhten Risikos für körperliche Folgeerkrankungen, aber auch psychische Störungen einzustufen (Vögele & Ellrott, 2006).

Körperliche Aktivität

Fast 80 % der Kinder und Jugendlichen zwischen drei und 17 Jahren sind körperlich aktiv. Die recht anspruchsvolle WHO-Empfehlung von mindestens sechzig Minuten Bewegung pro Tag erreichen allerdings nur 27,5 % (RKI, 2014). Im Lauf des Jugendalters bewegen sich Schülerinnen und Schüler weniger (Richter & Settertobulte, 2003). Ein umfassendes Sport- und Bewegungsangebot in der Schule wird unter Präventionsgesichtspunkten als besonders wichtig angesehen.

Suchtverhalten – Rauchen, Alkoholkonsum

Die Zahl jugendlicher regelmäßiger Raucher hat sich in der KiGGS-Studie seit Anfang des Jahrtausends von gut 20 % auf rund 12 % fast halbiert (RKI, 2014). Beim Rauchen ist das Geschlechterverhältnis ausgeglichen, während vorübergehend sogar die Mädchen häufiger rauchten (Richter & Settertobulte, 2003).

Grundsätzlich Erfahrungen mit Alkohol haben unter den Elf- bis 17-Jährigen rund 54 % – auch dieser Wert bedeutet einen deutlichen Rückgang (RKI, 2014). Allerdings nimmt der Alkoholkonsum mit steigendem Alter signifikant zu, was sich auch in Zahlen zum Rauschtrinken ausdrückt: 23 % der Jungen zwischen 14 und 17 Jahren sowie immerhin gut 16 % der gleichaltrigen Mädchen erleben mindestens einmal im Monat einen Rausch (RKI, 2014).

Mediennutzung

Die Nutzung elektronischer Medien nimmt einen sehr großen Raum in der Freizeitgestaltung von Jugendlichen ein. Besonders bemerkenswert ist, dass – abgesehen von der grundsätzlich hohen Mediennutzung – jeder fünfte männliche (und immerhin gut jede zehnte weibliche) Jugendliche mehr als sechs Stunden täglich mit elektronischen Medien verbringt. Unter den Jungen zwischen 14 und 17 Jahren fällt dieser Wert mit 26 % sogar noch einmal deutlich höher aus (RKI, 2014). Zum Problem wird eine hohe Mediennutzung dadurch, dass sie vor allem in Konkurrenz zu körperlicher Aktivität tritt und damit indirekt auch Übergewicht begünstigt.

4 Gesundheitliche Situation von Lehrkräften in Deutschland

4.1 Gesundheitszustand und Beschwerden von Lehrkräften

Die gesundheitliche Situation von Lehrkräften beschäftigt seit etlichen Jahren nicht nur die Forschung, sondern sie spielt auch in der Medienberichterstattung eine große Rolle. Weite Verbreitung hat die Potsdamer Lehrerstudie von Schaarschmidt (2005) gefunden, in der vier gesundheitliche Muster unterschieden werden: Gut 60 % der befragten Lehrerinnen und Lehrer werden den beiden Risikomustern zugeordnet, die entweder eine »Burn-Out-Gefährdung« oder eine exzessive Selbstverausgabung signalisieren. Nur jede sechste bis siebte Lehrkraft wird als gesund klassifiziert. Andere Studien berichten, dass Lehrkräfte häufiger als andere Erwerbstätige unter psychosomatischen Beschwerden leiden (Weber, Weltle & Lederer, 2004).

Krause et al. (2010) bemängeln allerdings, dass bisweilen ein äußerst dramatisches Bild der Gesundheit von Lehrkräften gezeichnet werde, trotz zum Teil deutlich positiverer Untersuchungsergebnisse. So stellen Krause und Dorsemagen (2011) zwar bei mindestens 20 % der Lehrkräfte gravierende gesundheitliche Einschränkungen fest, was eine bedeutende Zahl ist. Im Umkehrschluss fühlen sich allerdings 80 % weitgehend gesund. Kritisch anzumerken ist auch, dass ausführliche und vor allem differenzierte Vergleiche mit anderen Berufsgruppen wie auch Längsschnittstudien und repräsentative Stichproben Mangelware sind (Krause et al., 2010; Scheuch et al., 2008). Ebenso bedingt die immer noch vorherrschende Defizitperspektive in der Lehrerbelastungsforschung möglicherweise eine Überschätzung negativer und eine unzureichende Berücksichtigung positiver Aspekte (Scheuch et al., 2008).

Trotz allem ist unstrittig, dass der Lehrerberuf eine Vielzahl von Belastungen mit sich bringt und eine psychosozial äußerst fordernde Tätigkeit darstellt. Nach Harazd, Gieske und Rolff (2009) fühlt sich mit 45 % fast die Hälfte der befragten Lehrkräfte häufig oder fast immer angespannt, antriebslos, müde und überlastet. Im Jahr 2000 erreichten lediglich 6 % aller Lehrkräfte die Regelaltersgrenze, im Jahr 2008 waren es 39 %. Im gleichen Zeitraum sank die Zahl der Frühpensionierungen aus gesundheitlichen Gründen von 64 % auf 22 %, wobei in jedem zweiten Fall psychische Erkrankungen ursächlich sind. Als Ursache wird jedoch nicht eine Verbesserung des Gesundheitszustands von Lehrkräften, sondern die Veränderung politischer Rahmenbedingungen (finanzielle Abschläge etc.) angeführt (Krause et al., 2010).

Lehrergesundheit ist aber nicht nur aufgrund der potenziell schwerwiegenden Konsequenzen für die einzelne Lehrkraft ein wichtiges Thema, sondern sie gewinnt im Rahmen von Schulentwicklung eine besondere Relevanz auch aufgrund ihrer Zusammenhänge mit der Unterrichtsqualität und dem Lernerfolg der Schülerinnen und Schüler (Klusmann et al., 2006; Rothland & Klusmann, 2012): Konkret halten gesunde Lehrkräfte aus Schülersicht einen besseren Unterricht mit stärkerer kognitiver Aktivierung, zeigen mehr Interesse und Einfühlungsvermögen und werden als gerechter erlebt. Somit leistet die Förderung der Lehrergesundheit einen Beitrag zur Qualitätssicherung der einzelnen Schule und des Bildungssystems insgesamt (Nieskens, Rupprecht & Erbring, 2012).

4.2 Belastungsfaktoren und gesundheitsförderliche Aspekte des Lehrerberufs

Trotz individueller Unterschiede lassen sich einige Faktoren identifizieren, die Lehrkräfte als besonders belastend an ihrer Tätigkeit erleben: Dazu zählen in erster Linie Disziplinprobleme und Unterrichtsstörungen, Klassen mit vielen »schwierigen« Schülerinnen und Schülern, die individuelle Förderung einer Vielzahl von Schülerinnen und Schülern mit äußerst heterogenen Lernvoraussetzungen, ein andauernder Lärmpegel und mangelnde Motivation und Konzentration der Schülerinnen und Schüler, aber auch Korrekturarbeiten und Notengebung (Lehr, 2004; Rothland & Klusmann, 2012). Zum Teil lassen sich diese Aspekte auf sogenannte Gratifikationskrisen zurückführen, also ein Missverhältnis zwischen aufgewendeter Anstrengung und erhaltener Belohnung in Form von Wertschätzung oder Anerkennung durch Schülerinnen und Schüler, Kolleginnen und Kollegen oder die Schulleitung, was für den Lehrerberuf besonders charakteristisch ist (Siegrist, 1996).

Außerdem sind fehlende Erholungsphasen und andauernder Zeitdruck in der Schule wie auch schwierige Interaktionen im Kollegium oder mit der Schulleitung als belastend beschrieben (Krause et al., 2010). Des Weiteren erhöht sich das Stresserleben durch die mangelnde Trennung von Privat- und Berufsleben und unklare Arbeitszeiten (Dorsemagen, Lacroix & Krause, 2007). Weitere psychosoziale Belastungen, die im vorliegenden Kontext von Schulentwicklung besondere Berücksichtigung finden sollten, resultieren aus einer wahrgenommenen Überforderung durch ständigen Reform- und Veränderungsdruck und eine damit einhergehende zunehmende Arbeitsmenge (Krause et al., 2010).

Aus einer salutogenen Perspektive ist es wichtig, sich nicht nur auf belastende Faktoren zu konzentrieren, sondern auch gesundheitsförderliche Aspekte des Lehrerberufs zu betonen und diese idealerweise zu stärken. So erleben viele Lehrkräfte ihren Beruf aufgrund seiner vielfältigen Anforderungen und trotz Schwierigkeiten als sehr erfüllend. Geschätzt wird dabei insbesondere die soziale Interaktion mit Heranwachsenden (Rothland & Klusmann, 2012). Der Lehrerberuf bietet ein weitgehend sicheres und verhältnismäßig gut bezahltes Arbeitsverhältnis und große Handlungsspielräume, was die konkrete pädagogisch-didaktische Arbeit im Klassenzimmer, aber auch die eigene Zeitorganisation anbelangt (Richter, 2000; Scheuch et al., 2008).

4.3 Ressourcen wenig belasteter Lehrkräfte

Dieselben Belastungsfaktoren und Stressoren können bei unterschiedlichen Personen zu einem gänzlich unterschiedlichen Erleben führen. Gemäß des transaktionalen Stressmodells ist nicht das Vorhandensein eines Stressors per se entscheidend für die Entstehung von Belastungserleben, sondern dessen subjektive Bewertung aufgrund personaler Merkmale und Erfahrungen in der Vergangenheit sowie zur Verfügung stehender Bewältigungsmöglichkeiten (Lazarus & Folkman, 1984).

Protektive Persönlichkeitseigenschaften, in denen sich belastete von weniger belasteten Lehrkräften unterscheiden, bestehen nach Sieland (2001) in der Fähigkeit,

- sich realistische Ziele zu setzen und diese flexibel den jeweils aktuellen Möglichkeiten anzupassen (vgl. Schmitz & Leidl, 1999),
- vor dem Hintergrund realistischer Erwartungen Teilerfolge selbstwertförderlich und Misserfolge konstruktiv zu verarbeiten,
- internale Kontrollüberzeugungen und Selbstwirksamkeitserwartungen aufrechtzuerhalten – also die Überzeugung, durch eigene Handlungen angestrebte Ziele erreichen und im Lehrerberuf schwierige Situationen meistern zu können (vgl. Schmitz & Schwarzer, 2002),
- aktiv auf soziale Unterstützung im privaten und beruflichen Umfeld zurückzugreifen, wodurch auch einem »Einzelkämpfertum« vorgebeugt wird (vgl. Hillert et al., 2012),
- Genussfähigkeit und Dankbarkeit im privaten und beruflichen Alltag zu erleben,
- sich von beruflichen Problemen distanzieren zu können, z. B. durch vielfältige Interessen mit entsprechenden Sinnerfahrungen,
- im Sinne einer positiven Rollendistanz Erwartungen der Umwelt und eigene Leitbilder miteinander in Einklang zu bringen,
- Selbstakzeptanz und Ich-Stärke auch in schwierigen Phasen zu bewahren und schließlich
- effektive Methoden des Stress- und Zeitmanagements anzuwenden (vgl. Nieskens, 2006).

Viele der genannten Aspekte kennzeichnen ein gesundheitsförderliches flexibelkompensierendes Bewältigungsmuster im Umgang mit Belastungen, das sich durch eine zuversichtlich-optimistische, kaum resignierende und wenig grübelnde Haltung auszeichnet (Lehr, Schmitz & Hillert, 2008).

5 Gesundheitsförderung in der Schule

5.1 Der Setting-Ansatz

Der Gedanke, dass Gesundheitsförderung vor allem dann erfolgreich ist, wenn sie in unterschiedlichen gesellschaftlichen Feldern erfolgt, ist bereits in der Ottawa-Charta angelegt (vgl. Punkt 1.2). Konkret münden diese Überlegungen in den sogenannten Setting-Ansatz: Als Setting wird ein Ort, ein sozialer Kontext oder eine »Lebenswelt« bezeichnet, wo Menschen ihren verschiedenen Alltagsaktivitäten nachgehen und ihr Wohlbefinden durch das Zusammenwirken umweltbezogener, organisatorischer und persönlicher Faktoren beeinflusst wird (WHO, 1998). Damit stellt auch die Schule ein solches spezifisches Setting dar.

Ein Setting bildet zwischen der Makro- (Staat, Gesundheitssystem) und der Mikro- (Individuum) Ebene eine Meso-Ebene, in der Bemühungen zur Gesundheitsförderung stattfinden können (Pelikan, 2011). Für das jeweilige Feld sollen passgenaue Strategien entwickelt werden, die bestehende Strukturen und Prozesse berücksichtigen. So soll innerhalb der Schule Gesundheit für alle beteiligten Personen (Schülerinnen und Schüler, Lehrkräfte und das nicht-unterrichtende Personal wie Hausmeister, Reinigungskräfte, Sekretariat etc.) thematisiert werden (Pelikan, 2011). Schule als soziales System stellt gewisse Anforderungen und führt zu Belastungen, kann aber auch Ressourcen bieten (Schumacher, 2012, vgl. auch Punkt 4.2). In der Annahme des Setting-Ansatzes wirkt die Stärkung systemischer Ressourcen positiv auf die persönlichen Ressourcen zurück (Hundeloh, 2012): Konkret gesprochen wird das Erleben der Mitglieder der Schulgemeinschaft wesentlich durch die materiell-räumliche Umwelt (z. B. die architektonische Gestaltung des Schulgebäudes) wie auch durch die sozio-kulturelle Umwelt (z. B. gemeinsam geteilte Werte, Schulprofil, Stundenplangestaltung) geprägt (Paulus, 2008). Die Annahme, dass die einzelnen System-Ebenen (in diesem Fall Meso- und Mikroebene) miteinander vernetzt sind und sich wechselseitig beeinflussen, lässt sich unter anderem auf die ökosystemische Theorie Bronfenbrenners (1981) zurückführen.

Der Schule kommt als Setting der Gesundheitsförderung eine so große Bedeutung zu, da die Lebensphasen Kindheit und Jugend grundsätzlich als entscheidende Phasen für Präventionsmaßnahmen angesehen werden. In Kindheit und Jugend entstehen gesundheitsrelevante Verhaltensweisen, die häufig stark ins Erwachsenenalter hineinwirken. Grundlegende Veränderungen sind mit zunehmendem Alter immer schwieriger. Gesundheitliche Störungen in jungen Jahren erhöhen ein späteres Krankheitsrisiko (Klein-Heßling, 2006). Außerdem erreicht die Schule Schülerinnen und Schüler aus allen sozialen Schichten über viele Jahre, wodurch die Chance besteht, familienbedingte Sozialisations- und Gesundheitsdefizite zu kompensieren (Altgeld, 2011).

5.2 Rechtliche Rahmenbedingungen

In den Schulgesetzen der Bundesländer sind Gesundheitsbildung und -erziehung als Ziele der schulischen Arbeit festgeschrieben (Paulus, 2008). Am 15. November 2012 beschloss die Kultusministerkonferenz (KMK) eine »Empfehlung zur Gesundheitsförderung und Prävention in der Schule«. Gesundheitsförderung wird zunächst als lebenslanger Prozess und damit auch als Element einer nachhaltigen Schulentwicklung sowie wesentliche Aufgabe der Schule im Rahmen des Bildungs- und Erziehungsauftrags gesehen. Besonderer Wert liegt darauf, die lebensweltlichen und sozialräumlichen Voraussetzungen der Schülerinnen und Schüler mit ihrer unterschiedlichen familiären, sozialen und kulturellen Herkunft zu berücksichtigen. Insbesondere stehen neue Handlungsspielräume der Gesundheitsförderung im Zusammenhang mit der Einführung von Ganztagsangeboten (vgl. Kollmannsberger in diesem Band). Zentral ist eine Vernetzung aller Beteiligten im Bereich der Gesundheitsförderung, sodass interprofessionelle Netzwerke aus schulischen und außerschulischen Partnern auf kommunaler Ebene entstehen (KMK, 2012). Ergänzend sei beispielhaft auf die Empfehlungen des Bayerischen Kultusministeriums eingegangen, das im Rahmen von Schulentwicklung Gesundheitsinterventionen im Unterricht, im Management, im Bereich des Schulklimas und der Schulkultur fordert und folgende Ziele mit Blick auf die Schülerinnen und Schüler formuliert: »Schüler lernen verantwortungsbewusst mit sich und anderen umzugehen. Darüber hinaus erwerben sie ein tiefes Verständnis von gesundheitsbezogenen psychologischen, medizinischen, sozialen und ökologischen Zusammenhängen« (KM Bayern, 2008, S. 5).

5.3 Das Konzept der *guten gesunden Schule*

Betrachtet man die Entwicklung von Gesundheitsförderung und Prävention in der Schule über die letzten Jahre und Jahrzehnte, lässt sich ein Weg von der isolierten, auf Wissensvermittlung und auf die Schülerinnen und Schüler als Zielgruppe beschränkten Gesundheitserziehung über die gesundheitsfördernde hin zur *guten gesunden Schule* festmachen. Konzeptionen der *gesundheitsfördernden* Schule scheiterten in der Umsetzung immer wieder daran, dass Lehrerkollegien diese als zusätzliche große Belastung zu den regulären Aufgaben erlebten (Paulus, 2010), also im Sinne der Salutogenese keine ausreichenden Ressourcen zu deren (erfolgreicher) Umsetzung vorhanden waren.

So versucht der Ansatz der *guten gesunden Schule*, der in erster Linie durch das bundesweite Projekt *Anschub.de* (siehe Punkt 6) Verbreitung gefunden hat, Gesundheitsförderung mit der Diskussion um Schulqualität im Zuge der PISA-Studien und bestehenden Maßnahmen der Qualitätssicherung (z. B. Formen der internen oder externen Evaluation) zu verbinden (Paulus, 2010). Die Annahme besteht darin, dass sich an einer *guten gesunden Schule* mit möglichst gesunden Lehrkräften, Schülerinnen und Schülern und weiteren Beteiligten der Bildungs- und Erziehungsauftrag leichter umsetzen lässt (Dadaczynski, 2012). Gesundheitsförderung ist also als genuin pädagogische Aufgabe anzusehen, die die schulische Arbeit unterstützt, indem etwa Unterrichtsstörungen reduziert werden (Paulus, 2008; Paulus & Witteriede, 2008). Auch hängen Gesundheits- und Leistungsverhalten in der Schule zusammen, wobei eine kausale Verbindung offen bleibt. Für den Zusammenhang könnten auch weitere Faktoren verantwortlich sein, wie etwa die familiäre Situation mit entsprechendem Bildungshintergrund und Unterstützung (Hascher & Winkler-Ebner, 2010).

Selbstverständlich bindet der Schulentwicklungsprozess zur *guten gesunden Schule* dennoch Kräfte, es ist aber von Synergieeffekten auszugehen, die Ressourcen bei allen Beteiligten freisetzen sollen.

Bisweilen findet sich ein sehr weites Verständnis von *guter gesunder Schule*, das auch pädagogisch-didaktische Veränderungen im Sinne von Differenzierung und individueller Förderung oder Aspekte des sozialen Lernens und der Gewaltprävention mit einbezieht (Posse & Brägger, 2008), die im vorliegenden Buch in eigenen Kapiteln aufgegriffen werden (vgl. Braun, Buyse & Syring sowie Steinherr in diesem Band).

So zeichnet sich eine *gute gesunde Schule* im engeren Sinn durch folgende Merkmale aus, die auf die oben erwähnten Ansätze und Konzepte rekurrieren:

- Sie orientiert sich an einem mehrdimensionalen Gesundheitsbegriff und fördert die Befähigung zu einem erfolgreichen und gesunden Leben in einer sich verändernden Gesellschaft bei allen Mitgliedern der Schulgemeinschaft (Brägger & Posse, 2008, S. 14; Paulus, 2009).
- Sie stellt Gesundheit als Wohlbefinden in den Mittelpunkt allen schulischen Handelns und berücksichtigt dabei Erkenntnisse der Gesundheits- und Bildungswissenschaften, sodass Gesundheit »zum selbstverständlichen Teil des Schulalltags« (Paulus, 2009, S. 7) wird.
- Mit der Förderung des Wohlbefindens einher geht eine Steigerung der Lern- und Leistungsfähigkeit aller am Schulleben Beteiligten, sodass letztlich auch Bildungserfolge zu erzielen sind (Nieskens, Schumacher & Sieland, 2014; Paulus, 2009).
- Alle Maßnahmen erfolgen im Rahmen eines systematischen Schulentwicklungsprozesses, der neben dem Prinzip der Salutogenese auch die Grundsätze der Partizipation möglichst aller und Transparenz verfolgt (Brägger & Posse, 2008) (vgl. Weiß in diesem Band).

Im Grunde sollte bei allen schulischen Aktivitäten und Entscheidungen mitbedacht werden, welche potenziellen Auswirkungen diese auf die Gesundheit haben. Das kann schon bei der Gestaltung der Stundenpläne beginnen (Hascher & Winkler-Ebner, 2010). Die Integration von Interessen verschiedener Zielgruppen, die sich möglicherweise sogar widersprechen, stellt aber auch eine Herausforderung dar (Dür, 2011).

6 Konkrete Maßnahmen und Handlungsfelder auf dem Weg zu einer gesunden Schule

6.1 Phasen auf dem Weg zur guten gesunden Schule

Im Folgenden werden konkrete Maßnahmen und Handlungsfelder eines Schulentwicklungsprozesses hin zu einer gesunden Schule aufgezeigt. Das Konzept der *guten gesunden Schule* bündelt die einzelnen Schritte in einer Schulentwicklungsschleife (▶ Abb. 1).

Abb. 1: Die Schulentwicklungs-Schleife aus dem Konzept der guten gesunden Schule (Anschub.de). Quelle: http://www.ggs-bayern.de/schulentwicklung/

Zunächst gilt es, über ein bestimmtes Handlungsfeld den *Einstieg* in den Prozess zu finden. Ansatzpunkte für die Entwicklung hin zu einer gesunden Schule können die Schwächen und Defizite, aber auch die Stärken und Ressourcen sein (Hundeloh, 2012). Letzteres gilt insbesondere, wenn eine salutogene Perspektive zugrunde liegt (vgl. Punkt 2.1). Ein erster geeigneter Ansatzpunkt ist häufig dort zu finden, wo eine Mehrheit des Kollegiums den größten Veränderungsbedarf sieht (Brägger & Posse, 2008). So wie in den eingangs beschriebenen Fallvignetten wird vielleicht von Lehrer- oder Elternseite der Wunsch nach einer gesünderen Ernährung in der Schule geäußert oder aufgrund übermäßigen Alkoholkonsums auf Klassenfahrten sieht ein Kollegium die Notwendigkeit eines Suchtpräventionsprojekts. Womöglich sind auf dem Schulhof bereits einige Spiel- und Sportgeräte vorhanden, die aber repariert oder ergänzt werden sollten. Ebenso ist es in Anlehnung an die zu Beginn dargestellten Fallvignetten denkbar, dass eine Zunahme des Stresserlebens und eventuell auch der Krankheitstage im Kollegium die Frage aufwirft, wie sich die Situation – im Rahmen der Möglichkeiten der Einzelschule – verbessern lässt. Der Einstieg sollte in jedem Fall eine bewusste Entscheidung einer deutlichen Mehrheit des Kollegiums im Rahmen einer Lehrerkonferenz sein.

Entscheidend für den Erfolg ist eine *Bestandsaufnahme* der gesundheitsbezogenen Situation an der eigenen Schule (Badura, 2008). Daten lassen sich im Rahmen von Gesundheitszirkeln, Workshops oder Fokusgruppen, aber auch durch den Einsatz von Fragebögen gewinnen (Nieskens, Schumacher & Sieland, 2014). Settertobulte und Hurrelmann (2008) stellen einen Fragebogen für die Erfassung der Schülergesundheit und der damit einhergehenden schulischen Lernbedingungen (vor allem Schulklima, Qualität des Unterrichts) bereit. Dazu bieten sie auch Vergleichsergebnisse für einzelne Jahrgangsstufen, um die eigenen Ergebnisse besser einordnen zu können. Da gesundheitliche Fragestellungen auch sensible Themen berühren, ist hier in besonderem Maße auf Anonymität zu achten. Für die Erfassung der Lehrergesundheit gibt es z. B. den »Fragebogen zur Arbeitssituation an Schulen« (FASS) von Paulus und Schumacher (2008), mit dem psychosoziale Belastungen und Ressourcen im Arbeitsalltag und deren Bezug zu Befinden und Gesundheit abgefragt werden. Dieses Instrument kann auch im Rahmen einer Gefährdungsanalyse nach dem Arbeitsschutzgesetz Verwendung finden. Alternativ kann der international etablierte *Copenhagen Psychosocial Questionnaire (COPSOQ)* in der deutschen Version zur Erhebung psychosozialer Belastungen am Arbeitsplatz (u. a. Anforderungen, persönliche Einfluss- und Entwicklungsmöglichkeiten, soziale Beziehungen und Führung, Beanspruchungserleben) eingesetzt werden. Dieser Fragebogen ist branchen- und berufsübergreifend angelegt und kann gleichzeitig um berufsspezifische Fragenblöcke (z. B. zu unterrichtsbezogenen Themen) ergänzt werden. Er ist in der Standardversion mit 87 Fragen frei zugänglich, wobei eine professionelle Begleitung und Auswertung durch die Freiburger Forschungsstelle Arbeits- und Sozialmedizin (ffas) zur Verfügung steht. Ein Kurzfragebogen zur ersten Analyse findet sich auch bei Krause und Dorsemagen (2009), in dem Belastungserleben (Schülerverhalten, Lärm, Unsicherheit, Konflikte mit Eltern, räumliche Ausstattung der Schule etc.) und Ressourcen (gute Zusammenarbeit, Unterstützung durch die Schulleitung, Feedback, Fortbildung etc.) jeweils nach Ausprägungsgrad und Beeinflussbarkeit thematisiert werden. Paulus (2008) entwickelte ein checklistengestütztes Selbstevaluationsverfahren, das eine Bestimmung der Gesundheitsqualität der eigenen Schule ermöglicht. Dazu steht eine umfangreiche Toolbox mit Hinweisen auf Fragebögen und weiterführende Materialien zur Verfügung (siehe Internet-Verweise).

Anregungen für die Durchführung von Befragungen finden sich auch im sehr detaillierten Qualitätshandbuch für gute und gesunde Schulen »Instrumente für die Qualitätsentwicklung und Evaluation in Schulen« (Brägger & Posse, 2007). Dort gibt es unter anderem Fragebögen für die Erfassung des Gesundheitszustands, aber auch der Schulhaus- und Arbeitsplatzgestaltung. Erhebungen mit eigenen Schwerpunktsetzungen und unter Berücksichtigung besonderer Bedingungen vor Ort sind über das angeschlossene Online-Evaluationscenter möglich (http://www.iqes-online.net/). Unter anderem besteht hier das Angebot einer »Standortbestimmung zur Prävention, Früherkennung und Frühintervention«.

Bevor nun auf einzelne Handlungsfelder der Gesundheitsförderung eingegangen wird, erfolgen Hinweise auf übergreifende Initiativen und Programme, die dem angesprochenen Gedanken eines gesundheitsbezogenen Gesamtkonzepts in besonderer Weise verpflichtet sind und daher verschiedenste inhaltliche Bereiche abdecken.

6.2 Projekte und Initiativen

An erster Stelle zu nennen ist hier die Initiative *Anschub.de*, hinter der ein von der Bertelsmann-Stiftung im Jahr 2002 initiiertes bundesweites Projekt mit dem Titel »Programm für die gute gesunde Schule: Allianz für nachhaltige Schulgesundheit und Bildung in Deutschland« steht. Mittlerweile wurde das Projekt in einigen Bundesländern um entsprechende Landesprogramme ergänzt. Mit dem Internetangebot unter http://www.anschub.de/ steht umfangreiches Informationsmaterial und die Möglichkeit zum Erfahrungsaustausch zur Verfügung (zum Konzept der *guten gesunden Schule* siehe Punkt 5.3). Von besonderem Interesse für die konkrete Schulentwicklungsarbeit dürften die auf der Homepage zum Download bereitgestellten Themenhefte zu verschiedenen Gesundheitsaspekten sein, auf die sich auch einige Informationen in den weiteren Ausführungen stützen (abrufbar unter: http://www.anschub.de/tabs/themenhefte/index.html). Hier finden sich unter anderem Materialien

- zu Bewegung und Ernährung (»Schule is(s)t in Bewegung«, »Bewegungsfreudige Schule«, »Adipositas-Prävention in der Schule«),
- zur Verbesserung der Rückengesundheit (»Locker bleiben – Unsere Schule zeigt Rückgrat«) und
- zur Gestaltung von Schulhaus und Klassenzimmern (»Schule – Gebäude – Freiflächen – Gesundheit«, »Das lernfördernde Klassenzimmer«).

Beispielhaft sei hier auch auf das zugehörige »Landesprogramm für die gute gesunde Schule Bayern« (abrufbar unter: http://www.ggs-bayern.de/) verwiesen, bei dem sich im dreijährigen Turnus interessierte Schulen aller Schularten um eine Teilnahme bewerben können. Es wird ein vielfältiges Angebot bereitgestellt: Betreuung im Schulentwicklungsprozess vor Ort durch regionale Koordinatoren (sogenannte »Schulentwicklungsmoderatoren für Gesundheit und Bildung«), Unterstützung bei der Analyse des Ist-Zustandes sowie der Evaluation, Fortbildungsmaßnahmen für Lehrkräfte und Schulleitung, eine intensive Vernetzung in der Region mit anderen beteiligten Schulen und externen Partnern (z. B. Einrichtungen der Jugendhilfe, Wohlfahrtsverbände, Sportvereine, Kliniken etc.).

Ein umfassendes Projekt zur Förderung von Gesundheits- und Lebenskompetenzen für die Grundschule ist *Klasse 2000* (»*Stark und gesund in der Grundschule*«), das gesunde Ernährung, Bewegung und Entspannungsverfahren, aber auch Konfliktlösekompetenzen vermittelt (weitere Informationen unter http://¬www.klasse2000.de/).

Angebote der Kultusministerien und Qualitätsinstitute

Auch die Kultusministerien und angeschlossene Qualitätsinstitute bieten Unterstützung und Informationsmaterialien im Bereich der gesundheitsorientierten Schulentwicklung. So gibt es in Bayern (wiederum beispielhaft für alle anderen Bundesländer) Gesundheitsbeauftragte an den Staatlichen Schulberatungsstellen, die Unterstützungsangebote bereitstellen. Das »Staatsinstitut für Schulqualität und Bildungsforschung« in München bietet darüber hinaus unter http://www.¬gesundheit-und-schule.info/ eine Sammlung von Informationen und Links zu Projekten. Zum Teil werden auch Best-Practice-Beispiele »gesunder Schulen« zur Verfügung gestellt.

Bundeszentrale für gesundheitliche Aufklärung (BzgA)

Bundesweite Unterstützung in allen gesundheitlich relevanten Themen bietet außerdem die Bundeszentrale für gesundheitliche Aufklärung (BzgA) in Köln (online unter: http://www.bzga.de/). In einer eigenen Schriftenreihe »Gesundheit und Schule« existieren Informationsbroschüren und Unterrichtsmaterialien zu Gesundheitserziehung und -förderung für alle Schularten und -stufen, von Ernährung über Sucht- bis zur Lärmprävention. Besonders erwähnt sei die Jugendaktion der BzgA »Gut drauf« (http://www.gutdrauf.net/), die sich nicht nur, aber auch an Schulen richtet: Hierbei handelt es sich um ein integriertes Konzept mit dem Ziel einer Verbesserung der Gesundheit von Mädchen und Jungen zwischen zwölf und 18 Jahren. Für Kinder zwischen fünf und elf Jahren gibt es den Projekt-Schwerpunkt »Tut mir gut«. Die inhaltlichen Themenbereiche sind gesunde Ernährung, ausreichende Bewegung und Umgang mit Stress, aber auch die Gestaltung des Schulhauses oder spezielle Unterstützung bei der Gestaltung gesundheitsförderlicher Klassenfahrten. Es werden Schulungen und Fortbildungsveranstaltungen angeboten, wobei auch hier besonders viel Wert auf die Vernetzung und Kooperation lokaler Akteure gelegt wird.

Im Rahmen des Teilprojekts »Tut mir gut« gibt es unterschiedliche Informationsmaterialien: »Entspannung tut gut«, »Tipps für gesunde Ernährung«, »Bewegung hält fit«, »Unterricht in Bewegung – Materialien für die Grundschule (erste bis vierte Klasse)«, wodurch Lehrkräfte zum Beispiel Unterstützung dabei erhalten, mehr Bewegungsanlässe in Schule und Unterricht zu bringen. Außerdem kann eine mobile Ausstellung zu Gesundheitsthemen ausgeliehen werden.

Schulpreise

Gesundheitsförderung in der Schule ist zum Teil auch Gegenstand eigener Schulpreise. Stellvertretend ist der mit insgesamt 500.000 Euro höchstdotierte Schulpreis in Deutschland »Gute gesunde Schule« der Unfallkasse Nordrhein-Westfalen zu nennen. Er richtet sich an Schulen in Nordrhein-Westfalen, die Gesundheitsförderung und Prävention in ihre schulische Arbeit integrieren. Dabei werden fünf Qualitätsbereiche berücksichtigt, in denen ein bereits erwähntes sehr weites Verständnis von guter gesunder Schule deutlich wird:

- Arbeitsplätze und Arbeitsbedingungen (Ergonomie, Schulhaus- und Klassenzimmergestaltung, Akustik);
- Tagesstrukturen und Angebote (Bewegung, Entspannung, Ernährung, Beratungsangebote für Lehrkräfte);
- Schulklima, Inklusion und Partizipation (Gestaltung von Übergängen, Kooperation mit Eltern, Förderung sozialer Kompetenz, Gewaltprävention, Individualisierung/Inklusion);
- Kooperation und Teamarbeit von Lehrkräften;
- Gesundheitsmanagement.

Im Folgenden werden die wesentlichen Bereiche der Gesundheitsförderung, die alle zusammenwirken, einzeln vorgestellt. Die konkreten Maßnahmenvorschläge sind nicht abschließend zu verstehen, sondern dienen lediglich als Anregung.

6.3 Ernährung – Fallvignette 1

Ernährungsgewohnheiten entwickeln sich schon in der frühen Kindheit, wobei mit zunehmendem Alter der Einfluss Gleichaltriger wächst und das Essverhalten in der Adoleszenz häufig durch Experimentierfreude geprägt ist (Vögele & Ellrott, 2006). Um eine gesunde Ernährung zu fördern, sollten Präventionsmaßnahmen also schon früh beginnen. Denn neben einer genetischen Disposition und Bewegungsmangel spielt vor allem eine fettreiche Ernährung eine Hauptrolle bei der Entstehung von Übergewicht (Vögele & Ellrott, 2006). Im Sinne einer Empowerment-Strategie sind Kinder und Jugendliche einerseits über gesunde Ernährung aufzuklären, andererseits ist auch ein gesundes Ernährungsverhalten – am besten in Kombination mit Bewegung – im Schulalltag zu etablieren. Unterstützung bei der Verbesserung der Schulverpflegung bietet beispielsweise das Projekt *In Form* (*Deutschlands Initiative für gesunde Ernährung und mehr Bewegung*). Anlaufstellen vor Ort finden sich unter https://www.in-form.de/buergerportal/start.html.

Gesunde Ernährung ist auch in den Lehrplänen schulartübergreifend als wichtiges Erziehungs- und Bildungsziel genannt. Beispielhaft sei auf die Situation in Hessen verwiesen: Gesunde Ernährung und die Auseinandersetzung mit Essgewohnheiten spielen im Rahmen der Gesundheitserziehung in der Grundschule eine wichtige Rolle und werden auch an den weiterführenden Schulen, z. B. im Biologieunterricht, regelmäßig im Lehrplan wieder aufgegriffen (Hessisches Kultusministerium, 2014).

Weitergehende Informationsmaterialien (u. a. auch DVDs) zur Prävention von Übergewicht sind über die Arbeitsgemeinschaft Adipositas im Kindes- und Jugendalter (http://www.a-g-a.de/) oder eine eigene Seite der BzgA unter http://www.bzga-kinderuebergewicht.de/ zu beziehen. Als ein zentraler Erfolgsfaktor ist die Einbeziehung der Eltern durch entsprechende Informationsveranstaltungen o. ä. zu erachten. Auch wenn die Zielgruppe der Änderung des Ernährungsverhaltens in der Regel in erster Linie immer die Schülerinnen und Schüler sind, profitieren letztlich auch die Lehrkräfte von entsprechenden Angeboten.

Wie in der Fallvignette F1 eingangs erwähnt, kann ein Ansatzpunkt in der Neuausrichtung des Pausenverkaufs oder der Mittagsverpflegung der Schule liegen. Folgende konkrete Maßnahmen bieten sich an:

- Ausrichtung der Mittagsverpflegung und des Pausenverkaufs an Maßstäben gesunder Ernährung, z. B. durch ein Obst- und Gemüseangebot, weitgehende Vermeidung gesüßter Getränke, Verringerung der Fettaufnahme;
- gemeinsame gesunde Mahlzeiten in den Klassen, z. B. einmal wöchentlich die Zubereitung eines gesunden Frühstücks;
- Schulkochkurse anbieten, idealerweise gemeinsam für Eltern, Schülerinnen und Schüler, Lehrkräfte;
- »gesunde« Rezepthefte gemeinsam entwickeln;
- Einrichtung eines von den Schülerinnen und Schülern organisierten Schulcafés mit einem gesunden Speisen- und Getränkeangebot;
- Informationsabende für Eltern zur Zubereitung gesunder Pausenbrote;
- Trinken (möglichst Wasser oder Tee) im Unterricht grundsätzlich erlauben.

6.4 Körperliche Aktivität – Fallvignette 2

Zumindest einzelne Gruppen von Kindern und Jugendlichen bewegen sich zu wenig und motorische Defizite bei Schülerinnen und Schülern nehmen insgesamt zu (Hoffmann, Brand & Schlicht, 2006). Letzten Endes dient aber die Integration von Bewegung in den Schulalltag allen Kindern und Jugendlichen gleichermaßen. Das Konzept der »bewegten Schule« existiert schon verhältnismäßig lange und hat dennoch nichts von seiner Aktualität verloren. Der Grundgedanke besteht darin, »Bewegung in den Unterrichtsfächern und im Schulalltag zum Prinzip des Lernens und Lebens« (Balz, Kößler & Neumann, 2001, S. 41) zu machen. Die unmittelbaren Ziele liegen in der Vermittlung von Freude an Bewegung und einer positiven Einstellung zum Sport (Hoffmann, Brand & Schlicht, 2006). Bereits angesprochen wurden die engen Verbindungen zwischen Ernährungsverhalten und körperlicher Bewegung sowie der Gesunderhaltung des Menschen und der Vorbeugung von Krankheiten. Regelmäßige Bewegung verbessert in erheblichem Maße das körperliche und psychische Wohlbefinden, erleichtert einen angemessenen Umgang mit Stress und stellt damit eine wichtige Ressource dar (vgl. Punkt 2.1). Darüber hinaus bilden Bewegungsphasen im Unterricht einen Gegenpol zum andauernden Sitzen und beugen Rückenproblemen vor, sie fördern die geistige Leistungsfähigkeit, Konzentration und Lernbereitschaft, begünstigen damit den Lernerfolg der Schülerinnen und Schüler und reduzieren im Idealfall das Auftreten von Unterrichtsstörungen (Balz, Kößler & Neumann, 2001). So lässt sich auch Unruhe von Schülerinnen und Schülern im Unterricht reduzieren, indem die Pause nicht mehr sitzend im Schulhaus verbracht wird.

Nicht zuletzt stärkt Bewegung auch die Selbstwirksamkeit des Einzelnen sowie das soziale Miteinander und das Klassenklima, etwa durch sportliche Gemeinschaftserlebnisse (Hoffmann, Brand & Schlicht, 2006). Auch wenn ein Appell an die gesundheitsförderliche Langzeitwirkung Schülerinnen und Schüler nicht zwingend überzeugt (vgl. Punkt 3.1), werden sportliche Aktivitäten überwiegend als attraktiv erlebt und gelten durchaus als prestigeträchtig im Klassenverband (Hoffmann, Brand & Schlicht, 2006).

Mit Blick auf konkrete Maßnahmen sind wiederum Kontext und Situation der einzelnen Schule ausschlaggebend, wobei sich folgende Bausteine bewährt haben (Balz, Kößler & Neumann, 2001):

- *Bewegte Pause*: angeleitete und betreute Bewegungs-, Spiel- und Sportangebote auf dem Schulgelände mit einer Mischung aus kindgerechten Ruhe- und Spielzonen, z. B. Stangen und Felsen auf dem Schulhof zum Klettern, Sport- und Spielgeräte, Tischtennisplatten;
- *Bewegung im Unterricht*: Rhythmisierung des Unterrichts durch Bewegungs-, Entspannungs- und Lernphasen, Lockerungsübungen, Geräte und Materialien zur Verfügung stellen (z. B. Jonglierbälle);
- *Bewegtes Sitzen*: Vermittlung einer richtigen Haltung, Tolerierung einer Variation der Sitzposition, Sitzkeile/Sitzkissen/Sitzbälle, Förderung von Sitzunterbrechungen.

Außerdem sind weitere Ausgestaltungen denkbar, wie z. B. die Durchführung schulweiter Wettbewerbe unter dem Motto »fitteste Klasse gesucht«. Auch Angebote für das Lehrerkollegium sind anzudenken, beispielsweise Rückenkurse oder »Lehrersport«-Gruppen, die die Schulturnhalle am Abend nutzen. Für alle Maßnahmen ist die Kooperation mit Sportvereinen vor Ort äußerst hilfreich.

6.5 Suchtprävention – Fallvignette 3

Probleme mit übermäßigem Alkoholkonsum bei Schülerinnen und Schülern können, wie anfangs skizziert, die Frage nach der Rolle der Schule im Rahmen der Suchtprävention aufwerfen. Viele aktuelle Programme arbeiten nicht mehr mit Mitteln der Abschreckung oder bedienen sich einer rein rationalen Informationsvermittlung zu den schädlichen Auswirkungen von Suchtmitteln. Sie versuchen im Sinne eines Empowerments generelle Lebenskompetenzen zu vermitteln und so den Gebrauch von Alkohol, Nikotin und anderen Substanzen überflüssig zu machen (Fischer & Leppin, 2006, vgl. Punkt 2.2). Durch die Förderung allgemeiner Lebens- und Bewältigungskompetenzen soll z. B. die Selbstwirksamkeitsüberzeugung gestärkt werden (Jerusalem, 2006). Entscheidend ist auch, den sozialen und familiären Lebenskontext mit einzubeziehen und zu thematisieren, dass Erfahrungen mit Alkohol oder Nikotin im Rahmen des jugendlichen »Experimentierens« eine psychosoziale Funktionalität (z. B. Umgang mit negativen Gefühlen, Akzeptanz in der Gruppe) aufweisen (Jerusalem, 2006).

Lebenskompetenz-Programme zielen darauf ab, mit Hilfe von Rollenspielen und Gruppendiskussionen konstruktive Bewältigungsstrategien für jugendtypische Problemlagen zu erarbeiten. Zentrale Themenbereiche sind die Bewältigung von Konflikten, Stress und negativen Emotionen, die (berufliche) Entscheidungsfindung, die Übernahme von Verantwortung, die Verbesserung von Kommunikationsprozessen, der Widerstand gegen Gruppendruck oder die Förderung der Selbstregulation (Jerusalem, 2006).

Der am weitesten verbreitete Lebenskompetenz-Ansatz ist *Lions-Quest – Erwachsen werden*. Dieses Programm für Zehn- bis 15-Jährige wurde Mitte der 1990er Jahre aus den USA nach Deutschland übertragen und weist eine hohe Akzeptanz bei Lehrkräften hinsichtlich seiner didaktischen Aufbereitung und seiner Einsatzmöglichkeiten auf. Es zeigte positive Wirkungen auf Schülerverhalten und Klassenklima (Bauer, Langness & Hurrelmann, 2004). Weitere Informationen und Materialien für die Umsetzung finden sich unter http://www.lions-quest.de/¬portal.html. Aber auch die Bundeszentrale für gesundheitliche Aufklärung bietet gerade im Bereich der Suchtprävention umfangreiche Unterrichtsmaterialien (siehe: http://www.bzga.de/infomaterialien/unterrichtsmaterialien/nach-themen/).

6.6 Lern- und Arbeitsplatzgestaltung/Ergonomie – Fallvignette 4

Grundsätzlich sollte ein Arbeitsplatz – und ein solcher ist die Schule nicht nur für Lehrkräfte, sondern auch für die Schülerinnen und Schüler – so gestaltet sein, dass von ihm keine Gefährdung (auch keine psychosoziale) ausgeht und er den physischen und psychischen Leistungsvoraussetzungen der dort Tätigen entspricht (Hundeloh, 2012). Zumindest aber kann die Gestaltung des Schulhauses und der Klassenzimmer eher positiv oder aber tendenziell bedrückend wirken (BzgA, 2010). Doch stehen in der Regel nur äußerst begrenzte finanzielle Mittel zur Verfügung, um das Schulhaus umzugestalten. Dennoch sollten im Sinne eines kleinschrittigen Vorgehens vorhandene Spielräume genutzt werden. Gibt es wie in der anfangs geschilderten Fallvignette eine neue Möblierung oder sonstige Veränderung der Schulhausgestaltung, sind ergonomische und psychosoziale Aspekte immer mitzubedenken.

Zur Einrichtung eines gesundheits- und lernförderlichen Klassenzimmers sollte auf entsprechende Expertise zurückgegriffen werden: So gibt es z. B. Handreichungen der Deutschen Gesetzlichen Unfallversicherung zur gesundheits- und lernförderlichen sowie ergonomischen Gestaltung von Klassenzimmern (abrufbar unter: http://www.dguv.de/de/).

Sinnvoll ist in jedem Fall die Einrichtung von Arbeits- und Ruheräumen für Schülerinnen und Schüler wie Lehrkräfte, soweit es die Raumverhältnisse zulassen. Durch die Farb- und Materialwahl lässt sich möglichst eine »Wohlfühlatmosphäre« schaffen. Das Raumklima kann positiv unterstützt werden durch eine variabel steuerbare Beleuchtung und eine entsprechende Heiz- und Lüftungstechnik. Lärm als bedeutsamer gesundheitsbelastender Faktor lässt sich durch Maßnahmen der raumakustischen Dämmung (Akustikdecken, dämmende Vorhänge, Lärmschutzplatten o. ä.) verringern (Buddensiek, 2008). Eine gesundheitsförderliche Umgestaltung kann aber auch im Kleinen beginnen, indem eine Klasse etwa Zimmerpflanzen anschafft oder die Wand gestalten darf.

In ergonomischer Hinsicht sollten Schülerstühle höhenverstellbar und ergonomisch geformt sein, um ein ergodynamisches Sitzen in zurückgelehnter und vorgebeugter Position zu ermöglichen. Zu empfehlen ist auch ein Wipp-Mechanismus (Buddensiek, 2008). Ausreichend Ablagemöglichkeiten für Schülermaterialien dienen dazu, das Gewicht der Schulranzen verringern. Der Schulranzen sollte grundsätzlich nicht mehr als 10 % des Körpergewichts des einzelnen Kindes bzw. Jugendlichen wiegen (BzgA, 2010).

Um Bewegungsphasen im Unterricht zu erleichtern, ist eine flexible Klassenzimmergestaltung sinnvoll. Bewährt haben sich in diesem Zusammenhang Trapez- oder Dreieckstische, die an einzelnen Beinen mit Rollen ausgestattet und leicht stapelbar sind. Gleichzeitig erleichtern sie auch die Arbeit in wechselnden Sozialformen (Buddensiek, 2008).

6.7 Gesundheits- und Stressmanagement/Entspannung – Fallvignette 5

Sind Stress- und Belastungserleben bei Schülerinnen und Schülern sowie Lehrkräften hoch, wie es zu Beginn des Kapitels in den Fallvignetten vermittelt wird, sollten Hilfestellungen und Erleichterungen in Betracht gezogen werden. Wie unter Punkt 4.3 berichtet, ist Stress immer als Interaktion zwischen einem Individuum und seiner Umwelt zu verstehen. Zur Stressreduktion, im Sinne der Unterscheidung von Verhaltens- und Verhältnisprävention, lässt sich die Anforderungssituation oder aber das Bewältigungspotenzial verändern (Lohaus & Klein-Heßling, 2006).

Die äußeren Bedingungen lassen sich mit Hilfe der unter Punkt 6.4 vorgestellten Möglichkeiten der Schulhausgestaltung (z. B. Einrichtung von Arbeitsplätzen für Lehrkräfte) positiv beeinflussen. Aber auch organisationale Veränderungen, die soziale Unterstützung im Kollegium fördern, können das Stresserleben entscheidend verringern: Hierzu zählen die Einrichtung von Unterrichtsteams (Team-Teaching), kollegiale Hospitation, die Bearbeitung belastender Situationen durch die Methode der kollegialen Fallberatung oder die Bereitstellung eines Supervisions-/Beratungsangebots für Lehrkräfte, aber auch je nach Wunsch gemeinsame Aktivitäten mit Kolleginnen und Kollegen außerhalb der Schule (Lohaus & Klein-Heßling, 2006; Scheuch et al., 2008). Die gemeinsame Vor- und Nachbereitung von Unterricht sollte nicht als »Zeitfresser«, sondern als wesentliche Form wechselseitiger Unterstützung und Entlastung angesehen werden (Brägger & Posse, 2008; Nieskens, Schumacher & Sieland, 2012). Denkbar sind auch veränderte Pausenregelungen mit zusätzlichen Zwischenpausen oder einer anderen Aufteilung der Pausenzeiten.

Entspannungsübungen sind sowohl für Schülerinnen und Schüler als auch für Lehrkräfte sinnvoll: Bewährt haben sich Verfahren wie Autogenes Training oder Progressive Muskelentspannung, aber auch in Abhängigkeit vom Entwicklungsstand und den kognitiven Fähigkeiten der Kinder und Jugendlichen der Einsatz von Musik, Fantasiereisen oder Formen der Meditation. Ebenso können auch bildnerisches Gestalten oder Bewegung entspannend wirken (vgl. Punkt 6.2, Lohaus & Klein-Heßling, 2006).

Darüber hinaus gibt es etablierte Trainingsprogramme für Lehrkräfte, die entweder gesundheitsförderliches Verhalten direkt beeinflussen oder Stresserleben reduzieren, indem sie die pädagogische Tätigkeit erleichtern. Angestrebt werden in Stressbewältigungstrainings vor allem ein flexibel-kompensierendes Bewältigungsmuster und die Förderung selbstwertdienlicher Kognitionen (vgl. Punkt 4.3, Lehr, Schmitz & Hillert, 2008). Zu nennen sind hier beispielsweise das Training *AGIL* (*Arbeit und Gesundheit im Lehrerberuf*, Hillert et al., 2012), das auf die Erkennung und Entschärfung von Stressoren abzielt oder das Programm *PAUER* (Kiel, Frey & Weiß, 2013), das ein effektives und Ressourcen schonendes Führen von Klassen anstrebt. Unter den angegebenen Quellen steht jeweils ein Trainingsmanual zur Verfügung. Konkrete Strategien der Stressreduktion finden sich auch in »Stressmanagement für Lehrerinnen und Lehrer« von Kretschmann (2008).

7   Stolpersteine auf dem Weg zur gesunden Schule

Ein häufiges Hindernis sind Widerstände im Kollegium gegenüber Veränderungen. Diese sollten in jedem Fall ernst genommen werden. Bisweilen kann ein Grund darin liegen, dass der Nutzen von Gesundheitsförderung in der Schule nicht erkennbar ist oder diese nicht als Aufgabe der Schule gesehen wird. Möglicherweise wird Eltern die Verantwortlichkeit für die gesunde Ernährung ihrer Kinder oder Sportvereinen die Aufgabe der Bewegungsförderung zugeschrieben. Übersehen wird dabei, dass der Schule in diesen Feldern durchaus eine Verantwortung und kompensierende Funktion zukommt, die nicht zuletzt auch aus dem Bildungs- und Erziehungsauftrag und den Lehrplänen abzuleiten ist (vgl. z. B. Hessisches Kultusministerium, 2014). Darüber hinaus profitieren in der Regel auch Lehrkräfte, wenn – Bezug nehmend auf die Fallvignette F2 zu Beginn – Schülerinnen und Schüler Bewegungsmöglichkeiten in der Schule haben und den Unterricht weniger stören. Ebenso kommt ein gesundes Nahrungsmittelangebot auch Lehrkräften zugute, die im Zuge der Einrichtung von Ganztagsangeboten immer größere Anteile ihrer Arbeitszeit in der Schule verbringen.

Zu vermeiden ist allerdings eine Überforderung der Lehrkräfte (Nieskens, Schumacher & Sieland, 2014): Ein Projekt zur Gesundheitsförderung, das längerfristig mehr Kraft und Ressourcen bindet als es freisetzt, verfehlt seine Wirkung. Das übergeordnete Ziel muss in einer Verbesserung der gesundheitlichen Situation aller beteiligten Personen – und nicht nur einer Teilgruppe wie z. B. der Schülerinnen und Schüler – liegen. Um dieses Ziel zu erreichen, kommt es auf eine fundierte Vorbereitung an. Eine überstürzte Einführung und ein Nebeneinander einer Vielzahl von weiteren Projekten sind kontraproduktiv. Der Weg zur gesunden Schule kann daran scheitern, dass das vorgenommene Pensum zu ambitioniert ist, weshalb eine Prioritätensetzung unabdingbar ist. Dafür ist eine klare Analyse der gegenwärtigen Situation und der vorhandenen Ressourcen sowie die Feststellung eines Veränderungsbedarfs zumindest durch eine Mehrheit der Lehrkräfte notwendig (Nieskens, Schumacher & Sieland, 2014). Gesundheitsbezogene Veränderungen erfordern bei allen Beteiligten die Bereitschaft zur Selbstreflexion: Dies betrifft das eigene berufliche Erleben von Unterrichtsstörungen bis hin zur Atmosphäre im Kollegium (wie in der geschilderten Situation zu Beginn) und mögliche Zusammenhänge mit persönlichen beruflichen Zielvorstellungen oder Verarbeitungsmechanismen. Aber es ist auch die Bereitschaft nötig, sich mit eigenen Gesundheitsverhaltensweisen (Ernährung, Bewegung usw.) auseinanderzusetzen. Wenn Lehrkräfte hier mit einem positiven Beispiel vorangehen, können sie gegenüber ihren Schülerinnen und Schülern Gesundheitskonzepte glaubwürdiger vertreten. Reine gesundheitsbezogene Wissensvermittlung muss durch das Erleben gesundheitlichen Verhaltens im Alltag ergänzt werden. Der Vorbildcharakter von Lehrkräften ist dabei nicht zu unterschätzen.

Besonders erfolgsrelevant für Gesundheitsförderung ist die Unterstützung durch die Schulleitung. Um die Bereitschaft und die Unterstützung von Schulleitung und Lehrkräften für die Schulentwicklung zu einer gesunden Schule zu gewinnen, empfiehlt sich zu Beginn eine Weiterbildung in Personalführung respektive Organisationsentwicklung mit dem Schwerpunkt Gesundheit (Badura, 2008). Häufig werden gerade die Zielgruppen mit dem höchsten Bedarf nicht oder nur schwer erreicht. Aus diesem Grund sind auch Informationsveranstaltungen und Angebote für Eltern zur Bedeutung gesunder Ernährung und körperlicher Aktivität, aber etwa auch zu gesundheitlichen Gefahren excessiver Mediennutzung erfolgversprechend (Paulus, 2008). In diesem Rahmen lassen sich auch Bedenken der Eltern thematisieren, etwa mit Blick auf eine Steigerung der Kosten für eine Mittagsverpflegung, die sich an Gesundheits- oder »Bio«-Standards orientiert.

Manche guten Ideen scheitern an hinderlichen Bedingungen: Es fehlt der Platz, um Ruheräume einzurichten, oder das Geld, um Klassenzimmer neu zu möblieren oder neue Sportgeräte für die bewegte Pause anzuschaffen. Hier gilt es, vorhandene Spielräume realistisch einzuschätzen und gleichzeitig mögliche finanzielle Zuschüsse (etwa über Spenden, Sponsoring o. ä.) auszuloten. Vielleicht ergibt sich eine bessere Arbeitsatmosphäre im Klassenzimmer auch schon durch eine Veränderung der Sitzordnung.

Gesundheitsförderung in der Schule ist auf die Unterstützung interner und externer Partner angewiesen. Deshalb sollten gezielt Unterstützungsnetzwerke aufgebaut werden durch die Einbeziehung von Elternbeirat, Förderverein, Sportvereinen oder Referenzschulen (Badura, 2008; Brägger & Posse, 2008). Empfehlenswert ist der Besuch einer Schule, an der Projekte/Maßnahmen zur Gesundheitsförderung schon einige Zeit laufen.

Wiederholt wurde betont, dass der Weg zur gesunden Schule in ein Gesamtkonzept eingebettet sein muss. Fehlt dieses oder sind die Ziele unklar, ist die Gefahr einer mangelnden Verstetigung aufgrund einzelner, unzusammenhängender Maßnahmen groß (Nieskens, Schumacher & Sieland, 2014). Soweit dies möglich ist, kann qualifizierte externe Beratung mit einem professionellen »Blick von außen« die Erstellung eines solchen Konzepts erleichtern (Brägger & Posse, 2008).

Und nicht zuletzt kann eine zu starke Defizitorientierung die Veränderungsbereitschaft lähmen. Dies spricht für eine Orientierung an den vorhandenen Ressourcen und einer optimistischen, salutogenen Perspektive: Denn Gesundheitsförderung in der Schule sollte als aktiver, konstruktiver und dynamischer Prozess verstanden werden, der insbesondere mit positiven Gefühlszuständen und Lebensfreude arbeitet (Laaser, Hurrelmann & Wolters, 1993).

Literatur

Abel, T. & Bruhin, E. (2003). Health Literacy: Wissensbasierte Gesundheitskompetenz. In Bundeszentrale für gesundheitliche Aufklärung (BzgA) (Hrsg.), *Leitbegriffe der Gesundheitsförderung* (S. 128–131). Schwabenheim: Fachverlag Peter Sabo.

Altgeld, T. (2011). Gesundheit gemeinsam fördern – Konzepte und Strategien der Gesundheitsförderung. In W. Dür & R. Felder-Puig (Hrsg.), *Lehrbuch Schulische Gesundheitsförderung* (S. 52–62). Bern: Hans Huber.

Antonovsky, A. (1997). *Salutogenese. Zur Entmystifizierung der Gesundheit*. Tübingen: DGVT.

Badura, B. (2008). Auf dem Weg zu guten, gesunden Schulen. Was Schulen von Unternehmen lernen können. In G. Brägger, G. Israel & N. Posse (Hrsg.), *Bildung und Gesundheit. Argumente für gute und gesunde Schulen* (S. 97–170). Bern: h.e.p.

Balz, E., Kößler, C. & Neumann, P. (2001). Bewegte Schule – Ein Programm auf dem Prüfstand. *Spectrum der Sportwissenschaften, 13*, 41–53.

Bauer, U., Langness, A. & Hurrelmann, K. (2004). *Implementierung des Lions-Quest Programms »Erwachsen werden«. Ergebnisse der Befragung von Schulleitungen, SchülerInnen und Eltern.* Universität Bielefeld: Forschungsbericht.
Becker, P. (2003). Anforderungs-Ressourcen-Modell in der Gesundheitsförderung. In Bundeszentrale für gesundheitliche Aufklärung (BzgA) (Hrsg.), *Leitbegriffe der Gesundheitsförderung* (S. 13–15). Schwabenheim: Fachverlag Peter Sabo.
Bilz, L. & Hähne, C. (2006). Der Einfluss von Schule auf das Gesundheitsverhalten von Kindern und Jugendlichen. In H.-C. Steinhausen (Hrsg.), *Schule und psychische Störungen* (S. 68–85). Stuttgart: Kohlhammer.
Bilz, L., Hähne, C. & Melzer, W. (2003). Die Lebenswelt Schule und ihre Auswirkungen auf die Gesundheit von Jugendlichen. In K. Hurrelmann, A. Klocke, W. Melzer & U. Ravens-Sieberer (Hrsg.), *Jugendgesundheitssurvey. Internationale Vergleichsstudie im Auftrag der Weltgesundheitsorganisation WHO* (S. 243–300). Weinheim: Juventa.
Blümel, S. (2011). Systemisches Anforderungs-Ressourcen-Modell in der Gesundheitsförderung. In Bundeszentrale für gesundheitliche Aufklärung (BzgA) (Hrsg.), *Leitbegriffe der Gesundheitsförderung und Prävention* (S. 560–563). Werbach-Gamburg: Verlag für Gesundheitsförderung.
Brägger, G. & Posse, N. (2007). *Instrument für die Qualitätsentwicklung und Evaluation in Schulen (IQES). Wie Schulen durch eine integrierte Qualitäts- und Gesundheitsförderung besser werden können.* Bern: h.e.p.
Brägger, G. & Posse, N. (2008). Instrumente zur Standortbestimmung einer guten, gesunden Schule. In G. Brägger, G. Israel & N. Posse (Hrsg.), *Bildung und Gesundheit. Argumente für gute und gesunde Schulen* (S. 475–494). Bern: h.e.p.
Bronfenbrenner, U. (1981). *Die Ökologie der menschlichen Entwicklung.* Stuttgart: Klett.
Buddensiek, W. (2008). Lernräume als gesundheits- und kommunikationsfördernde Lebensräume gestalten. Auf dem Weg zu einer neuen Lernkultur. In G. Brägger, G. Israel & N. Posse (Hrsg.), *Bildung und Gesundheit. Argumente für gute und gesunde Schulen* (S. 177–204). Bern: h.e.p.
Bundeszentrale für gesundheitliche Aufklärung (BzgA) (Hrsg.) (2010). *Lehrbuch der Gesundheitsförderung* (überab., akt. u. durch Beiträge zum Entwicklungsstand in Deutschland erw. Neuaufl.). Werbach-Gamburg: Verlag für Gesundheitsförderung.
Dadaczynski, K. (2012). Die Rolle der Schulleitung in der guten gesunden Schule. In DAK-Gesundheit & Unfallkasse NRW (Hrsg.), *Handbuch Lehrergesundheit – Impulse für die Entwicklung guter gesunder Schulen* (S. 197–228). Köln: Carl Link.
Dorsemagen, C., Lacroix, P. & Krause, A. (2007). Arbeitszeit an Schulen: Welches Modell passt in unsere Zeit? Kriterien zur Gestaltung schulischer Arbeitsbedingungen. In M. Rothland (Hrsg.), *Belastung und Beanspruchung im Lehrerberuf. Modelle, Befunde, Interventionen* (S. 227–248). Wiesbaden: VS.
Dür, W. (2010). Gesundheitsförderung und Empowerment in der Schule. Überlegungen zur Schärfung eines vagen Konzepts. In H. Hackauf & H. Ohlbrecht (Hrsg.), *Jugend und Gesundheit. Ein Forschungsüberblick* (S. 271–284). Weinheim: Juventa.
Dür, W. (2011). Was ist Gesundheit? In W. Dür & R. Felder-Puig (Hrsg.), *Lehrbuch Schulische Gesundheitsförderung* (S. 12–20). Bern: Hans Huber.
Faltermaier, T. (2005). *Gesundheitspsychologie.* Stuttgart: Kohlhammer.
Faltermaier, T. (2010). Gesundheitsbildung im Setting Schule: Salutogenetische Strategien. In P. Paulus (Hrsg.), *Bildungsförderung durch Gesundheit. Bestandsaufnahme und Perspektiven für eine gute gesunde Schule* (S. 249–271). Weinheim: Juventa.
Fischer, V. & Leppin, A. (2006). Rauchen und Alkoholkonsum. In A. Lohaus, M. Jerusalem & J. Klein-Heßling (Hrsg.), *Gesundheitsförderung im Kindes- und Jugendalter* (S. 133–154). Göttingen: Hogrefe.
Hähne, C., Bilz, L., Dümmler, K. & Melzer, W. (2008). Die Bedeutung der Schule für die Schülergesundheit. In T. Bals, A. Hanses & W. Melzer (Hrsg.), *Gesundheitsförderung in pädagogischen Settings* (S. 137–154). Weinheim: Juventa.
Harazd, B., Gieske, M. & Rolff, H.-G. (2009). *Gesundheitsmanagement in der Schule.* Köln: LinkLuchterhand.
Hascher, T. (2004). *Wohlbefinden in der Schule.* Münster: Waxmann.

Hascher, T. & Winkler-Ebner, C. (2010). Gesundheit und Bildung von Kindern und Jugendlichen. In P. Paulus (Hrsg.), *Bildungsförderung durch Gesundheit. Bestandsaufnahme und Perspektiven für eine gute gesunde Schule* (S. 31–56). Weinheim: Juventa.
Hessisches Kultusministerium (2014). *Lehrpläne*. Verfügbar unter http://verwaltung.hessen.de/irj/HKM_Internet?cid=e000df8eb58c60051fb48e0dcb5ad616 (24.09.2014).
Hillert, A., Lehr, D., Koch, S., Bracht, M., Ueing, S. & Sosnowsky-Waschek, N. (2012). *Lehrergesundheit. AGIL – das Präventionsprogramm für Arbeit und Gesundheit im Lehrerberuf*. Stuttgart: Schattauer.
Hoffmann, A., Brand, R. & Schlicht, W. (2006). Körperliche Bewegung. In A. Lohaus, M. Jerusalem & J. Klein-Heßling (Hrsg.), *Gesundheitsförderung im Kindes- und Jugendalter* (S. 201–220). Göttingen: Hogrefe.
Hundeloh, H. (2012). Gute gesunde Schule – mit Gesundheit gute Schulen entwickeln. In DAK-Gesundheit & Unfallkasse NRW (Hrsg.), *Handbuch Lehrergesundheit – Impulse für die Entwicklung guter gesunder Schulen* (S. 25–40). Köln: Carl Link.
Hurrelmann, K. (1990). *Familienstreß, Schulstreß, Freizeitstreß. Gesundheitsförderung für Kinder und Jugendliche*. Weinheim: Beltz.
Hurrelmann, K. & Franzkowiak, P. (2011). Gesundheit. In Bundeszentrale für gesundheitliche Aufklärung (BzgA) (Hrsg.), *Leitbegriffe der Gesundheitsförderung und Prävention* (S. 100–105). Werbach-Gamburg: Verlag für Gesundheitsförderung.
Hurrelmann, K. & Settertobulte, W. (2008). Gesundheitliche Ressourcen und Risikofaktoren von Kindern und Jugendlichen. In G. Brägger, G. Israel & N. Posse (Hrsg.), *Bildung und Gesundheit. Argumente für gute und gesunde Schulen* (S. 55–95). Bern: h.e.p.
Jerusalem, M. (2006). Theoretische Konzeptionen der Gesundheitsförderung im Kindes- und Jugendalter. In A. Lohaus, M. Jerusalem & J. Klein-Heßling (Hrsg.), *Gesundheitsförderung im Kindes- und Jugendalter* (S. 31–57). Göttingen: Hogrefe.
Kiel, E., Frey, A. & Weiß, S. (2013). *Trainingsbuch Klassenführung*. Bad Heilbrunn: Klinkhardt.
Klein-Heßling, J. (2006). Gesundheit im Kindes- und Jugendalter: Symptomatik, gesundheitsförderliches und gesundheitsriskantes Verhalten. In A. Lohaus, M. Jerusalem & J. Klein-Heßling (Hrsg.), *Gesundheitsförderung im Kindes- und Jugendalter* (S. 13–30). Göttingen: Hogrefe.
Klusmann, U., Kunter, M., Trautwein, U. & Baumert, J. (2006). Lehrerbelastung und Unterrichtsqualität aus der Perspektive von Lehrenden und Lernenden. *Zeitschrift für Pädagogische Psychologie, 20*, 161–173.
KM Bayern (2008). *Landesprogramm für die gute gesunde Schule Bayern*. Bekanntmachung des Bayerischen Staatsministeriums für Unterricht und Kultus vom 23.06.2008. http://www.km.bayern.de/download/501_landesprogramm_gute_gesunde_schule.pdf (20.10.2015).
KMK (Ständige Konferenz der Kultusminister der Länder in der Bundesrepublik Deutschland) (2012). *Empfehlung zur Gesundheitsförderung und Prävention in der Schule*. Beschluss der Kultusministerkonferenz vom 15.11.2012. http://www.kmk.org/fileadmin/veroeffentlichungen_beschluesse/2012/2012_11_15-Gesundheitsempfehlung.pdf (20.10.2015).
Krause, A. & Dorsemagen, C. (2009). *Gesundheitsförderung für das Kollegium durch Verbesserung der Arbeitsorganisation: Erfahrungen aus einem Pilotprojekt an 10 Schulen (Schweiz) im Zeitraum Oktober 2007 bis November 2008*. Verfügbar unter http://www.fhnw.ch/ (20.10.2015).
Krause, A. & Dorsemagen, C. (2011). Gesundheitsförderung für Lehrerinnen und Lehrer. In E. Bamberg, A. Ducki & A.-M. Metz (Hrsg.), *Gesundheitsförderung und Gesundheitsmanagement in der Arbeitswelt* (S. 139–157). Göttingen: Hogrefe.
Krause, A., Meder, L., Philipp, A. & Schüpbach, H. (2010). Gesundheit, Arbeitssituation und Leistungsfähigkeit der Lehrkräfte. In P. Paulus (Hrsg.), *Bildungsförderung durch Gesundheit. Bestandsaufnahme und Perspektiven für eine gute gesunde Schule* (S. 57–85). Weinheim: Juventa.
Kretschmann, R. (2008). *Stressmanagement für Lehrerinnen und Lehrer. Ein Trainingsbuch mit Kopiervorlagen*. Weinheim: Beltz.

Lampert, T. (2010). Gesundheitliche Ungleichheit: Welche Bedeutung kommt dem sozialen Status für die Gesundheit von Jugendlichen zu? In H. Hackauf & H. Ohlbrecht (Hrsg.), *Jugend und Gesundheit. Ein Forschungsüberblick* (S. 44–65). Weinheim: Juventa.

Laaser, U., Hurrelmann, K. & Wolters, P. (1993). Prävention, Gesundheitsförderung und Gesundheitserziehung. In K. Hurrelmann & U. Laaser (Hrsg.), *Gesundheitswissenschaften. Handbuch für Lehre, Forschung und Praxis* (S. 176–203). Weinheim: Beltz.

Lazarus, R. S. & Folkman, S. (1984). *Stress, coping and appraisal.* New York: Springer.

Lehr, D. (2004). Psychosomatisch erkrankte und gesunde Lehrkräfte: auf der Suche nach den entscheidenden Unterschieden. In A. Hillert & E. Schmitz (Hrsg.), *Psychosomatische Erkrankungen bei Lehrerinnen und Lehrern. Ursachen, Folgen, Lösungen* (S. 120–140). Stuttgart: Schattauer.

Lehr, D. (2014). Belastung und Beanspruchung im Lehrerberuf – Präventions- und Interventionsansätze in der personenbezogenen Forschung. In E. Terhart, H. Bennewitz & M. Rothland (Hrsg.), *Handbuch der Forschung zum Lehrerberuf* (2., überarb. u. aktual. Aufl.) (S. 968–986). Münster: Waxmann.

Lehr, D., Schmitz, E. & Hillert, A. (2008). Bewältigungsmuster und psychische Gesundheit. Eine clusteranalytische Untersuchung zu Bewältigungsmustern im Lehrerberuf. *Zeitschrift für Arbeits- und Organisationspsychologie, 52* (1), 3–16.

Leppin, A. (2010). Konzepte und Strategien der Prävention. In K. Hurrelmann, T. Klotz & J. Haisch (Hrsg.), *Lehrbuch Prävention und Gesundheitsförderung* (S. 35–44). Bern: Huber.

Lohaus, A. & Klein-Heßling, J. (2006). Stress und Stressbewältigung. In A. Lohaus, M. Jerusalem & J. Klein-Heßling (Hrsg.), *Gesundheitsförderung im Kindes- und Jugendalter* (S. 325–347). Göttingen: Hogrefe.

Nieskens, B. (2006). Ergebnisse der Gesundheitsforschung für Lehrkräfte und Schulen. In DAK (Hrsg.), *Lehrergesundheit – Baustein einer guten gesunden Schule. Impulse für eine gesundheitsfördernde Organisationsentwicklung* (S. 19–50). Hamburg: DAK-Schriftenreihe.

Nieskens, B., Rupprecht, S. & Erbring, S. (2012). Was hält Lehrkräfte gesund? Ergebnisse der Gesundheitsforschung für Lehrkräfte und Schulen. In DAK-Gesundheit & Unfallkasse NRW (Hrsg.), *Handbuch Lehrergesundheit – Impulse für die Entwicklung guter gesunder Schulen* (S. 41–96). Köln: Carl Link.

Nieskens, B., Schumacher, L. & Sieland, B. (2014). *Gelingensbedingungen für die Entwicklung guter gesunder Schulen. Ein Leitfaden mit Empfehlungen, Checklisten und Arbeitshilfen.* Hamburg, Düsseldorf: DAK-Gesundheit & Unfallkasse NRW.

Paulus, P. (2006). Psychische Gesundheit. Rückgrat für die Seele. In A. Fritz, R. Klupsch-Sahlmann & G. Ricken (Hrsg.), *Handbuch Kindheit und Schule. Neue Kindheit, neues Lernen, neuer Unterricht* (S. 138–148). Weinheim: Beltz.

Paulus, P. (2008). *Referenzrahmen schulischer Gesundheitsförderung. Gesundheitsqualität im Kontext der Schulqualität. Handreichung mit Indikatorenlisten und Toolbox.* Leuphana Universität Lüneburg.

Paulus, P. (2009). *Anschub.de – ein Programm zur Förderung der guten gesunden Schule.* Münster: Waxmann.

Paulus, P. (2010). Bildungsförderung durch Gesundheit. Bestandsaufnahme und Perspektiven für eine gute gesunde Schule. In P. Paulus (Hrsg.), *Bildungsförderung durch Gesundheit. Bestandsaufnahme und Perspektiven für eine gute gesunde Schule* (S. 7–30). Weinheim: Juventa.

Paulus, P. & Schumacher, L. (2008). Gute gesunde Schule – Lehrergesundheit als zentrale Ressource. In A. Krause, H. Schüpbach, E. Ulich & M. Wülser (Hrsg.), *Arbeitsort Schule. Organisations- und arbeitspsychologische Perspektiven* (S. 133–158). Wiesbaden: Gabler.

Paulus, P. & Witteriede, H. (2008). *Schule – Gesundheit – Bildung: Bilanz und Perspektiven.* Dortmund: Bundesanstalt für Arbeitsschutz und Arbeitsmedizin. Verfügbar unter http://¬www.baua.de/de/Publikationen/Fachbeitraege/F2033.pdf?__blob=publicationFile (24.09.2015).

Pelikan, J. M. (2011). Zur Entwicklung eines gesundheitsfördernden Settings. In W. Dür & R. Felder-Puig (Hrsg.), *Lehrbuch Schulische Gesundheitsförderung* (S. 63–72). Bern: Huber.

Posse, N. & Brägger, G. (2008). Wege zur guten, gesunden Schule. Argumente und Handlungskonzepte einer integrierten Gesundheits- und Qualitätsförderung. In G. Brägger, G. Israel & N. Posse (Hrsg.), *Bildung und Gesundheit. Argumente für gute und gesunde Schulen* (S. 19–54). Bern: h.e.p.

Ravens-Sieberer, U., Kökönyei, G. & Thomas, C. (2004). School and health. In C. Currie, C. Roberts, A. Morgan, R. Smith, W. Settertobulte, O. Samdal & V. Rasmussen (Hrsg.), *Young people's health in context. Health behavior in school-aged children (HSBC) study: International report from the 2001/2002 survey* (S. 184–195). Kopenhagen: World Health Organisation.

Ravens-Sieberer, U., Thomas, C. & Erhart, M. (2003). Körperliche, psychische und soziale Gesundheit von Jugendlichen. In K. Hurrelmann, A. Klocke, W. Melzer & U. Ravens-Sieberer (Hrsg.), *Jugendgesundheitssurvey. Internationale Vergleichsstudie im Auftrag der Weltgesundheitsorganisation WHO* (S. 19–98). Weinheim: Juventa.

Richter, G. (2000). *Psychische Belastung und Beanspruchung*. Dortmund: Wirtschaftsverlag NW.

Richter, M. & Settertobulte, W. (2003). Gesundheits- und Freizeitverhalten von Jugendlichen. In K. Hurrelmann, A. Klocke, W. Melzer & U. Ravens-Sieberer (Hrsg.), *Jugendgesundheitssurvey. Internationale Vergleichsstudie im Auftrag der Weltgesundheitsorganisation WHO* (S. 99–158). Weinheim: Juventa.

Robert Koch Institut (RKI) (2014). *Studie zur Gesundheit von Kindern und Jugendlichen in Deutschland: Wichtige Ergebnisse der ersten Folgebefragung (KiGGS Welle 1)*. Verfügbar unter http://www.kiggs-studie.de/fileadmin/KiGGS-Dokumente/KiGGS1_Zusammenfas¬sung_20140623.pdf (24.09.2014).

Rothland, M. & Klusmann, U. (2012). Belastung und Beanspruchung im Lehrerberuf. In S. Rahm & C. Nerowski (Hrsg.), *Enzyklopädie Erziehungswissenschaft Online (EEO), Fachgebiet Schulpädagogik*. Weinheim: Juventa.

Schaarschmidt, U. (2005). *Halbtagsjobber? Psychische Gesundheit von Lehrerinnen und Lehrern. Analyse eines veränderungsbedürftigen Zustandes*. Weinheim: Beltz.

Scheuch, K., Seibt, R., Haufe, E. & Rehm, U. (2008). Belastungen und Gesundheit im Lehrerberuf. In T. Bals, A. Hanses & W. Melzer (Hrsg.), *Gesundheitsförderung in pädagogischen Settings. Ein Überblick über Präventionsansätze in zielgruppenorientierten Lebenswelten* (S. 155–179). Weinheim: Beltz Juventa.

Schlack, H. G. (2004). Neue Morbidität im Kindesalter – Aufgaben für die Sozialpädiatrie. *Kinderärztliche Praxis 75*, 292–300.

Schmitz, E. & Leidl, J. (1999). Brennt wirklich aus, wer entflammt war? Studie 2: Eine LISREL-Analyse zum Burnout-Prozeß bei Lehrpersonen. *Psychologie in Erziehung und Unterricht, 46*, 302–310.

Schmitz, G. S. & Schwarzer, R. (2002). Individuelle und kollektive Selbstwirksamkeitserwartung von Lehrern, *Zeitschrift für Pädagogik, 44*. Beiheft, 192–214.

Schubert, I., Horch, K., Kahl, H., Köster, I., Meyer, C. & Reiter, S. (2004). *Schwerpunktbericht der Gesundheitsberichterstattung des Bundes: Gesundheit von Kindern und Jugendlichen*. Berlin: Robert Koch Institut.

Schumacher, L. (2012). Wege zu einer guten gesunden Schule – Gesundheitsförderung durch Organisationsentwicklung. In DAK-Gesundheit & Unfallkasse NRW (Hrsg.), *Handbuch Lehrergesundheit – Impulse für die Entwicklung guter gesunder Schulen* (S. 97–128). Köln: Carl Link.

Settertobulte, W. & Hurrelmann, K. (2008). Empfehlung eines Instruments zur Messung der gesundheitlichen Qualität einer Schule aus Sicht der Schülerinnen und Schüler. In G. Brägger, G. Israel & N. Posse (Hrsg.), *Bildung und Gesundheit. Argumente für gute und gesunde Schulen* (S. 495–506). Bern: h.e.p.

Siegrist, J. (1996). Adverse health effects of high-effort / low-reward conditions. *Journal of Occupational Health Psychology, 1* (1), 27–41.

Sieland, B. (2001). Raus aus der Opferrolle! LehrerInnen zwischen Anforderungen und Ressourcen. *Forum E, 54*, 30–31.

Soellner, R., Huber, S., Lenartz, N. & Rudinger, G. (2010). Projekt Gesundheitskompetenz. Facetten der Gesundheitskompetenz – eine Expertenbefragung, *Zeitschrift für Pädagogik, 56.* Beiheft, 104–114.
Vögele, C. & Ellrott, T. (2006). Ernährung, Über- und Untergewicht. In A. Lohaus, M. Jerusalem & J. Klein-Heßling (Hrsg.), *Gesundheitsförderung im Kindes- und Jugendalter* (S. 176–200). Göttingen: Hogrefe.
Weber, A., Weltle, D. & Lederer, P. (2004). Frühinvalidität im Lehrerberuf. Sozial- und arbeitsmedizinische Aspekte. *Deutsches Ärzteblatt, 101,* A850–A859.
WHO (1946). *Verfassung der Weltgesundheitsorganisation vom 22. Juli 1946.* Genf: WHO.
WHO (1986). *Ottawa Charta for Health Promotion.* Genf: WHO.
WHO (1997). *Die Jakarta-Erklärung zur Gesundheitsförderung für das 21. Jahrhundert.* Genf: WHO.
WHO (1998). *Glossar Gesundheitsförderung.* Genf: WHO.
Winkler Metzke, C., Achermann, N., Pecorari, C. & Steinhausen, H.-C. (2006). Erlebte schulische Umwelt und seelisches Befinden. In H.-C. Steinhausen (Hrsg.), *Schule und psychische Störungen* (S. 102–116). Stuttgart: Kohlhammer.

Internet-Adressen

Arbeitsgemeinschaft Adipositas im Kindes- und Jugendalter: http://www.a-g-a.de/
Allgemeine Informationen zur Initiative Anschub.de: http://www.anschub.de/
Themenhefte der Initiative Anschub.de: http://www.anschub.de/tabs/themenhefte/index.html
Bundeszentrale für gesundheitliche Aufklärung (BzgA): Allgemeine Informationen: http://www.bzga.de/; Informationen zu Übergewicht bei Kindern und Jugendlichen: http://www.bzga-kinderuebergewicht.de/; Unterrichtsmaterialien zu verschiedenen Themen: http://www.bzga.de/infomaterialien/unterrichtsmaterialien/nach-themen/; Jugendaktion zum Thema Gesundheit: http://www.gutdrauf.net/
Informationen zum Einsatz des *Copenhagen Psychosocial Questionnaire (COPSOQ)*: http://www.copsoq.de/
Informationen der Deutschen Gesetzlichen Unfallversicherung zur Gestaltung von Klassenzimmern: http://www.dguv.de/de/
Internetangebot des »Staatsinstituts für Schulqualität und Bildungsforschung« (ISB) in Bayern zur gesunden Schule: http://www.gesundheit-und-schule.info/
Landesprogramm für die gute gesunde Schule Bayern: http://www.ggs-bayern.de/
Schulentwicklungs-Schleife aus dem Projekt Anschub.de: http://www.ggs-bayern.de/schulentwicklung/
Jugendaktion der BzgA zum Thema Gesundheit: http://www.gutdrauf.net/
In Form (Deutschlands Initiative für gesunde Ernährung und mehr Bewegung): https://www.in-form.de/buergerportal/start.html
Instrumente für die Qualitätsentwicklung und Evaluation in Schulen: http://www.iqes-online.net/
Projekt »Klasse 2000« für die Grundschule: http://www.klasse2000.de/
Projekt »Lions Quest« zur Suchtprävention: http://www.lions-quest.de/portal.html

Die partizipativ-inklusive Schule

Sabine Weiß

(F1) Die Schülerinnen und Schüler eines Gymnasiums beschweren sich bei der Schulleitung, dass Lehrkräfte Entscheidungen unbegründet treffen, autoritär auftreten und keinerlei Handlungsspielräume lassen. Schülerinnen und Schüler der Unterstufe beklagen, dass jede Lehrkraft andere Regeln hat. Schülerinnen und Schüler der Oberstufe möchten gerne z. B. die Deutschlektüre mit auswählen. Die Schulleitung nimmt das als Anlass, sich Möglichkeiten zu überlegen, die Schülerschaft an Entscheidungen zu beteiligen.
(F2) Eine Grundschule öffnet sich für die Aufnahme von Schülerinnen und Schüler mit Förderbedarf. Als die Schulleitung dies in der Lehrerkonferenz verkündet, sind die Reaktionen gemischt. Einige Lehrkräfte äußern Ängste, den heterogenen Anforderungen nicht gerecht werden zu können, ebenso vor Mehrarbeit. Andere verweisen auf die Chancen, die eine solche Öffnung für Kinder mit Förderbedarf bietet. Wieder andere warnen vor überstürzten Entscheidungen und meinen, dass Maßnahmen gründlich überlegt werden sollten.
(F3) In einer Hauptschule kommen viele Schülerinnen und Schüler ohne Frühstück und Pausenverpflegung in die Schule und verfügen nicht über die für den Unterricht notwendigen Materialien. Zudem finden viele Schulabgänger keinen Ausbildungsplatz. Zur Behebung der Probleme möchte die Schule außerschulische Partnerschaften knüpfen.

Diese Anlässe für die Initiierung eines Schulentwicklungsprozesses lassen sich durch die Begriffe Partizipation, Demokratie(-Lernen) und Inklusion charakterisieren. Die unterschiedlichen Bezeichnungen haben gemeinsame Grundideen: Mitbestimmung, Verantwortungsübernahme und Teilhabe aller, Stärkerer und Schwächerer gleichermaßen. Diese gemeinsamen Ideen werden im ersten Teil des Kapitels aus historischen Wurzeln abgeleitet und als Wertebasis herausgearbeitet. Darauf aufbauend sind im zweiten Teil Kontexte, Leitideen und Maßnahmen eines solchen Prozesses dargestellt, in dem im Sinne von Partizipation verschiedene an Schule beteiligte Personengruppen einbezogen sind.

1 Partizipation, Demokratie, Inklusion: drei Begriffe – ein Gedanke

Die allen Fallvignetten zugrundeliegenden Begriffe und Konzepte von Partizipation, Demokratie-Lernen und Inklusion haben gemeinsame historische Wurzeln. Ausgehend von John Dewey lässt sich eine demokratietheoretische Argumentationslinie bis hin zu gegenwärtigen Konzeptionen und Positionen skizzieren.

1.1 John Dewey als Ausgangspunkt für Partizipation, Demokratie-Lernen und Inklusion

Mitbestimmung und Teilhabe sind keine neuen Ideen. Das Ideal einer demokratischen Kooperationsgemeinschaft mit gleichberechtigter Partizipation und einer Anerkennung von Unterschiedlichkeit findet sich schon bei Dewey (vgl. Roeken, 2011; Vorholt, 2010). Diese für den gesamtgesellschaftlichen Kontext beschriebenen Ideen konkretisiert Dewey vor allem in seinem Klassiker *Democracy and Education* (1916) auf die Schule. Parallelen zu späteren (demokratie)pädagogischen Ansätzen und der Inklusionsdebatte sind sichtbar. Deweys Demokratieverständnis geht über den politischen Prozess hinaus, es ist eine *soziale* Idee. Er postuliert Demokratie einerseits als eine Lebensform, die auf einer möglichst umfassenden Teilhabe aller an den Gütern und Interessen einer Gesellschaft beruht. Andererseits fordert er eine Demokratie im Sinne einer Vielfalt von unterschiedlichen Kulturen, Gruppen und Gesellschaften, die als ein Gewinn für ein Gemeinwesen zu sehen sind (Dewey, 1937, S. 299; vgl. auch Vorholt, 2010). Jeder soll die gleichen Chancen auf Selbstentfaltung haben (Dewey, 1939, S. 226 f.). Dewey betont immer wieder die Akzeptanz von Unterschiedlichkeit und Chancengleichheit (»the breaking down of those barriers of class, race, and national territory which kept men from perceiving the full import of their activity«, Dewey, 1916/2000, S. 101). Er ist, wenn man so will, ein früher Vertreter inklusiver Ideen: Seine Forderungen entsprechen aktuellen Forderungen nach einer konsequenten »Minimierung von Diskriminierung und Maximierung von Teilhabe aller Schülerinnen und Schüler« (Ainscow, Booth & Dyson, 2006; Werning & Arndt, 2014).

Dewey entwickelt für die Schule die Vision einer *Embryonic Society*: Schule soll das Ideal der jeweils herrschenden Gesellschaftsform, bei Dewey der Demokratie, (vor)leben (Dewey, 1916/2000). Sie muss daher nach demokratischen Prinzipien gestaltet sein. Diese demokratischen Prinzipien erfordern eine kooperative, partizipative und gleichberechtigte Organisationsstruktur und die Gewährung des Rechts auf Verschiedenheit und Entfaltung der individuellen Persönlichkeit. Es ist Aufgabe der Erziehung, dieses Ideal permanent neu zu organisieren (Dewey, 1916/2000; vgl. Vorholt, 2010).

Der Wunsch nach demokratischen Organisationsprinzipien charakterisiert auch die verschiedenen Akteure in den geschilderten Fallvignetten. In der ersten Fallvignette setzen sich Schülerinnen und Schüler für mehr Mitspracherecht in der

Gestaltung von Unterricht und Regelsystemen ein – Handlungsspielräume, die ihnen mit Blick auf Dewey nicht nur zuzugestehen, sondern zwingend zu gewähren sind. Die zweite Fallvignette zeigt ein zwischen den »Partizipationsrechten« verschiedener Adressaten gespaltenes Kollegium: Es wird das eigene Mitspracherecht im Schulentwicklungsprozess eingefordert und ebenso die Perspektive der Kinder mit Förderbedarf eingenommen. Verschiedene Bedürfnisse und Partizipationswünsche kollidieren – ein Dilemma, das die aktuelle Inklusionsdebatte kennzeichnet.

Auch in der dritten Fallvignette werden Maßnahmen der Teilhabe angestoßen. Die Schule öffnet sich nach außen und will sich mit dem Umfeld vernetzen. Dadurch werden Kontakte mit Ausbildungsbetrieben und Hilfeeinrichtungen hergestellt und die Schule kann so finanzielle und materielle Unterstützung bekommen. Auch diese Form der Partizipation ist keine neue Idee. Schule soll schon bei Dewey nicht nur innerschulische Lern- und Erfahrungsräume anbieten, sondern sich dem lokalen Umfeld öffnen (Dewey, 1902).

1.2 Ausgewählte Positionen und Programme in der Tradition Deweys

Demokratisches Denken und demokratische Werte werden kontinuierlich mit sich wandelnden gesellschaftlichen Bedingungen und Problemen in Beziehung gesetzt. Aktuelle Diskussionen betreffen z. B. die Globalisierung, den intensiven Austausch der EU-Länder untereinander, die Ratifizierung der UN-Behindertenrechtskonvention und einen Wandel schulischer Funktionen und Lernformen (vgl. Schirp, 2004). In allen Debatten und Konzepten spiegeln sich Deweys Ideen wider. Einige davon werden im Folgenden kurz skizziert sowie ein kurzer Einblick in die Inklusionsdebatte gegeben.

1.2.1 Konzepte zu Partizipation und Demokratie

Die demokratische Schule im Verständnis des vorliegenden Kapitels ist von der freien Alternativschule abzugrenzen, die durch eine Ablehnung eines verbindlichen Lehrplans und eine basisdemokratische Schulorganisation charakterisiert ist. Zur schulischen Demokratiepädagogik gibt es zahlreiche konzeptionelle Ideen. Auch die didaktischen Ansätze von offenem Unterricht, Freiarbeit, kooperativem und Projekt-Lernen sind mit dem Bildungsziel des Demokratie-Lernens verbunden. Sie dienen den Lernzielen der Verständigung und Verantwortung (Coelen, 2010, S. 40), nehmen sich aber ihres Auftrags in sehr unterschiedlicher Weise an. Die vorliegende Darstellung konzentriert sich auf einige ausgewählte pädagogische Konzeptionen in der Nachfolge Deweys, auf Freinet, von Hentig und Klafki. Diese werden ergänzt um das Förderprogramm *Demokratie lernen & leben* der Bund-Länder-Kommission.

Auf Freinet (1979) geht ideengeschichtlich das partizipative Element des Klassenrats – als Klassenversammlung bezeichnet – zurück. Freinet beschreibt diesen als ein bedeutsames Mittel der Selbst- und Mitbestimmung einer Schulklasse.

In von Hentigs Demokratiekonzept (1993) eröffnen gesellschaftliche Subsysteme wie die Schule Spielräume für Mitgestaltung und Verantwortungsübernahme. Von Hentigs Erfahrungsbegriff ist dem von Dewey ähnlich, indem er eine Rückbesinnung auf Platon und dessen Entwurf einer Polis fordert. Die Schule wird zum Lebens- und Erfahrungsraum, in dem die Erfahrung des Bürgerhandelns gemacht werden kann:

> »Nur wenn wir im kleinen, überschaubaren Gemeinwesen dessen Grundgesetze erlebt und verstanden haben – das Gesetz der res publica, das des logon didonai (der Rechenschaftspflicht), das der Demokratie, das der Pflicht zur Gemeinverständlichkeit in öffentlichen Angelegenheiten, also der Aufklärung, das des Vertrauens, der Verlässlichkeit, der Vernünftigkeit unter den Bürgern und nicht zuletzt das der Freundlichkeit und Solidarität unter den Menschen überhaupt – werden wir sie in der großen Polis wahrnehmen und zuversichtlich befolgen« (von Hentig, 1993, S. 190 f.).

Eine zentrale Berührungsstelle von Hentigs und Klafkis liegt in der Analyse der modernen Zivilisation. Klafki (1996) formuliert einen Begriff von Allgemeinbildung als »ein geschichtlich vermitteltes Bewusstsein von zentralen Problemen der Gegenwart und – soweit vorhersehbar – der Zukunft zu gewinnen, Einsichten in die Mitverantwortlichkeit aller angesichts solcher Probleme und Bereitschaft, an ihrer Bewältigung mitzuwirken« (S. 56). Er fordert eine Auseinandersetzung mit »epochaltypischen« Schlüsselproblemen, Strukturprobleme von gesamtgesellschaftlicher, meistens sogar übernationaler Bedeutung, die gleichwohl jeden einzelnen betreffen. Bei der Auseinandersetzung mit diesen Schlüsselproblemen sollen Einstellungen und Fähigkeiten erworben werden, deren Bedeutung über den Bereich des jeweiligen Schlüsselproblems hinausreicht. So erwächst aus dem Schlüsselproblem der Friedensfrage »die ethische Dimension humanen Handelns. Zentral für die Ich-Du-Beziehung ist dabei die individuelle Bereitschaft zur Wahrnehmung der Unterschiedlichkeit des anderen« (Schwerdt, 2010, S. 47).

Diese Konzepte stellen Ausgangspunkte für die beschriebenen Fallvignetten dar. Die Polis als ein gesamtschulisches Konzept und der Klassenrat als ein Organ der Mitentscheidung sind Möglichkeiten, Wünschen von Schülerinnen und Schülern nach Mitbestimmung über Unterrichtsinhalte oder Regelsysteme nachzukommen.

Das von der Bund-Länder-Kommission für Bildungsplanung und Forschungsförderung initiierte Programm *Demokratie lernen & leben* soll, in der Fortführung der Reformpädagogik, durch die Demokratisierung von Unterricht und Schulleben die Bereitschaft junger Menschen zur aktiven Mitwirkung an der Zivilgesellschaft fördern. Es soll Gewalt, Rassismus, Rechtsextremismus und Antisemitismus, aber auch Politik(er)verdrossenheit und Politikdistanz entgegenwirken. In dem Projekt wurde der *Qualitätsrahmen Demokratiepädagogik* (de Haan, Edelstein & Eikel, 2007) erarbeitet. Dieser enthält 50 Bausteine zum Demokratielernen, die Schulen selbstständig einsetzen können. Der Qualitätsrahmen steht mit vielen Materialien auf der Homepage des 2007 abgeschlossenen BLK-Programms zum kostenfreien Download zur Verfügung. Besonders empfehlenswert ist Heft 5 mit vielen Praxisbeispielen und Kopiervorlagen zu Leitbildern, Schulprogrammen etc. Ergänzend sei auf das Förderprogramm *Demokratisch handeln* verwiesen, auf dessen Homepage ebenfalls Projekte, Materialien, Ausschreibungen zu Wettbewerben etc. zu finden sind.

1.2.2 Inklusion – ein kurzer Einblick

Das Feld der Inklusion ist durch viele, teilweise divergierende, Handlungsempfehlungen, Maßnahmenkataloge, Schulversuche, Positionen und eine disparate empirische Befundlage (vgl. Kiel & Weiß, 2015) gekennzeichnet. Dies alles auszuführen ist an dieser Stelle nicht zu leisten. Es werden einige Kernbefunde, Leitideen und Maßnahmen der Umsetzung skizziert und zusätzlich auf weiterführende Informationen und Literatur verwiesen.

Der aktuelle Stand in Deutschland lässt sich dadurch charakterisieren, so das im Auftrag der Bertelsmann-Stiftung erstellte Gutachten (Klemm, 2013), dass der Inklusionsgedanke in den verschiedenen Bundesländern und in den einzelnen Bildungsstufen unterschiedlich verankert ist. Der Anteil der Schülerinnen und Schüler mit einem diagnostizierten sonderpädagogischen Förderbedarf, die inklusiv unterrichtet werden, nimmt von Bildungsstufe zu Bildungsstufe ab. Schülerinnen und Schüler mit sonderpädagogischem Förderbedarf zeigen in unterschiedlichen Varianten inklusiver Schulen zwar durchaus bessere Schulleistungen als in segregierter Beschulung (Dessemontet, Benoit & Bless, 2011; Myklebust, 2006; Newman, 2006). Auch der berufliche Übergang gelingt leichter (Ginnold, 2008; Eckart et al., 2011). Es sind aber auch psychosoziale Belastungen und Erfahrungen der Ausgrenzung beschrieben (Möller, 2013; Pijl, Frostad & Flem, 2008). Aufseiten der Regelschullehrkräfte ist eine zurückhaltend positive Einstellung gegenüber der Inklusion dokumentiert, doch äußern Lehrkräfte Unsicherheit und Ängste, die sich unter anderem auf Informations- und Ausbildungsdefizite, aber auch Ressourcenmangel zurückführen lassen (Amrhein, 2011; Avramidis, Bayliss & Burden, 2000; Eberl, 2000). Anders betrachtet: Sind Ressourcen, Informationen und Fortbildungsmaßnahmen verfügbar, nimmt auch die positive Haltung gegenüber der Inklusion zu (Avramidis & Norwich, 2002; Mintz, 2007).

Zur Planung und Umsetzung gibt es verschiedene Ideen und Konzepte (vgl. das Modell unter Punkt 3). Gelungene Modelle einzelner Schulen in Deutschland sind auf der Homepage der Bertelsmann-Stiftung porträtiert sowie als Buch verfügbar (Bertelsmann-Stiftung, Beauftragter der Bundesregierung für die Belange behinderter Menschen, Deutsche UNESCO-Kommission, Sinn-Stiftung, 2012). Europäische Best Practice-Modelle stellt die *European Agency for Development in Special Needs Education* vor.

Viele Modelle und Schulversuche stützen sich auf den Index für Inklusion (Booth & Ainscow, 2003; dt. Version von Boban & Hinz, 2012). Dieser basiert auf drei übergreifenden Dimensionen:

1. *Inklusive Kulturen schaffen*: »Diese Dimension zielt darauf, eine sichere akzeptierende, zusammenarbeitende und anregende Gemeinschaft zu schaffen, in der jede(r) geschätzt und respektiert wird – als Grundlage für die bestmöglichen Leistung aller« (Boban & Hinz, 2012, S. 15).
2. *Inklusive Strukturen etablieren*: »Diese Dimension soll absichern, dass Inklusion als Leitbild alle Strukturen einer Schule durchdringt. [...] Alle Arten der Unterstützung werden auf inklusive Prinzipien bezogen und in einen einzigen Bezugsrahmen gebracht« (Boban & Hinz, 2012, S. 15 f.).

3. *Inklusive Praktiken entwickeln*: »Dieser Dimension zufolge gestaltet jede Schule ihre Praktiken so, dass sie die inklusive Kulturen und Strukturen der Schule widerspiegeln. Unterricht entspricht der Vielfalt der SchülerInnen. Sie werden dazu angeregt, dass sie aktiv auf alle Aspekte ihrer Bildung und Erziehung Einfluss nehmen; dabei wird auf ihren Stärken, ihrem Wissen und ihren außerschulischen Erfahrungen aufgebaut« (Boban & Hinz, 2012, S. 16).

Zur konkreten Umsetzung sei auf den Index, aber auch auf die *Standards und Regeln zur Umsetzung einer inklusiven Schule* (Reich, 2012) verwiesen.

1.3 Fazit: Der gemeinsame Ausgangspunkt partizipativer, demokratischer und inklusiver Konzepte für Schulentwicklung

Muth (2009) begründet Inklusion mit der Notwendigkeit, Demokratie auch im Alltag zu leben, Wilhelm (2009) bezeichnet Inklusion als »Inbegriff des humanen und demokratischen Zusammenlebens« (S. 64). Die Perspektive der Demokratiepädagogik besagt, dass im schulischen Alltag demokratische Werte einen Ausschluss bestimmter Schülergruppen nicht erlauben (Koch & Textor, 2014). Die Begriffswahl und die Kernaussage ist also eine gemeinsame! Eine demokratisch-inklusive Lerngemeinschaft ist eine Gemeinschaft, die Inklusion als gemeinsam zu lösenden Aufgabe sieht und hier an Dewey anknüpft: Es muss Selbstbestimmung ermöglicht und Partizipation eingefordert werden. Jeder einzelne ist mitverantwortlich, egal wieviel er aufgrund seiner Voraussetzungen dazu beitragen kann (Schenz, 2014, S. 20). Darüber hinaus formulieren Vertreter inklusiver (Reich, 2012) und Vertreter demokratischer Schulentwicklungsprozesse (Edelstein, 2009) den Kern des zu leistenden Umsetzungsprozesses gleich: Es geht um die Ausbildung demokratischer Tugenden durch die Gestaltung des Schullebens, durch Gelegenheiten zu Partizipation und zur Übernahme von Verantwortung, durch Kooperation inner- und außerschulischer Akteure.

Fazit: Das Attribut »demokratisch« ergänzt sich mit dem inklusiven Gedanken. Inklusion betont die Eigenheiten des Einzelnen, »demokratisch« zielt auf die Gemeinschaft ab, die den Einzelnen aufnimmt. Eine gemeinsame Wertebasis ist Ausgangsposition für das Entwicklungsprojekt. Demokratiepädagogische Publikationen (Edelstein & de Haan, 2004; Schirp, 2004) postulieren Werte, wie man sie im *Index für Inklusion* und anderen Veröffentlichungen zu Inklusion findet: Partizipation, Gemeinschaft, Chancengleichheit und Wertschätzung der Vielfalt.

Diese Werte spiegeln sich auch in den Fallvignetten wider, auch wenn sie dort zu Diskussion führen: In der ersten und zweiten Fallvignette wird Gleichwertigkeit und Wertschätzung der Vielfalt durch Mitbestimmung eingefordert. In der dritten versucht die Schule durch Öffnung Partizipation und Chancengleichheit herzustellen.

2 Auf dem Weg zu einer partizipativen Schule: Vorgehen und Kontexte

Schulentwicklung findet gemäß einem ökosystemischen Ansatz (Bronfenbrenner, 1981) auf verschiedenen Ebenen und mit unterschiedlichen Personengruppen statt. Die folgenden Abschnitte geben darüber Auskunft, welche Schritte für demokratische und inklusive Schulentwicklungsprozesse erforderlich sind. Ein solches Projekt ist durch zwei zentrale Dimensionen strukturiert, an denen sich die folgenden Abschnitte orientieren:

- Die erste Dimension definiert das *Vorgehen*, das durch gleichberechtigte Teilhabe und Verantwortungsübernahme aller Personengruppen beschrieben ist (dazu Abschnitt 2.1).
- Die zweite Dimension umfasst die *Kontexte*, die es (weiter) zu entwickeln gilt bzw. die Inhalte und Maßnahmen (dazu Abschnitt 2.2).

2.1 Vorgehen – ein Prozess des Aushandelns

Für den Ablauf eines Schulentwicklungsprozesses sind im Kapitel von Kurz und Weiß verschiedene Modelle und Maßnahmen beschrieben. Diese definieren die beteiligten Personen(gruppen) und deren Funktionen. Alle diese Modelle lassen sich für das Vorgehen hin zu einer partizipativen Schule anwenden. Allerdings sind zusätzliche Aspekte zu berücksichtigen, um den Charakter der Partizipation zu unterstreichen: Diese sind die verstärkte *Beteiligung von Schülerinnen und Schülern* und die besondere Bedeutung von *Aushandlungsprozessen*.

2.1.1 Beteiligung von Schülerinnen und Schülern am Schulentwicklungsprozess

Die meisten bestehenden Modelle nennen Lehrerkollegium und Schulleitung, teilweise auch Eltern als Beteiligte (vgl. Kurz & Weiß in diesem Band). Schülerinnen und Schüler sind eher nicht angesprochen; wenn sie es sind, dann meist in Form einer Befragung zu Beginn, um deren Wünsche und Ideen zu erfassen. Den eigentlichen Schulentwicklungsprozess »regeln« dann Lehrkräfte und Schulleitung. Schülerinnen und Schüler erfahren erst das Ergebnis, sobald der Prozess abgeschlossen ist. Ein solches Vorgehen spiegelt z. B. die Situation an der Schule der ersten Fallvignette wider, wo Klagen über fehlende Mitbestimmung geäußert werden. Die Schülerinnen und Schüler wurden hier wahrscheinlich bisher nicht eingebunden.

Tatsächlich widerspricht ein so gestalteter Prozess einem partizipativen Vorgehen. Schütze und Hildebrandt (2006) haben im Rahmen des Förderprogramms *Demokratie leben & lernen* ein Schulentwicklungskonzept entworfen, dessen Ablauf in den meisten Schritten mit den in diesem Buch geschilderten Konzepten übereinstimmt. Allerdings modifizieren Schütze und Hildebrandt einige Schritte im

Sinne einer verstärkten Beteiligung von Schülerinnen und Schülern, um diese als gleichberechtigte Gruppe mit Entscheidungsmacht in den Schulentwicklungsprozess zu integrieren. Sie nennen folgende acht Schritte:

1. Start: Vorstellung des Schulentwicklungskonzepts an der Schule
2. Vertiefte Information und Reflexion über Chancen und Bedenken
3. »Stärken-Wünsche-Workshops« mit Lehrkräften sowie Schülerinnen und Schülern
4. Bildung einer Aushandlungsrunde
5. Analyse der Befragungsergebnisse
6. Aushandlungsprozesse und Formulierung von Maßnahmenvorschlägen
7. Rückkopplung an alle Beteiligten an der Schule und Umsetzung der Maßnahmen
8. Erstellung eines Schulprogramms bzw. Aufnahme ins Schulprogramm

Schülerinnen und Schüler sind in den Aushandlungsrunden gleichberechtigt. Ein solches Vorgehen wird durchaus kritisch gesehen (vgl. Budde, 2010), denn wenn sich Schule als staatliche Institution mit Selektionsfunktion um die Partizipation von Schülerinnen und Schülern bemüht, ist das immer mit Ambivalenzen, Widersprüchen und Schwierigkeiten verbunden. Lernende und Lehrende sind in der Schule nicht gleichgestellt. Ihr Verhältnis zueinander ist im besten Fall komplementär, aber nie symmetrisch.

2.1.2 Der Prozess des Aushandelns

Eine demokratieförderliche Lernkultur ist charakterisiert durch Aushandlungsprozesse (Edelstein, 2009). Partizipation basiert auf Abwägen, Beraten und Aushandeln (vgl. Coelen, 2010). Schütze und Hildebrandt sprechen in ihrem Konzept von einer *Aushandlungsrunde*. Dieser gehören nicht nur Lehrkräfte und Schulleitung an, sondern auch Schülerinnen und Schüler. Um der zahlenmäßigen Überlegenheit der Schülerschaft gegenüber der Lehrerschaft und den verschiedenen Altersstufen gerecht zu werden, wird sogar ein höheres Gewicht der Schülergruppe gegenüber Lehrerinnen und Lehrern vorgeschlagen. Reich (2012) fordert aus Perspektive der inklusiven Schulentwicklung auch einen Einbezug benachteiligter Gruppen. Das erscheint besonders mit Blick auf die zweite Fallvignette bedeutsam; auch Schülerinnen und Schüler mit Förderbedarf sollten im Schulentwicklungsprozess eine Stimme erhalten.

Die Aushandlungsrunde soll Lösungen für Diskrepanzen in den Bedürfnissen und Wünschen verschiedener Gruppen erarbeiten. Dazu sind häufig mehrere Aushandlungsrunden nötig, um Positionen gegeneinander abzuwägen, Einwände zu bedenken, Maßnahmen zu modifizieren und Kompromisse einzugehen. Ein solches Vorgehen ließe sich auch auf die erste Fallvignette anwenden. Schülerinnen und Schüler könnten in der Aushandlungsrunde ihre Wünsche bezüglich der Deutschlektüre formulieren. Lehrerinnen und Lehrer könnten gegenüber bestimmten Vorschlägen ihre Bedenken schildern. In weiteren Runden werden dann Kriterien erarbeitet, die eine Deutschlektüre zwingend erfüllen muss, und ebenso Spielräume für die Mitbestimmung der Schülerinnen und Schüler definiert.

2.2 Kontexte und Inhalte – Was soll entwickelt werden?

Demokratische und inklusive Schulentwicklungskonzepte (z. B. Schirp, 2004; Werning, 2012) benennen übereinstimmende Kontexte, an denen ein Entwicklungsprozess ansetzen sollte:

- Schulleben – Schulleitbild
- (Schul)Leitung/Organisation
- Unterricht
- Öffnung/Vernetzung mit außerschulischen Partnern/Lernumgebungen.

Zur Gestaltung dieser Kontexte werden verschiedene Beschreibungen, Modelle, Maßnahmenkataloge, Handlungsanweisungen etc. zu folgendem eigenen Modell zusammengetragen.

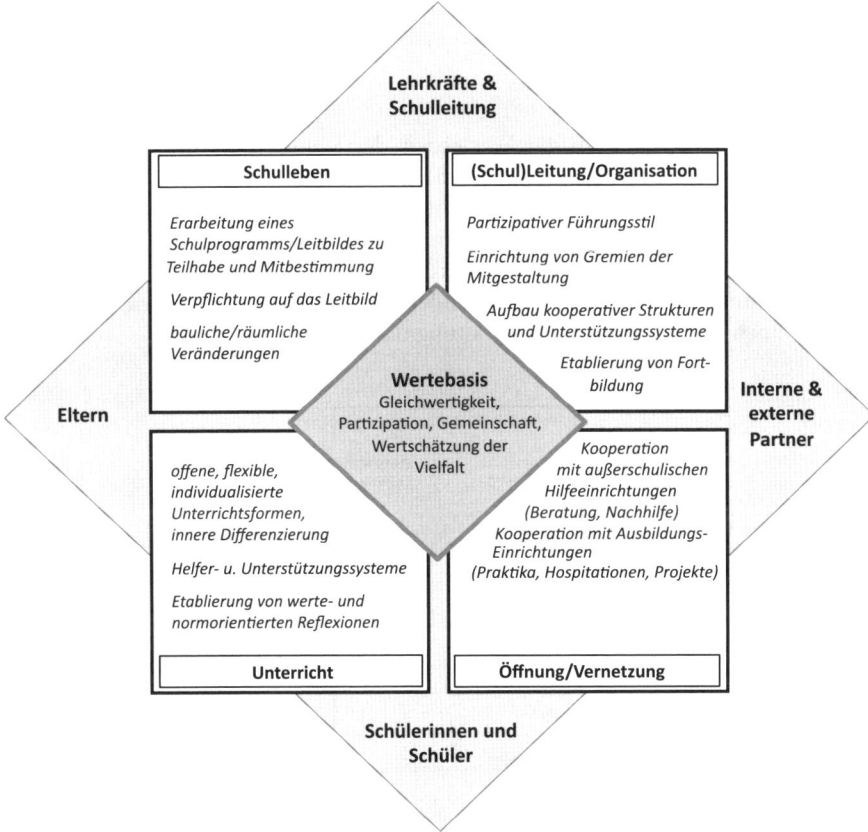

Abb. 1: Entwicklungsmodell einer partizipativen Schule

Dieses Modell charakterisiert eine demokratische Schule (vgl. z. B. Schirp, 2004), repräsentiert aber ebenso Befunde zu »guten inklusiven Schulen« (vgl. den systematischen Forschungsüberblick von Dyson, Howes & Roberts, 2004, sowie Dyson, 2010). Inklusion erfordert zusätzlich darüber hinausgehende Ressourcen (z. B. Personal, architektonische Veränderungen), es erfolgt für inklusive Schulen eine, je nach Bundesland unterschiedliche, Ressourcenzuweisung (nähere Informationen bei z. B. Koch & Textor, 2014).

In den nachfolgenden Abschnitten werden die einzelnen Kontexte näher erläutert und so ein Schulentwicklungskonzept erarbeitet. Die Kontexte sind im Sinne von Partizipation miteinander vernetzt. Die geschilderten Maßnahmen sind für alle Alters- und Schulstufen einsetzbar.

2.2.1 Kontext *Schulleben – Schulleitbild*

Zentral für die Ausgestaltung des Schullebens sind die Erarbeitung eines Leitbilds und evtl. erforderliche räumliche bzw. bauliche Veränderungen.

Erarbeitung eines Schulleitbilds

Das Leitbild richtet sich an der Wertebasis der Schule (siehe Modell) aus. Zur genauen Gestaltung für die Felder Demokratiepädagogik und Inklusion gibt es verschiedene Vorschläge mit Handreichungen und Materialien. Der *Qualitätsrahmen Demokratiepädagogik* (de Haan, Edelstein & Eikel, 2007) formuliert in Heft 5 verschiedene, auch grafisch aufbereitete Vorschläge mit konkreten Inhalten, Beispielen und Formulierungen. Folgender Aufbau (S. 12) stellt einen Orientierungsrahmen für eine mögliche Gestaltung dar.

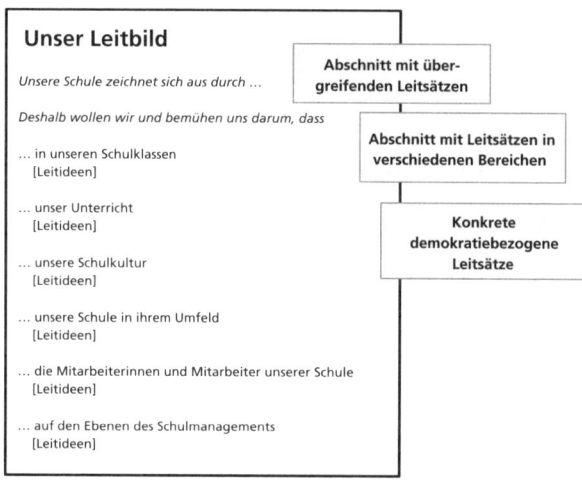

Abb. 2: Orientierungsrahmen für die Gestaltung eines Schulleitbilds

Für die inklusive Schulentwicklung haben Reich (2012) und Werning (2012), basierend auf den Kennzeichen guter inklusiver Schulen (Dyson, Howes & Roberts, 2004), Standards, Kriterien und Inhalte erarbeitet, die zu einer inhaltlichen Konkretisierung herangezogen werden können.

Standards/Leitideen eines inklusiven Leitbildes

- Vorhandene Diskriminierungen, Vorurteile und Benachteiligungen müssen identifiziert und beseitigt werden; dies bedeutet im Einzelnen:
  - Ethnokulturelle Gerechtigkeit ausüben und Antirassismus stärken
  - Geschlechtergerechtigkeit herstellen und Sexismus ausschließen
  - Diversität in den sozialen Lebensformen zulassen und Diskriminierung in den sexuellen Orientierungen verhindern
  - Sozio-ökonomische Chancengerechtigkeit erweitern
  - Chancengerechtigkeit von Menschen mit Behinderungen herstellen
- Benachteiligte Gruppen und Individuen müssen in einen entsprechenden partnerschaftlichen Dialog eingebunden sein.
- Eine Kultur der Anerkennung und Wertschätzung von Unterschiedlichkeit muss geschaffen werden.
- Für alle Schülerinnen und Schüler auf ihren jeweiligen Entwicklungsständen müssen Bildungsangebote bereitgestellt werden.
- Zwischen Lehrkräften, Schulleitung sowie Schülerinnen und Schülern besteht Zusammenarbeit, konstruktive Einbeziehung der Eltern.
- Es werden förderliche Rahmenbedingungen geschaffen z. B. durch kleinere Klassen, Veränderungen in der Schularchitektur etc.

Weitere und andere Inhalte sind natürlich denkbar – je nachdem, welche individuellen Schwerpunkte eine Schule in ihrem Leitbild setzen will. Wichtig ist, dass sich das Projekt als ein gemeinsamer Prozess aller Mitglieder der Schulgemeinde mit einer möglichst breiten Beteiligung vollzieht. Die Betroffenen werden so zu Beteiligten gemacht (Roeken, 2011, S. 467 f.; Schratz, 1997, S. 108). So fühlen sich z. B. die Schülerinnen und Schüler in der ersten und das Lehrerkollegium in der zweiten Fallvignette lediglich als Betroffene schulischer Geschehnisse. Sie sollten zu Akteuren werden. Ebenso sollen Eltern eingebunden oder wenigstens angehört werden (vgl. Kurz & Weiß in diesem Band). Auch eine Beteiligung außerschulischer Partner ist denkbar, wenn eine Schule wie in der dritten Fallvignette Kooperationen zur Herstellung von Chancengleichheit im Leitbild verankern möchte.

Ein Leitbild wird schriftlich fixiert, allen beteiligten Personen z. B. durch Zusendung oder Bekanntmachung auf der Schulhomepage zugänglich gemacht und diese darauf *verpflichtet*. So tragen alle gemeinsam für dessen Umsetzung Sorge. Zudem können Ansprüche gegenüber Eltern und außerschulischen Partnern festgehalten werden.

Räumliche/bauliche Veränderungen

Räumliche bzw. bauliche Veränderungen sind vor allem für die Inklusion bedeutsam. Eine Schule wie die in der zweiten Fallvignette muss für Schülerinnen und Schüler mit Förderbedarf möglicherweise entsprechende Umgestaltungen vornehmen, z. B. bezüglich Barrierefreiheit, Ruhe-/Versorgungsräumen für Schülerinnen und Schüler mit Behinderung, Teamarbeitsräumen, Räumen für Differenzierung etc. (vgl. Klauß & Sliwka, 2013). Solche räumlichen Ressourcen sind natürlich generell wünschenswert. Sie sind mit dem/den Schulträger/n bzw. Mittelgeber/n zu planen und werden an dieser Stelle nicht vertieft (weiterführend zur baulichen Gestaltung: *Montag Stiftung Jugend und Gesellschaft und die Montag Stiftung Urbane Räume*).

Die Einrichtungen von Gremien der Mitbestimmung, wie im Folgenden beschrieben, sind ebenfalls Elemente der Gestaltung des Schullebens.

2.2.2 Kontext *(Schul)Leitung/Organisation*

Zentral für die Ausgestaltung der (Schul)Leitung/Organisation sind ein partizipativer Führungsstil der Schulleitung, die Einrichtung von Gremien der Mitgestaltung, der Aufbau von kooperativen Strukturen und von innerschulischen Unterstützungssystemen sowie die Etablierung von Fortbildung.

Partizipativer Führungsstil der Schulleitung

Die häufig als Polaritäten oder Spannungsfelder wahrgenommenen Begriffe *Leitung* und *Partizipation* stehen prinzipiell nicht im Widerspruch. Auch in einer demokratisch geprägten Schulkultur darf eine Schulleitung natürlich Entscheidungen treffen. Partizipation bedeutet nie Partizipation in allen Bereichen, sondern, »dass es unter den jeweiligen situativen Bedingungen immer nur darum gehen kann, den jeweilig geeigneten Partizipationsgrad zu finden und das jeweilige angemessene Maß an Partizipation anzustreben« (Reichenbach, 2006, S. 57 f.). Entscheidungsprozesse im Arbeitskontext, das zeigen Befunde aus der Sozialpsychologie, werden als gerecht erlebt, wenn die Mitarbeiterinnen und Mitarbeiter die Möglichkeit erhalten, ihre Meinung zu äußern und den Ausgang der Entscheidung mit zu beeinflussen (Thibaut & Walker, 1975). Dann sind sie eher bereit, sogar nachteilige und unerwünschte Entscheidungen zu akzeptieren (Pinder, 2008). Ein partizipativer Führungsstil setzt auf Delegation, kollegiale Verantwortung und Austausch, um alle beteiligten Gruppen anzuhören (Werning, 2012) – ein Führungsstil, der die jeweilige Wertebasis und das jeweilige Leitbild repräsentiert.

Einrichtung von Gremien der Mitgestaltung von Schülerinnen und Schülern

Als Gremien und Möglichkeiten der Meinungsartikulation und des Engagements von Schülerinnen und Schülern bieten sich der *Klassenrat* und das *Schülerparla-*

ment bzw. die *Schülervertretung* an (vertiefte Einblicke bietet das *Praxisbuch Klassenrat* von Friedrichs, 2009; für die Grundschule Ohlmeier, 2012). Formal hat die Schülervertretung Aufgaben wie die Aussprache mit der Schulleitung, die beratende Teilnahme der gewählten Schülervertreter an den Sitzungen der Fachkonferenzen und der Schulpflegschaften, die Mitwirkung in der Schulkonferenz als dem wichtigsten schulischen Beschlussorgan sowie die Beteiligung an den Gremien der überschulischen bzw. überregionalen Organe der Schülervertretung (Palentien & Hurrelmann, 2003; auch Edelstein, 2009). Auf inhaltlicher Ebene bestehen Mitgestaltungsmöglichkeiten z. B. im Aushandeln von Regeln und Vereinbarungen auf Klassen-/Schulebene, in der Beteiligung an der Gestaltung von Klassenräumen, Fluren, Schulhof und Veranstaltungen sowie in der Initiierung und Organisation von klassen- und stufenübergreifenden Arbeitsformen und Projekten (vgl. Schirp, 2004). Der Grad der Beteiligung von Schülerinnen und Schülern an schulorganisatorischen Prozessen ist je nach Bundesland unterschiedlich geregelt (vgl. Avenarius & Füssl, 2010).

Aufbau kooperativer Arbeitsstrukturen und Unterstützungssysteme

Demokratische und inklusive Entwicklungsprozesse erfordern Austausch, konkrete Absprachen und kooperative, arbeitsteilige Organisationsformen im Lehrerkollegium. Dadurch lassen sich Vorstellungen von Kooperation und Rollenverständnis, eigene Ängste und Unsicherheiten sowie die gemeinsame Entwicklung eines Selbst- und Aufgabenverständnisses thematisieren. Vereinbarungen betreffen meist schulische Vorgänge und Routinen (genauer bei Eberwein & Knauer, 1999). Übergeordnet sind alle der gemeinsamen Verantwortung für die Schule und die Schülerinnen und Schüler verpflichtet. Um in einen Austausch zu kommen, bieten sich neben informellen Gesprächen Fallarbeitsteams, kollegiale (Fall)Beratung (Schlee, 2008) und gegenseitige Hospitation mit Feedback an. Im Sinne einer demokratischen Arbeitsteilung sind Co-Teamteaching, gleichberechtigte Kollaboration durch z. B. Materialaustausch, Nutzen der Expertise des einzelnen etc. hilfreich (vgl. Lütje-Klose & Willenbring, 1999). Diese Maßnahmen unterstützen einen Öffnungsprozess hin zur inklusiven Schule wie in der zweiten Fallvignette. Nötig wären auch besser ausgestattete Arbeitsplätze, z. B. Teamarbeitsplätze, die Zuteilung von Aufgaben an Lehrerteams, die im Rahmen eines ›Globalbudgets‹ eine gewisse Gestaltungsautonomie genießen, zeitliche Vergünstigungen etc. (Altrichter & Lindau-Bank, 2008), was aber meist kaum möglich ist.

Auch innerschulische Unterstützungssysteme bündeln die Kompetenzen und führen verschiedene Akteure zusammen. Schulisches Fachpersonal aus der Schulpsychologie, der sozialen Arbeit sowie Beratungslehrerinnen und -lehrer helfen z. B. bei Verhaltens- und Lernproblemen, in der Mobbingprävention/-intervention und in spezifischen Feldern wie dem Erlernen von Deutsch als Zweitsprache (vgl. Klauß & Sliwka, 2013). Ebenso können sie für Elternarbeit und eine Initiierung und »Abwicklung« außerschulischer Hilfen hinzugezogen werden (vgl. Heimlich, 2008). Fachpersonal sollte in den Entwicklungsprozess eingebunden und dort explizit als Ressource eingeplant sein. Neben dem fachlichen Input ist auch die individuelle und kollektive Entlastung zu betonen (vgl. van Dick, 1999).

Etablierung von Fortbildung für Lehrkräfte

Lehrerinnen und Lehrer beklagen vor allem mit Blick auf die Inklusion einen Mangel an Information und eine ungenügende Ausbildung (Avramidis, Bayliss & Burden, 2000). Daraus resultieren Ängste wie in der zweiten Fallvignette. Kontinuierliche Fortbildung zu etablieren ist daher unumgänglich. Innerschulische Fortbildungen lassen sich z. B. als Pädagogischer Tag, evtl. mit externen Referenten, organisieren. Fortbildungsangebote in Form von Kursen, Trainings etc. können z. B. den Umgang mit Heterogenität, Behinderung/Förderbedarf thematisieren. Solche Angebote wirken Ängsten und einer ablehnenden Haltung entgegen, wenn sich Lehrkräfte für neue Aufgaben und Tätigkeitsfelder gerüstet fühlen. An einem Pädagogischen Tag können auch Eltern- und Schülervertreter sowie externe Partner teilnehmen. Diese können auch zur Hospitation oder Workshops eingeladen werden, um sie in ein laufendes Projekt zu integrieren (zu Elternarbeit Textor, 2009).

2.2.3 Kontext *Unterricht*

Zentral für die Gestaltung von Unterricht sind offene, individualisierte und flexible Unterrichtsformen, insbesondere Differenzierung, Feedback, die Einrichtung von Helfer- und Unterstützungssystemen sowie die Etablierung von werte- und normorientierten Reflexionen im Unterricht.

Offene, individualisierte und flexible Unterrichtsformen

Inklusive und demokratische Schulkonzepte tendieren übereinstimmend *zu offenen, wenig(er) segregierenden und flexiblen Unterrichtsformen* (Dyson, Howes & Roberts, 2004). Diese sind nicht mit einer Loslösung von curricularen Vorgaben gleichzusetzen. Während die Inklusion auf individualisierte Angebote setzt, zielen demokratische Konzepte auf eine

> »Ausweitung schüleraktiver Unterrichtsformen ab. Lernende haben eine Mitverantwortung. Die bedeutet eine grundlegende Veränderung der Interaktions- und Kommunikationsstruktur, bei der die Lehrerinnen und Lehrer aus ihrer zentralistischen Rolle der alleinigen Steuerung der Wissensvermittlung ‚heraustreten‹ und damit mehr ›Freiräume‹ für sich und die Schülerinnen und Schüler gewinnen, um Lernen als gemeinsame Aufgabe zu gestalten« (Roeken, 2011, S. 285).

Einen (schrittweisen) Wechsel instruktionsorientierter Unterrichtsformen mit Wochenplanarbeit, Freiarbeit oder Projektunterricht könnte z. B. die Schule in der zweiten geschilderten Fallvignette als einen Schwerpunkt benennen. Für konkrete Gestaltungsideen sei auf das Kapitel von Braun, Buyse und Syring in diesem Buch verwiesen, weiterführend auf Bohl und Kucharz (2010) sowie Reich (2014).

Leistungsbewertung im offenen Unterricht thematisiert Bohl (2009). Praxisbeispiele speziell zur Sekundarstufe liefern Feyerer und Prammer (2003).

Bei Schülerinnen und Schülern mit Förderbedarf ist zu klären, welche Bildungspläne jeweils gelten (vgl. Klauß & Sliwka, 2013), welche individuellen Lernvoraussetzungen vorliegen, welche zusätzlichen Hilfen in Anspruch genommen werden dürfen und welche Bedingungen für die Leistungsbewertung anzuwenden sind.

Innere Differenzierung und Feedback

Alle didaktischen Überlegungen zum inklusiven Unterricht sowie viele zum Demokratie-Lernen basieren auf innerer Differenzierung (Heimlich, 2007a; Werning, 2006; Werning & Lütje-Klose, 2006; für die konkrete Gestaltung Saalfrank, 2012). Beiden Ansätzen wird der *kooperative Gruppenunterricht* gerecht (Avci-Werning, 2007; Green & Green, 2009): Arbeitsaufgaben werden so gestellt, dass bei der Bearbeitung alle Gruppenmitglieder aufeinander angewiesen sind, weil sie nur gemeinsam Lösungen entwickeln können. Beispielsweise befasst sich jedes Gruppenmitglied mit einem Teilbereich des Themas und wird hier zum Experten. In einem nächsten Schritt werden die Teilergebnisse der Gruppen zusammengeführt. Erfolgserlebnisse in der Gruppe sind die Folge.

Auf alle Ergebnisse sollte unmittelbares Feedback und positive Verstärkung auch der kleinsten Lernfortschritte folgen, um motivierende Bedingungen für Lernen zu schaffen, insbesondere für Schülerinnen und Schüler mit langfristigen Versagenserlebnissen (Heimlich, 2007b). Nachhaltiges, wachstumsorientiertes Feedback berücksichtigt folgende Fragen (Hattie & Timperley, 2007):

1. *Was sind die Ziele? Wo will ich hin?*
2. *Wie nahe bin ich dem Ziel schon? Wie stehe ich im Vergleich zu anderen/zu Standards/zu meinen früheren Leistungen?*
3. *Was muss ich als nächstes tun, um meinem Ziel näherzukommen?*

Weitere Strategien zu effektivem Rückmeldeverhalten sind in dem Buch *Feedback und Rückmeldungen* von Ditton und Müller (2014) zu finden.

Helfer- und Unterstützungssysteme für Schülerinnen und Schüler

Konzepte offenen Unterrichts und der Differenzierung lassen sich mit Helfer- und Unterstützungssystemen verschränken (vgl. Schirp, 2004). Es bieten sich z. B. tutorielle Unterstützungssysteme an. Diese können auf unterschiedliche Weise organisiert sein. Im Rahmen eines kooperativen Lernsettings können Mitschülerinnen und -schüler aus der Klasse die Aufgabe einer Tutorin/eines Tutors übernehmen. Bei dieser Kooperation sind gerade heterogene Lerngruppen vielversprechend (Cohen, 1994), in denen leistungsstärkere Schülerinnen und Schüler leistungsschwächere anleiten und unterstützen. Dabei profitieren nicht nur die leistungsschwächeren, sondern auch die leistungsstarken Schülerinnen und Schüler, da sie in der Rolle einer Tutorin/eines Tutors ihr eigenes Wissen und Können reflektieren, sich so vertieft mit der Thematik auseinandersetzen und Verantwortung übernehmen. Es sind aber auch Tutorensysteme mit Schülerinnen und Schülern aus höheren Klassen denkbar, die einen bestimmten Unterrichtsstoff gegenüber jüngeren bereits beherrschen.

Etablierung von werte- und normorientierten Reflexionen im Unterricht

Unterricht verfolgt übergreifend in allen Fächern die Etablierung von werte- und normorientierten Reflexionen und somit das Ziel, dass Schülerinnen und Schüler eigene und fremde Entscheidungen, Problem- und Konfliktlösungen dahingehend reflektieren, welche Werte ihnen zugrunde liegen. Schulleitung, Lehrkräfte und Schülerinnen und Schüler sollen, wie in der ersten Fallvignette, Vereinbarungen und Handlungsspielräume gemeinsam aushandeln. Schülerinnen und Schüler werden so an der Erarbeitung eines Regelsystems beteiligt (vgl. dazu Kiel, Frey & Weiß, 2013, S. 70–81) oder nehmen Einfluss auf die Auswahl der Deutschlektüre. Lehrkräfte unterstützen dies unter anderem durch das Formulieren und Begründen von Verhaltens- und Leistungserwartungen während des Aushandlungsprozesses.

Als Möglichkeiten für die Unterrichtsgestaltung bietet sich z. B. die Arbeit mit Dilemma-Situationen an (Zierer, 2006). Verstehensprozesse, Deutungsmuster, Argumentationen und unterschiedliche Positionen lassen sich durch Diskussionen initiieren (vgl. dazu Schirp, 2004). Materialien und Handreichungen für den Unterricht, zu Themen der politischen Bildung, Gesellschaft etc. bieten die *Bundeszentrale für politische Bildung* und der *Didaktische Koffer* der Universität Halle.

2.2.4 Kontext *Öffnung/Vernetzung mit außerschulischen Partnern und Lernumgebungen*

Zentral für die Gestaltung einer Öffnung und Vernetzung mit dem Umfeld sind der Aufbau von Kontakten zu außerschulischen Partnern wie Hilfe- und Ausbildungseinrichtungen und deren kontinuierliche Pflege. Bereits Dewey (1916/2000) führt an, dass Schulen nur modellhaftes Lernen in einem begrenzten Rahmen ermöglichen, er fordert daher eine Öffnung für das Umfeld. Einen solchen Weg geht die Schule in der dritten Fallvignette.

Eine Anbindung der Schule an die Lebensumwelt und eine Kooperation mit externen Partnern/Hilfeeinrichtungen kennzeichnen alle demokratischen und inklusiven Konzepte. Es ist zu unterscheiden zwischen Kooperationen, die der Hilfeleistung dienen, wie z. B. Beratungsstellen, finanzielle Sponsoren sowie Partnerschaften z. B. mit Betrieben, die Schülerinnen und Schülern den Weg ins Leben eröffnen. Eine Vernetzung mit dem Umfeld setzt voraus, dass eine Schule informiert ist z. B. über lokale und überregionale Hilfen (Reich, 2012), über bestehende Initiativen im Umfeld, zu denen ein Kontakt wünschenswert wäre, und den lokalen Arbeits- und Ausbildungsmarkt. Zur Koordination sollte an der Schule eine Person bestimmt werden, die die Kontakte mit den außerschulischen Partnern pflegt, laufend neue Partner rekrutiert und die Schule über Veränderungen des Umfeldes auf dem Laufenden hält. Eine solche Aufgabe könnte z. B. die Erstellung und fortlaufende Aktualisierung von Ausbildungsbetrieben, Einrichtungen der Berufsberatung und sozialen Einrichtungen sein, die bei Bedarf zur Verfügung stehen (Werning, 2012).

Bedeutsam sind insbesondere Kooperationen mit Einrichtungen und Initiativen wie z. B. Lesepaten, unentgeltliche Nachhilfe, aber auch Kooperationen bezüglich der in der dritten Fallvignette fehlenden Verpflegung sind denkbar. Weitere Kooperationsmöglichkeiten können mit regionalen Ausbildungseinrichtungen wie Betrieben oder Firmen aufgebaut werden, um den Berufswahlprozess zu unterstützen und die Chancen von Absolventen auf einen Ausbildungsplatz zu verbessern. Eine Begegnung von Schülerinnen und Schülern als zukünftige Auszubildende und potenziellen Ausbildungsbetrieben durch Praktika, Hospitationen und Projekttage (z. B. ein Tag, an dem sich Betriebe aus der Region vorstellen) kann den Übergang in den Beruf erleichtern. Das ist insbesondere bedeutsam, wenn Schülerinnen und Schüler bei der Berufswahl benachteiligt sind (an dieser Stelle sei auf die Ratgeber *Inklusion und Berufsorientierung* von Koch & Kortenbusch, 2007; 2009, für Schülerinnen und Schüler sowie Lehrkräfte verwiesen).

Insgesamt öffnet sich die Schule so auch für Lernpotenziale und Lernorte, über die sie selbst nicht verfügt (Schirp, 2004). In der Schule erworbenes Wissen kann zudem im außerschulischen Kontext auf seine Übertragbarkeit und Anschlussfähigkeit überprüft werden (vgl. Syring & Flügge, 2013).

3   Stolpersteine

Pseudo- oder Scheinpartizipation

Eine missverständliche Begriffsauslegung von »demokratischer« Schule bzw. Partizipation kann zu einer »Verkürzung« des Schulentwicklungsprozesses führen: So stärkt eine Schule die Schülervertretung und betrachtet den Prozess damit als abgeschlossen. Reinhardt (2010) spricht von »Pseudo- oder Scheinpartizipation«, wenn »man also von Seiten der Schulleitung oder von Lehrerseite so tut, als ob man über Entscheidungen und Prozesse mit den Schüler/innen diskutieren und sie in den Entscheidungsprozess einbeziehen würde, um dann im Nachhinein die Schüler/innen mit der schon vorgefertigten Lösung oder Entscheidung zu überrumpeln« (S. 90). Partizipation ist nur dann und in dem Maß sinnvoll, in dem Schülerinnen und Schüler, Lehrkräfte und Eltern auch eine echte Möglichkeit haben, ihre Anliegen einzubringen und am Entscheidungsprozess mitzuwirken.

Schülerinnen und Schüler sind in diesem Zusammenhang in einer schwierigen Situation, sehen sich Lehrkräfte doch häufig (zu) sehr in der Rolle des allwissenden Experten mit alleiniger Entscheidungskompetenz. Dann werden Schülerinnen und Schülern meist kaum Handlungsspielräume zugestanden (Richter, 2006). Auch haben Schülerinnen und Schüler kaum Möglichkeiten zur Mitbestimmung, wenn Lehrkräfte eine Freistellung z. B. für die Mitarbeit in der Schülervertretung erschweren. Durch Vorherrschaft eines lehrerzentrierten Unterrichts besteht die Gefahr, dass Schülerinnen und Schüler durch vorgefertigt stattfindende Wissensvermittlung in die Rolle der reinen Reproduzenten von Wissen gedrängt werden (Melzer, 2001). Schülerinnen und Schüler verinnerlichen, dass sie keine aktive, selbstbestimmte Rolle haben, sie entwickeln eine gewisse Partizipationsresistenz (Meyer, 2001).

Verweigerung von Mitbestimmung durch einige Beteiligte

Für Verweigerung gibt es mehrere Gründe (Caduff, 2007):

- Mitsprache ist oft nicht spektakulär (lange Sitzungen, viele Detailfragen etc.).
- Zur Mitsprache braucht man (viel) Wissen, das man sich mühevoll aneignen muss.
- Partizipation mündet in Verantwortung, die mitunter schwer auf einem lasten kann.
- Immer wieder gibt es Menschen, die Diskussionen und Kommunikationen als lästig empfinden und darum aus Bequemlichkeit keine Mitbestimmung wünschen.
- Auch die demokratischste Mitbestimmungsform kann nicht verhindern, dass gewisse Gruppenmitglieder mehr zu sagen haben als andere.

Roeken (2011) schlägt daher einen »weiten« Begriff von Partizipation vor, der darauf basiert, dass Beteiligung peu à peu gelernt werden muss, dass niedrigschwellig mit Partizipation begonnen und auch am besten von den Beteiligten gegen Widerstände erstritten werden sollte, da geschenkte Partizipation wertlos ist (S. 50). Manche Lehrkräfte sind zur Übernahme von Verantwortung bereit, andere nicht. Die Folge ist ein Ungleichgewicht, sowohl was den Grad an Mitbestimmung aber auch Arbeitsverteilung und Belastung betrifft (vgl. das Modell der Gratifikationskrise von Siegrist, 1996). Eine arbeitsteilige, kooperative Aufgabenbewältigung ist dann nicht oder nur eingeschränkt möglich.

Verweigerung tritt häufig bei klassen- oder schulübergreifenden Projekten auf. Dies kann mit Scheu und Widerständen zusammenhängen, sich zu »exponieren«, wenn z. B. die Arbeitsergebnisse von Schülerinnen und Schülern oder Klassen der ganzen Schule zu Verfügung gestellt und für diese sichtbar werden.

Eltern sind häufig weniger interessiert an und integriert in schulische Belange als Lehrkräfte sich das wünschen (vgl. die Studie von Sacher, 2005). Doch sind auch die Klagen von Lehrkräften über überengagierte und sich kontinuierlich einmischende Eltern weithin bekannt.

Ressentiments gegenüber einer gleichberechtigten Teilhabe aller

Gerade im Kontext der Inklusion müssen auch Ressentiments gegenüber einer (gleichberechtigten) Teilhabe von Schülerinnen und Schülern mit Förderbedarf thematisiert werden. Terfloth (2013) führt ablehnende Tendenzen auf ausgeprägtes Leistungs- und Konkurrenzdenken verbunden mit Abgrenzungstendenzen gegenüber Schwächeren, auf Vorurteile und negative Vorbilder, mangelnde Begegnungserfahrungen und fehlende Lernangebote, in denen gleichberechtigt zusammengearbeitet werden kann, zurück.

Vernachlässigung der Pflege von Kontakten

Ein weiterer Stolperstein betrifft die Vernetzung mit den außerschulischen Partnern. Kontakte müssen gepflegt werden, wenn sie dauerhaft sein sollen. Vernachlässigung tritt dann besonders häufig auf, wenn keine feste Person für diese Aufgabe bestimmt wird.

Fehlende Ressourcen

Abschließend sind die jeden Schulentwicklungsprozess charakterisierenden Stolpersteine fehlender materieller, personaler und räumlicher Ressourcen zu bedenken. Räumliche Problemlagen erhalten im Kontext der Inklusion mit Blick auf Barrierefreiheit, Differenzierung usw. zusätzliches Gewicht.

Literatur

Ainscow, M., Booth, T. & Dyson, A. (2006). *Improving schools, developing inclusion.* London: Routledge.
Altrichter, H. & Lindau-Bank, D. (2008). Immer mehr Anforderungen an Lehrer? Schulentwicklung fordert das Professionsverständnis heraus. *Lernende Schule, 44,* 4–7.
Amrhein, B. (2011). *Inklusion in der Sekundarstufe.* Bad Heilbrunn: Klinkhardt.
Avci-Werning, M. (2007). Kooperatives Lernen – Entwicklung für die Ganze Schule. *Lernchancen, 55,* 4–9.
Avenarius, H. & Füssl, H. P. (2010). *Schulrecht. Ein Handbuch für Praxis, Rechtsprechung und Wissenschaft.* Kronach: Link.
Avramidis, E., Bayliss, P. & Burden, R. (2000). Student teachers' attitudes towards the inclusion of children with special educational needs in the ordinary school. *Teaching and Teacher Education, 16,* 277–293.
Avramidis, E. & Norwich, B. (2002). Teachers' attitudes towards integration/inclusion: A review of the literature. *European Journal of Special Needs Education, 17,* 129–147.
Bertelsmann Stiftung, Beauftragter der Bundesregierung für die Belange behinderter Menschen, Deutsche UNESCO-Kommission & Sinn-Stiftung (Hrsg.) (2012). *Gemeinsam lernen – Auf dem Weg zu einer inklusiven Schule.* Gütersloh: Verlag Bertelsmann Stiftung.
Boban, I. & Hinz, A. (2012). *Index für Inklusion. Lernen und Teilhabe in der Schule der Vielfalt entwickeln.* Verfügbar unter http://www.eenet.org.uk/resources/docs/Index¬%20German.pdf (21.03.2015).
Bohl, T. (2009). *Prüfen und Bewerten im Offenen Unterricht.* Weinheim, Basel: Beltz.
Bohl, T. & Kucharz, D. (2010). *Offener Unterricht heute: Konzeptionelle und didaktische Weiterentwicklung.* Weinheim, Basel: Beltz.

Booth, T. & Ainscow, M. (2003). *Index for inclusion. Developing, learning and participation in schools.* Verfügbar unter http://www.eenet.org.uk/resources/docs/IndexEnglish.pdf (21.03.2015).
Bronfenbrenner, U. (1981). *Die Ökologie der menschlichen Entwicklung.* Stuttgart: Klett-Cotta.
Budde, J. (2010). Inszenierte Mitbestimmung?! Soziale und demokratische Kompetenzen im schulischen Alltag. *Zeitschrift für Pädagogik, 56* (3), 384–401.
Caduff, C. (2007). Partizipation – ein wichtiger Teil der politischen Bildung. *Folio. Zeitschrift für Berufsbildung, 3,* 6–12.
Coelen, T. W. (2010). Partizipation und Demokratiebildung in pädagogischen Institutionen. *Zeitschrift für Pädagogik, 56* (1), 37–52.
Cohen, E. G. (1994). Restructuring the classroom: Conditions for productive small groups. *Review of Educational Research, 64* (1), 1–35.
Dessemontet, R. S., Benoit, V. & Bless, G. (2011). Schulische Integration von Kindern mit einer geistigen Behinderung. Untersuchung der Entwicklung der Schulleistungen und der adaptiven Fähigkeiten, der Wirkung auf die Lernentwicklung der Mitschüler sowie der Lehrereinstellungen zur Integration. *Empirische Sonderpädagogik, 3* (4), 291–307.
Dewey, J. (1902). *The child and the curriculum.* Chicago, London: The University of Chicago Press.
Dewey, J. (1916/2000). *Demokratie und Erziehung. Eine Einleitung in die philosophische Pädagogik.* Hrsg. von J. Oelkers. Weinheim, Basel: Beltz.
Dewey, J. (1937). Democracy is radical. In J. Dewey, *The later works.* Bd. 11 (S. 296–299). Hrsg. von J. A. Boydston. Carbondale, Edwardsville: South Illinois University.
Dewey, J. (1939). Creative democracy – The task before us. In J. Dewey, *The later works.* Bd. 14 (S. 224–230). Hrsg. von J. A. Boydston. Carbondale, Edwardsville: South Illinois University.
Dick, R. van (1999). *Stress und Arbeitszufriedenheit im Lehrerberuf. Eine Analyse von Belastung und Beanspruchung im Kontext sozialpsychologischer, klinisch-psychologischer und organisationspsychologischer Konzepte.* Marburg: Tectum.
Ditton, H. & Müller, A. (2014). *Feedback und Rückmeldungen. Theoretische Grundlagen, empirische Befunde, praktische Anwendungsfelder.* Münster: Waxmann.
Dyson, A. (2010). Die Entwicklung inklusiver Schulen: drei Perspektiven aus England. *Die Deutsche Schule, 102* (2), 115–129.
Dyson, A., Howes, A. J. & Roberts, B. (2004). What do we really know about inclusive schools? A systematic review of the research evidence. In D. Mitchell (Hrsg.), *Special educational needs and inclusive education* (S. 280–294). London: Routledge Falmer.
Eberl, D. (2000). *Gemeinsamer Unterricht von behinderten und nichtbehinderten Schülern in der Beurteilung von Schulleitern und Lehrern: eine Untersuchung an Grund- und Förderschulen in Nordrhein-Westfalen.* Wittschlick, Bonn: Wehle.
Eberwein, H. & Knauer, S. (1999). Rückwirkungen integrativen Unterrichts auf Teamarbeit und Lehrerrolle. In H. Eberwein (Hrsg.), *Integrationspädagogik* (S. 291–295). Weinheim, Basel: Beltz.
Eckart, M., Haeberlin, U., Lozano, S. C. & Blanc P. (2011). *Langzeitwirkungen der schulischen Integration. Eine empirische Studie zur Bedeutung von Integrationserfahrungen in der Schulzeit für die soziale und berufliche Situation im jungen Erwachsenenalter.* Bern: Haupt.
Edelstein, W. (2009). Demokratie als Praxis und Demokratie als Wert. In W. Edelstein, S. Frank & A. Sliwka (Hrsg.), *Praxisbuch Demokratiepädagogik. Sechs Bausteine für Unterrichtsgestaltung und den Schulalltag* (S. 7–19). Weinheim, Basel: Beltz.
Edelstein, W. & Haan, G. de (2004). Empfehlung 5: Lernkonzepte für eine zukunftsfähige Schule – von Schlüsselkompetenzen zum Curriculum. In Heinrich-Böll-Stiftung, Bildungskommission der Heinrich-Böll-Stiftung (Hrsg.), *Selbstständig lernen. Bildung stärkt Zivilgesellschaft. Sechs Empfehlungen der Bildungskommission der Heinrich-Böll-Stiftung* (S. 130–188). Weinheim, Basel: Beltz.
Feyerer, E. & Prammer, W. (2003). *Gemeinsamer Unterricht in der Sekundarstufe.* Weinheim, Basel: Beltz.

Freinet, C. (1979). *Die moderne französische Schule* (2. Aufl.). Paderborn: Schöningh (Original erschienen 1965).
Friedrichs, B. (2009). *Praxisbuch Klassenrat. Gemeinschaft fördern, Konflikte lösen.* Weinheim, Basel: Beltz.
Ginnold, A. (2008). *Der Übergang Schule–Beruf von Jugendlichen mit Lernbehinderung.* Bad Heilbrunn: Klinkhardt.
Green, N. & Green, K. (Hrsg.) (2009). *Kooperatives Lernen im Klassenraum und im Kollegium.* Seelze-Velber: Kallmeyer.
Haan, G. de, Edelstein, W. & Eikel, A. (Hrsg.) (2007). *Qualitätsrahmen Demokratiepädagogik. Demokratische Handlungskompetenz fördern, demokratische Schulqualität entwickeln.* Schuber mit 7 Heften und CD-ROM. Weinheim, Basel: Beltz.
Hattie, J. & Timperley, H. (2007). The power of feedback. *Review of Educational Research,* 77 (1), 81–112.
Heimlich, U. (2007a). Didaktik des gemeinsamen Unterrichts. In J. Walter & F. B. Wember (Hrsg.), *Sonderpädagogik des Lernens* (S. 357–375). Göttingen: Hogrefe.
Heimlich, U. (2007b). Zusammen arbeiten. Qualifikation für integrative Pädagogik. In W. Mutzeck & K. Popp (Hrsg.), *Professionalisierung von Sonderpädagogen. Standards, Kompetenzen und Methoden* (S. 158–179). Weinheim, Basel: Beltz.
Heimlich, U. (2008). Qualifizierung für sonderpädagogische Förderung. In K.-H. Arnold, O. Graumann & A. Rakhkochkine (Hrsg.), *Handbuch Förderung* (S. 471–475). Weinheim, Basel: Beltz.
Hentig, H. von (1993). *Schule neu denken. Eine Übung in praktischer Vernunft.* München, Wien: Hanser.
Kiel, E., Frey, A. & Weiß, S. (2013). *Trainingsbuch Klassenführung.* Bad Heilbrunn: Klinkhardt.
Kiel, E. & Weiß, S. (2015). Inklusion im Sekundarbereich. In I. Hedderich, G. Biewer, J. Hollenweger & R. Markowetz (Hrsg.), *Handbuch Inklusion und Sonderpädagogik* (S. 277–288). Bad Heilbrunn: Klinkhardt.
Klafki, W. (1996). *Neue Studien zur Bildungstheorie und Didaktik* (5. Aufl.). Weinheim, Basel: Beltz.
Klauß, T. & Sliwka, A. (2013). Schulen entwickeln sich in Richtung Inklusion. Wie kann die Wissenschaft sie unterstützen? In T. Klauß & K. Terfloth (Hrsg.), *Besser gemeinsam lernen! Inklusive Schulentwicklung* (S. 29–53). Heidelberg: Universitätsverlag Winter.
Klemm, K. (2013). *Inklusion in Deutschland – eine bildungsstatistische Analyse* (Gutachten im Auftrag der Bertelsmann Stiftung). Gütersloh: Bertelsmann Stiftung.
Koch, B. & Kortenbusch, J. (Hrsg.) (2007). *Individuelle Förderplanung Berufliche Integration. Benachteiligte Jugendliche finden ihren Weg von der Schule in den Beruf.* Bielefeld: Bertelsmann.
Koch, B. & Kortenbusch, J. (Hrsg.) (2009). *Individuell fördern in der Berufs- und Studienorientierung. Eine Handreichung für Lehrerinnen und Lehrer in Nordrhein-Westfalen.* Bielefeld: Druck Medien.
Koch, B. & Textor, A. (2014). Spielräume nutzen – Perspektiven inklusiver Schulentwicklung. In E. Kiel (Hrsg.), *Inklusion im Sekundarbereich* (S. 97–139). Stuttgart: Kohlhammer.
Lütje-Klose, B. & Willenbring, M. (1999). Kooperation fällt nicht vom Himmel – Möglichkeiten der Unterstützung kooperativer Prozesse in Teams von Regelschullehrerin und Sonderpädagogin aus systemischer Sicht. *Behindertenpädagogik,* 38 (1), 2–31.
Melzer, W. (2001). Schülerpartizipation: Ansprüche, Realität und Möglichkeiten einer Beteiligung von Schülern im Schulalltag. In F. Güthoff & H. Sünker (Hrsg.), *Handbuch der Kinderrechte* (S. 172–187). Münster: Votum.
Meyer, M. (2001). Schülermitbeteiligung im Fachunterricht – Schülerpartizipation im Horizont (fach-)didaktischer Überlegungen. In J. Böhme & R.-T. Kramer (Hrsg.), *Partizipation in der Schule* (S. 49–58). Opladen: Leske + Budrich.
Mintz, J. (2007). Attitudes of primary initial teacher training students to special educational needs and inclusion. *Support for Learning,* 22 (1), 3–8.
Möller, J. (2013). Effekte inklusiver Beschulung aus empirischer Sicht. In J. Baumert, V. Masuhr, J. Müller, Th. Riecke-Baulecke, H.-E. Tenorth & R. Werning (Hrsg.), *Inklusion.*

Forschungsergebnisse und Perspektiven. Schulmanagement Handbuch, Bd. 146 (S. 15–37). München: Oldenbourg.

Muth, J. (2009). Zur bildungspolitischen Dimension der Integration. In H. Eberwein & S. Knauer (Hrsg.), *Handbuch Integrationspädagogik* (S. 38–52). Weinheim, Basel: Beltz.

Myklebust, J. O. (2006). Class placement and competence attainment among students with special educational needs. *British Journal of Special Education, 33* (2), 76–81.

Newman, L. (2006). *General education participation and academic performance of students with learning disabilities.* Facts from NLTS2. Verfügbar unter http://files.eric.ed.gov/¬fulltext/ED495725.pdf (11.10.2013).

Ohlmeier, B. (2012). Gemeinsam beraten, entscheiden und Probleme lösen! Partizipation am Beispiel der Klassenkonferenz. *Grundschulunterricht Sachunterricht, 62* (4), 8–11.

Palentien, C. & Hurrelmann, K. (2003). Schüler-Demokratie – ein Plädoyer für den Beginn längst fälliger Reformen. In C. Palentien & K. Hurrelmann (Hrsg.), *Schülerdemokratie. Mitbestimmung in der Schule* (S. 3–17). München, Neuwied: Luchterhand.

Pijl, S. J., Frostad, P. &. Flem, A. (2008). The social position with special needs in regular schools. *Scandinavian Journal of Educational Research, 52* (4), 387–405.

Pinder, C. C. (2008). *Work motivation in organizational behaviour.* New York: Psychology Press.

Reich, K. (2012). *Inklusion und Chancengerechtigkeit. Standards und Regeln zur Umsetzung einer inklusiven Schule.* Weinheim, Basel: Beltz.

Reich, K. (2014). *Inklusive Didaktik.* Weinheim, Basel: Beltz.

Reichenbach, R. (2006). Diskurse zwischen Ungleichen. Zur Ambivalenz einer partizipativen Pädagogik. In C. Quesel & F. Oser (Hrsg.), *Die Mühen der Freiheit. Probleme und Chancen der Partizipation von Kindern und Jugendlichen* (S. 39–61). Zürich, Chur: Rüegger.

Reinhardt, V. (2010). Kriterien für eine demokratische Schulqualität. In D. Lange & G. Himmelmann (Hrsg.), *Demokratiedidaktik. Impulse für die politische Bildung* (S. 86–102). Wiesbaden: VS.

Richter, D. (2006). Partizipation in der Schule – Illusion oder Wirklichkeit? In M. Seckinger (Hrsg.), *Partizipation – ein zentrales Paradigma* (S. 141–153). Tübingen: dgvt.

Roeken, G. (2011). *Demokratie-Lernen und demokratisch-partizipative Schulentwicklung als Aufgabe für Schule und Schulaufsicht.* Münster: Universitäts- und Landesbibliothek.

Saalfrank, W.-T. (2012). Differenzierung. In E. Kiel (Hrsg.), *Unterricht sehen, analysieren und gestalten* (2., überarb. Aufl.) (S. 65–96). Bad Heilbrunn: Klinkhardt.

Sacher, W. (2005). Erfolgreiche und misslingende Elternarbeit. Ursachen und Handlungsmöglichkeiten. Erarbeitet auf der Grundlage der Repräsentativ-Befragung an bayerischen Schulen im Sommer 2004. Erster Übersichtsbericht. Schulpädagogische Untersuchungen Nürnberg, Nr. 24. Nürnberg.

Schenz, C. (2014). Spannungsfelder der demokratisch-inklusiven Schule. In C. Schenz & G. Pollak (Hrsg.), *Verschieden und doch gemeinsam? Schulmodelle und Unterrichtskonzepte zur demokratisch-inklusiven (Grund)Schule* (S. 7–28). Berlin: LIT.

Schirp, H. (2004). *Werteerziehung und Schulentwicklung – Konzeptuelle und organisatorische Ansätze zur Entwicklung einer demokratischen und sozialen Lernkultur.* Verfügbar unter http://blk-demokratie.de/materialien/beitraege-zur-demokratiepaedagogik/schirp-¬heinz-2004-werteerziehung-und-schulentwicklung-konzeptuelle-und-organisatorischea-¬nsaetze-zur-entwicklung-einer-demokratischen-und-sozialen-lernkultur.html (22.03.2015)

Schlee, J. (2008). *Kollegiale Beratung und Supervision für pädagogische Berufe. Hilfe zur Selbsthilfe. Ein Arbeitsbuch* (2., erw. Aufl.). Stuttgart: Kohlhammer.

Schratz, M. (1997). Von der Vision zur Aktion. *Journal für Schulentwicklung, 2,* 104–114.

Schütze, D. & Hildebrandt, M. (2006). *Demokratische Schulentwicklung. Partizipations- und Aushandlungsansätze im Berliner BLK-Vorhaben »Demokratie lernen und leben«. Begleitheft zum Praxisbaukasten.* Verfügbar unter http://www.ide-berlin.org/angebot/¬demokratische-schulentwicklung/ (22.03.2015).

Schwerdt, T. (2010). *PISA und die Folgen? Wozu ist die Schule da?* Bad Heilbrunn: Klinkhardt.

Siegrist, J. (1996). Adverse health effects of high-effort/low-reward conditions. *Journal of Occupational Health Psychology, 1* (1), 27–41.
Syring, M. & Flügge, E. (2013). Gemeinsam zum Erfolg! Erfahrungsorientierung im Schnittfeld von Schule und außerschulischer Jugendarbeit. Anstatt einer Zusammenfassung. In M. Syring & E. Flügge (Hrsg.), *Die Erstbegegnung mit dem Politischen. Erfahrungsorientierte politische Erstkontakte in Unterricht, Schule und Lebenswelt* (S. 183–192). Immenhausen: Prolog.
Terfloth, K. (2013). Wer gehört eigentlich dazu? Forschung zur sozialen Integration in heterogenen Klassen. In T. Klauß & K. Terfloth (Hrsg.), *Besser gemeinsam lernen! Inklusive Schulentwicklung* (S. 125–150). Heidelberg: Universitätsverlag Winter.
Textor, M. R. (2009). *Bildungs- und Erziehungspartnerschaften in der Schule: Gründe, Ziele, Formen.* Norderstedt: BoD.
Thibaut, J. W. & Walker, L. (1975). *Procedural Justice: A psychological analysis.* Hillsdale, NJ: Erlbaum.
Vorholt, U. (2010). Demokratie und Erziehung: John Dewey. In T. Meyer & U. Vorholt (Hrsg.), *Demokratie durch Erziehung?* (S. 51–81). Bochum: Projekt-Verlag.
Werning, R. (2006). Lerngruppenintegration. In K.-H Arnold, U. Sandfuchs & J. Wiechmann (Hrsg.), *Handbuch Unterricht* (S. 351–359). Bad Heilbrunn: Klinkhardt.
Werning, R. (2012). Inklusive Schulentwicklung. In V. Moser (Hrsg.), *Die inklusive Schule. Standards für die Umsetzung* (S. 49–61). Stuttgart: Kohlhammer.
Werning, R. & Arndt, A.-K. (2014). Unterrichtsgestaltung und Inklusion. In E. Kiel (Hrsg.), *Inklusion im Sekundarbereich* (S. 53–96). Stuttgart: Kohlhammer.
Werning, R. & Lütje-Klose, B. (2006). *Einführung in die Pädagogik bei Lernbeeinträchtigungen.* München, Basel: Reinhardt.
Wilhelm, M. (2009). *Integration in der Sek I und II.* Weinheim, Basel: Beltz.
Zierer, K. (2006). Kinder können Moral lernen! Förderung der moralischen Urteilsfähigkeit durch Dilemma-Diskussionen in der Grundschule. *Die Deutsche Schule, 98* (4), 456–469.

Internet-Adressen

Bertelsmann-Stiftung, Beispiele zu gelungener Inklusion: http://www.bertelsmann-stiftung.de/
Bundeszentrale für politische Bildung, kostenlos Anforderung von Material möglich: http://www.bpb.de/
Demokratisch handeln, Förderprogramm: http://www.demokratisch-handeln.de/
Demokratie lernen & leben, Programm der Bund-Länder-Kommission für Bildungsplanung und Forschungsförderung & Qualitätsrahmen Demokratiepädagogik: http://www.blk-demokratie.de/
Didaktischer Koffer der Universität Halle: http://www.zsb.uni-halle.de/archiv/didaktischer-koffer/
European Agency for Development in Special Needs Education. Europäische Best-Practice-Modelle: http://www.european-agency.org/
Index für Inklusion. Lernen und Teilhabe in der Schule der Vielfalt entwickeln: http://www.eenet.org.uk/resources/docs/Index%20German.pdf
Montag Stiftung Jugend und Gesellschaft und die Montag Stiftung Urbane Räume: http://www.schulen-planen-und-bauen.de/

Die interkulturelle Schule

Ewald Kiel

(F1) Eine Realschule beschließt auf einer Gesamtkonferenz mit Einbezug der Eltern, dass auf dem Pausenhof Deutsch gesprochen wird und die Schülerinnen und Schüler nicht in ihren Herkunftssprachen kommunizieren dürfen. Ein kleiner Teil der Eltern beklagt, hiermit gehe ein Verlust ihrer Herkunftsidentität einher. Der größere Teil befürwortet die neue Anforderung. Der Fall findet großes Aufsehen in der Presse.

(F2) Eine Lehrerin schildert in einem Artikel in einer großen deutschen Zeitung Probleme im Umgang mit türkischen Schülern: »Die 15-jährigen Jungen behandeln mich ohne Respekt. Wenn ein männlicher Lehrer in die Klasse geht, wird er aber akzeptiert.« Eine andere Lehrerin beklagt, »neulich hat mich ein Schüler Schlampe genannt. […] In meiner Klasse denken 23 von 25 Schülern so, aber das kann ich doch nicht akzeptieren. Ich arbeite für den deutschen Staat und der vertritt bestimmte Werte.«

(F3) Im Religionsunterricht wird das Gebot »Du sollst nicht töten!« auf der Grundlage verschiedener Texte diskutiert. Die Schülerinnen und Schüler zeigen sich überrascht, dass dieses scheinbar eindeutige Gebot unterschiedlich interpretiert werden kann: Etwa in christlichen religiösen Kontexten erstreckt sich dieses Gebot im Allgemeinen auf Menschen, Tiere dürfen ›natürlich‹ geschlachtet werden. Im indischen Jainismus trägt man Mundschutz und fegt den Weg, um nicht auf kleine Tiere und Mikroben zu treten, und lebt vegetarisch. Einige Schülerinnen und Schüler finden letzteres »bescheuert«, andere bewundernswert konsequent. Als der Religionslehrer im Lehrerzimmer von der Unterrichtsstunde erzählt, kommt unter den Lehrkräften eine Diskussion auf, ob nicht mehr Unterrichtsthemen mit Materialen zu unterschiedlichen Perspektiven diskutiert werden sollten.

(F4) Die dunkelhäutige, übergewichtige Yorma, die darüber hinaus noch Schwierigkeiten mit der deutschen Sprache hat, wird von ihren Mitschülerinnen und Mitschülern immer wieder als »Mohrenköpfchen« oder gar »fettes Mohrenköpfchen« bezeichnet. Aufforderungen der Lehrkräfte, dies zu unterlassen, fruchten nicht.

1 Herausforderungen interkultureller Schulentwicklung

Schon diese kurze Liste von Fallvignetten, die sich beliebig verlängern ließe, macht exemplarisch vier zentrale Herausforderungen des Aufeinandertreffens von verschiedenen Kulturen im Kontext von Unterricht und Erziehung in der Schule deutlich:

1. *Das Spannungsfeld zwischen Einheit und Vielfalt*: Dieses Spannungsfeld ist charakterisiert durch Fragen wie »Wie viel Einheit ist durchzusetzen?« und »Wie viel Vielfalt ist zuzulassen?«. So entscheidet sich in der ersten Fallvignette ein großer Teil der Schulgemeinschaft dafür, in Bezug auf die in der Pause gesprochene Sprache Einheit herzustellen. Eine solche Forderung an Anpassungsleistungen sprachlicher Art lässt sich durchaus positiv verstehen, etwa um erfolgreiche Teilhabe an der Zielkultur zu fördern, um die Kommunikation von Schülerinnen und Schülern aus verschiedenen Herkunftsländern anzuregen, aber auch, um die Lehrerinnen und Lehrer zu befähigen, die Gespräche ihrer Schülerschaft zu verstehen. Das Abwägen von Einheit und Vielfalt ist auch im zweiten Beispiel offensichtlich, wie etwa im Wunsch der Lehrerin, ihr Handeln an Werten ihres kulturellen Verständnisses auszurichten. Die Frage »Wie viel Einheit ist durchzusetzen?« tritt immer gemeinsam mit einem Antipoden auf: Das Bestehen auf Einheit kann zum Verlust von Identität oder gar zu Zwangsassimilation führen. Deswegen befürworten Anhänger von sogenannten Translanguaging-Konzepten, dass alle Sprachen möglichst gleichberechtigt im Unterricht genutzt werden können. Das Verhältnis von Einheit und Vielfalt wird in der Wissenschaft unter den Begriffen »Kulturuniversalismus« und »Kulturrelativismus« diskutiert (Nieke, 1995; Niekrawitz, 1990). Der Kulturuniversalismus betont die Gemeinsamkeit von Werten, Kategorien in allen Kulturen, und der Kulturrelativismus die Unvergleichbarkeit von Kulturen, ihren Pluralismus.
2. *Das Befremden und Fremdsein*: Der Wunsch von Schülerinnen und Schülern, in ihrer Herkunftssprache zu reden, ist verständlich. Dies gibt ihnen Orientierungs- und Interaktionssicherheit und ist Ausdruck ihrer kulturellen Identität. Gleichwohl wirkt dies auf die Lehrerinnen und Lehrer befremdend, kann möglicherweise sogar Ängste hervorrufen, etwa im Sinne »Was sprechen die da über mich, über unsere Schule, über andere …?« Auch in der letzten Fallvignette führt »befremdet sein« zu negativen Reaktionen. Das Mädchen Yorma wird sowohl aufgrund ihrer Hautfarbe als auch ihres Körpergewichts als anders betrachtet und deswegen beleidigt. »Befremdet sein« hat aber auch positive Aspekte, etwa wenn Schülerinnen und Schüler scheinbar Selbstverständliches wie ihre bisherige Einstellung zu einem Gebot wie »Du sollst nicht töten« in Frage stellen und reflektieren. Chancen und Schwierigkeiten der Konfrontation mit dem Fremden liegen in allen Beispielen dicht beieinander. Werte wie das Fremde als mögliche Ergänzung zu begreifen, es zu akzeptieren ohne es gleich zu bewerten, es als komplementäre Lebensform zu verstehen oder allgemein tolerant zu sein (vgl.

Schöfthaler, 1983) stellen für Pädagoginnen und Pädagogen häufig ein schwer zu erreichendes Ziel dar. Fragen des Umgangs mit dem Fremden werden vor allem in vielerlei Stufenmodellen diskutiert (Bennett, 1993; Hoopes, 1981). Diese Stufen gehen im Allgemeinen zunächst von einer ethnozentrischen Stufe oder Stufen aus, in der/denen nur Orientierungs- und Handlungswissen über die eigene Kultur vorhanden ist. Die höchste Entwicklungsstufe ist meist eine Form von Ethnorelativismus, die gekennzeichnet ist durch Aspekte wie Offenheit und Wertschätzung für andere Kulturen oder den Wunsch, das Fremde als komplementär oder ergänzend zu verstehen.

3. *Die Begegnung mit dem Fremden als systemisches Problem*: Die Begegnung mit dem Anderen, dem Fremden ist nicht nur ein Problem zweier oder mehrerer direkt miteinander interagierender Personen. Es ist eine systemische Herausforderung, die viele Ebenen und Kontexte betrifft bzw. auf diesen angesiedelt ist. Einer der populärsten wissenschaftlichen Kontexte dieses Denkens ist das ökosystemische Modell von Bronfenbrenner (1981). Die Verpflichtung zum Deutschsprechen auf dem Schulhof hat nicht nur Konsequenzen für die verschiedenen Gruppen von Schülerinnen und Schülern mit Migrationshintergrund, die zur Anpassungsleistung genötigt werden. Innerhalb des Systems Schule ist es insgesamt schwierig, alle betroffenen Personengruppen konsensuell an ›einen Tisch‹ zu bekommen. Hinzu kommt bei einem System wie der Schule, dass solche Fragen häufig nicht systemintern geregelt werden können, weil in einer öffentlichen Institution auch Öffentlichkeit hergestellt wird. Dies machen die Reaktionen in der Presse deutlich, wie dies auch die erste Fallvignette widerspiegelt. Ebenso denkt die Lehrerin, die sich fragt, ob sie deutsche Werte durchsetzen muss, über den schulinternen Rahmen hinaus. Sie fragt sich, ob es so etwas gibt wie ›deutsche Werte‹. Systemisches Handeln erfordert auch der Umgang mit der Diskriminierung von Yorma in der letzten Fallvignette. Allein die Aufforderung durch Lehrpersonen reicht nicht, um jemanden, der in mehreren Sektionen seiner Identität diskriminiert wird, zu schützen und um Wiederauftreten solcher Diskriminierungen dauerhaft zu verhindern. Alle Akteure im System Schule müssen hier einbezogen werden.
4. *Die Benachteiligung und Diskriminierung von Personen mit Migrationshintergrund im Bildungssystem*: Benachteiligung von Personen mit Migrationshintergrund hat subjektive, intersubjektive und häufig nur scheinbar objektive Faktoren. Im ersten Beispiel lässt sich der Beschluss ausschließlich deutsch zu sprechen als Benachteiligung sehen, etwa als Verlust kultureller Identität. Man kann darin aber auch die Chance sehen, erfolgreich(er) zu agieren, weil mehr Anschluss an die Zielkultur möglich ist. Es bestehen subjektive Bewertungsprozesse, die etwa über Argumentation oder Einsicht geändert werden können. Im letzten Beispiel jedoch lässt sich die Aussage, jemand sei ein »fettes Mohrenköpfchen«, kaum positiv wenden. Intersubjektiv wird unter den meisten Leserinnen und Lesern Konsens herrschen, dass es sich um eine Beleidigung handelt, die so nicht stehen bleiben darf.

Probleme von Benachteiligung werden auch in repräsentativen Studien wie etwa PISA deutlich. Dort wird immer wieder festgestellt, dass Personen mit Migrationshintergrund schlechtere Bildungsabschlüsse erreichen. Jedoch kann diese zunächst plausible Objektivität in Frage gestellt werden, wenn man etwa konstatiert, nicht der Migrationshintergrund sei ausschlaggebend, sondern das Milieu, aus dem jemand komme. Einfach ausgedrückt: Ein Kind einer türkischen Arztfamilie reüssiert im deutschen Bildungssystem genauso wie das Kind einer deutschen Arztfamilie. Der zentrale theoretische wie empirische Kontext, in dem die Bildungsbenachteiligung diskutiert wird, ist geprägt durch die Gleichzeitigkeit von Bildungsexpansion und sozialer Ungleichheit (vgl. Becker & Lauterbach, 2004). Es gibt eine Reihe theoretischer Modelle wie etwa Rational-Choice Theorien (siehe Stocké, 2012), welche soziale Mechanismen für die Entstehung von Ungleichheit identifizieren.

Allen Fallvignetten gemeinsam ist das Aufeinandertreffen von zwei oder mehreren kulturellen Systemen. Man spricht in diesem Zusammenhang auch von Interkulturalität. Warum muss sich Schulentwicklung hiermit beschäftigen? Diese Frage thematisiert der zweite Abschnitt dieses Beitrags, in dem sowohl auf die demografische Entwicklung als auch auf normativen Druck, der von außen auf das Bildungssystem einwirkt, eingegangen wird. Im dritten Kapitel werden, unter Bezug auf ein theoretisches Modell von Berry (1997) sowie Überlegungen zu (inter)kultureller Kompetenz, Ziele interkultureller Schulentwicklung herausgearbeitet. Das vierte Kapitel behandelt Umsetzungsmöglichkeiten einer interkulturellen Schulentwicklung. Hier kommt ein vom Autor entwickeltes Modell zur Anwendung, das mit systemischen Überlegungen zur Schulentwicklung verknüpft und zusammen mit praktischen Umsetzungsideen dargestellt wird. Den Abschluss des Beitrags bildet eine Diskussion möglicher Stolpersteine.

2 Die Notwendigkeit interkultureller Schulentwicklung

Die eingangs geschilderten Herausforderungen sind keine Einzelfälle an spezifischen Schulen. In manchen deutschen Großstädten versammeln Schulen Schülerinnen und Schüler aus mehr als 50 Nationen an einer Schule. Es kommt immer wieder an der einen oder anderen Stelle zu Konflikten, die in einer aufgeklärten Gesellschaft Interessen ausgleichend gelöst werden sollten oder auch ein engagiertes Eintreten für den Schutz von Personen erfordern, wie etwa in der letzten Fallvignette – dem Mädchen Yorma. Derzeit hat in Deutschland ca. jedes dritte Kind/jeder dritte Jugendliche unter 15 Jahren einen Migrationshintergrund (Statistisches Bundesamt, 2014). Dabei wird »Migrationshintergrund« in Verwaltungskontexten unterschiedlich operationalisiert. Gemäß der häufig verwendeten Definition des Mikrozensus gelten als Personen mit Migrationshintergrund alle nach 1949 auf das heutige Gebiet der Bundesrepublik Deutschland Zugewanderten, alle in Deutschland geborenen Ausländer und alle in Deutschland als Deutsche Geborene mit zumindest einem zugewanderten oder als Ausländer in Deutschland geborenen Elternteil.

Aus diesen demografischen Entwicklungen und den daraus folgenden politischen Reaktionen ergibt sich ein normativer Druck auf das Bildungssystem, der sich in verschiedenen politischen Richtlinien äußert (vgl. z. B. KMK, 2013). Trotz des Bildungsföderalismus sind sich die Kultusministerinnen und -minister in Anbetracht der Entwicklung einig: Alle Schulen, insbesondere solche mit einem hohen Anteil von Schülerinnen und Schülern mit Migrationshintergrund, sollten besondere Profile im Hinblick auf Interkulturalität entwickeln und interkulturelle Öffnung als Ziel in Schulprogrammen und schulinternen Curricula verankern. Wichtige Handlungsaufforderungen in diesem Kontext lauten: »Schule nimmt Vielfalt als Potenzial wahr«, »Schule trägt zum Erwerb interkultureller Kompetenzen im Unterricht aller Fächer und durch außerunterrichtliche Aktivitäten bei«, »Schule ist zentraler Ort für den Erwerb bildungssprachlicher Kompetenzen« oder »Schule gestaltet aktiv Bildungs- und Erziehungspartnerschaften mit Eltern«. Darüber hinaus wird auf eine Reihe wichtiger Kooperationspartner von Schule hingewiesen, mit denen diese zusammenarbeiten sollen, wie »abgebende und aufnehmende Bildungseinrichtungen (Kindertagesstätten, Grundschulen, weiterführende Schulen, Berufsbildungseinrichtungen), Kultur und Bildungsträger in der Region, Einrichtungen für internationalen Schulaustausch, Bildungspartnerschaften und Jugendwerke, Vereine und religiöse sowie gesellschaftliche Organisationen, die Kindern und Jugendlichen Möglichkeiten bieten, Verantwortung für die Gestaltung des Zusammenlebens in der Gesellschaft zu übernehmen, Wirtschaftsunternehmen in der Region, die Möglichkeiten der Berufsorientierung von Schülerinnen und Schülern unterstützen [...]« (KMK, 2013, S. 3 ff.).

Darüber hinaus bietet das Bundesamt für Migration und Flüchtlinge (BAMF) Integrationskurse für Migranten außerhalb der Schule an. Wer einen Überblick mit Best-Practice-Beispielen sucht, der große Bereiche des Spektrums an Angeboten abdeckt, findet diese ebenfalls auf der Homepage des Bundesamts für Migration und Flüchtlinge (Links siehe Internet-Adressen). Dort werden die von der Kultusministerkonferenz (KMK) über die Jahre entwickelten Beschlüsse/Empfehlungen dokumentiert und mit Best Practice-Beispielen illustriert. Im Mittelpunkt stehen die sprachliche Integration und der Zusammenhang von Bildung und Integration. Sowohl auf die Einbeziehung von Eltern in die Bildungsarbeit als auch auf die Gewinnung von zukünftigen Lehrkräften mit Migrationshintergrund wird eingegangen (vgl. Haag, 2015).

Kommunen, Bundesländer und die Bundesregierung reagieren nicht nur auf das, was aktuell vor Ort aufgrund des demografischen Drucks passiert. Sie reagieren im Sinne einer Normenhierarchie auch auf übergeordnete Normvorgaben. So beschäftigen sich etwa die UNESCO-Leitlinien für die Bildungspolitik mit dem Schwerpunkt Inklusion nicht nur mit Personengruppen mit unterschiedlichen Formen von Behinderungen im Regelschulsystem, sondern diese Leitlinien schließen auch interkulturelle Bildung ausdrücklich mit ein. Man kann vor diesem Hintergrund die interkulturelle Öffnung als einen Teilbereich der Inklusionsbemühungen verstehen. Dabei betont Politik im Sinne eines ›Imagemanagements‹ gern nach außen die Bedeutung der Akzeptanz von Vielfalt, schafft aber bürokratisch und finanziell kaum Strukturen, die eine solche Vielfalt befördern. Theoretisch unstrittig ist es, dass es beides in einem Bildungssystem geben muss – Einheit und Vielfalt.

3 Ziele interkultureller Schulentwicklung

Ausgehend von den eingangs genannten exemplarischen Herausforderungen, dem vorhandenen Migrationsdruck und den daraus resultierenden normativen Vorgaben ist zu fragen: Welche Ziele verfolgt eine interkulturelle Schulentwicklung?

Die beschriebenen Herausforderungen legen vier Ziele interkultureller Schulentwicklung zunächst einmal phänomenologisch nahe:

1. Vielfalt wertschätzen, sich aber Grenzen der Vielfalt bewusst sein. Eine Balance herstellen zwischen Wertschätzung, Fordern und Fördern.
2. Überzeugungen und Werte, welche die Balance ermöglichen, identifizieren, reflektieren und gegebenenfalls weiterentwickeln.
3. Nicht nur einzelne Interaktionsbeziehungen verändern, sondern immer auch an das Gesamtsystem schulischer und außerschulischer Interaktion denken.
4. Offene und verdeckte Benachteiligung identifizieren und Maßnahmen sowohl präventiv als auch interventiv dagegen ergreifen.

Um diese Ziele auch theoretisch zu begründen, sei im Folgenden auf ein Akkulturationsmodell von Berry und darauf aufbauende Interpretationen verwiesen.

Berry (1997) stellt sich die Frage, welche Handlungsalternativen Personen haben, wenn sie sich in einer Zielkultur aufhalten. In einem eingängigen Schema kommt er auf vier Alternativen:

	Aufrechterhaltung der kulturellen Herkunftsidentität? → ja!	Aufrechterhaltung der kulturellen Herkunftsidentität? → nein!
Beziehungen zur Zielkultur? → ja!	Integration	Assimilation
Beziehungen zur Zielkultur? → nein!	Separation	Marginalisierung

Abb.1: Akkulturationsmodell in Anlehnung an Berry (1997)

1. Der von Berry und in der Diskussion bis heute favorisierte Modus der *Integration* kennzeichnet Personen, die einerseits Beziehungen zu ihrer Zielkultur aufnehmen, aber andererseits ebenso ihre Herkunftsidentität aufrechterhalten. Mit dieser »Sowohl-als-auch-Position« plädiert Berry dafür, die Fähigkeit zu entwickeln, sich in zwei kulturellen Systemen orientieren zu können. In diesem Modus entscheiden sich die Personen im Sinne der oben genannten Ziele dafür, Vielfalt anzuerkennen und eine Balance zu suchen zwischen mindestens zwei Systemen. Um dies erreichen zu können, benötigen sie bestimmte Überzeugungen und Werte, etwa nicht verächtlich auf eine Kultur zu schauen, sich

anstrengungsbereit Wissen über ihre Herkunftskultur zu erhalten und Wissen über die Zielkultur zu erwerben etc. Beziehungen zu zwei kulturellen Systemen aufrechtzuerhalten erfordert ein hohes Maß an systemischem Denken, um gemeinsame und unterschiedliche kulturelle Muster in diesen Systemen mit ihren Handlungsanforderungen unterscheiden und möglicherweise auch vereinen zu können.
2. Entwickelt eine Person Beziehung zu ihrer Zielkultur und gibt gleichzeitig ihre Herkunftsidentität auf, dann spricht der Autor von *Assimilation*. Dies impliziert, die Idee von Vielfalt aufzugeben. Es bedeutet auch, sich von den eigenen kulturellen Wurzeln zu lösen.
3. Hat jemand keine Beziehung zur Zielkultur und bleibt in der eigenen Herkunftskultur verankert, bedeutet das, in einer fremden Kultur am eigenen kulturellen Rahmen festzuhalten. Dies wird als *Separation* bezeichnet. Auch hier ist die Idee von Vielfalt nicht aufrechtzuerhalten.
4. Denjenigen, denen es nicht gelingt, in Beziehung mit ihrer Zielkultur zu treten und die gleichzeitig den Kontakt zu ihrer Herkunftskultur verloren haben oder verleugnen, droht *Marginalisierung*. Separation und Marginalisierung bieten ein hohes Potenzial, benachteiligt zu werden oder sich selbst in eine Situation zu bringen, die Benachteiligung herausfordert.

Bezieht man dieses Modell der Akkulturationsalternativen exemplarisch auf die erste Fallvignette, ergeben sich folgende Handlungs- und Entscheidungsalternativen im Kontext Schule. Aus der Perspektive der Integration ist es zwar legitim, eine sprachliche Einheit zu fordern. Gleichzeitig darf die Sprache der Kinder und Jugendlichen mit Migrationshintergrund nicht von der Schule verbannt werden. Letzteres wäre eine Zwangsassimilation. Es geht also im wörtlichen wie im übertragenen Sinne darum, Räume für die Sprache, aber auch die Kultur von Schülerinnen und Schülern mit Migrationshintergrund zu schaffen. Ließe man diese weitgehend ausschließlich in ihrer Sprache reden, könnte dies zu Separation oder Marginalisierung führen, weil der Kontakt zur Zielkultur abbricht oder gar nicht erst aufgebaut wird.

Ungeklärt bleibt in dieser Darstellung von Berry, was es bedeutet, Beziehung zu einer Kultur zu haben oder nicht zu haben. Es ist daher zu klären, was unter »Kultur« und der »Kompetenz«, sich in ihr zu orientieren, jenseits von Sprache zu verstehen ist und was interkulturelle Kompetenz in diesem Zusammenhang sein könnte.

Anders als Berry gehen die heute populären, postmodernen Kulturbegriffe davon aus, dass Kultur weniger ein nationales Phänomen in einem geografisch abgeschlossenen Raum ist, so sähe es Herder (1995), sondern Kulturen eher eine Vielfalt von Identitäten repräsentieren, die grenzüberschreitend agieren (vgl. Welsch, 1995) – ein Punk in München etwa weist vielleicht größere Gemeinsamkeiten mit einem Punk aus London auf als mit seinem gutbürgerlichen Nachbarn aus derselben Straße. Damit zeigt die moderne Kulturtheorie einerseits eine Nähe zu modernen Milieutheorien (vgl. Liebenwein, 2008) und hat andererseits viele Anknüpfungspunkte an psychologische Identitätstheorien, die etwa wie Keupp (1989) von »Patchwork-Identitäten« oder »Crazy-Quilt-Identitäten« sprechen. Kiel (2013, S. 140 f.) definiert vor diesem Hintergrund kulturelle Kompetenz als

»[…] eine erwerb- und veränderbare Disposition, welche vorstellbar ist in Form komplexer Schemata. Diese Schemata schließen Werte, Wissen, Können und Einstellungen ein und beziehen sich auf Lebenspraxen, wie zum Beispiel einen Restaurantbesuch, Verhalten in einer Kirche [Rollenverhalten gegenüber Eltern und Lehrern] oder die Kontaktaufnahme zum anderen Geschlecht. Die kulturellen Schemata, über die kulturell kompetente Personen einer Kultur verfügen, sind handlungsleitend für die Bewältigung von Anforderungen spezifischer Kontexte oder Domänen […]. Teilhabe an einer Kultur setzt die Kenntnis der kulturellen Schemata ebenso voraus wie die Fähigkeit, diese Kenntnisse als Performanz in anforderungsadäquates Handeln umzusetzen. Teilhabe ist somit an Kompetenz und Performanz gebunden. Die Anforderungen, auf die kulturell kompetente Personen reagieren, werden einerseits erfahrungsbezogen tradiert und generalisiert. Andererseits unterliegen sie einem selbstregulativen Wandel der Kulturen. Die Zugehörigkeit zu einer Kultur manifestiert sich in der Präferenz für bestimmte Schemata, im erfolgreichen und angemessenen Handeln gemäß auftretenden Anforderungen auf der Basis der Schemata und in der Akzeptanz dieses Handelns durch andere Mitglieder der Kultur.«

Dies hat Konsequenzen für eine Definition von interkultureller Kompetenz. Diese setzt auf der Basis der hier vorgetragenen Überlegungen

- zunächst einmal Selbstreflexivität voraus, denn
- man muss Schemata der eigenen kulturellen Sozialisation kennen,
- diese Schemata für Deuten und Handeln nutzen,
- akzeptieren, dass dieses eigene kulturelle Schema nur eine Möglichkeit unter vielen ist,
- dann gilt es, Kenntnis über andere kulturelle Schemata zu erlangen,
- Dispositionen zu entwickeln, um auf der Basis von Werten, Wissen, Können und Einstellungen Phänomene anderer kultureller Kontexte angemessen deuten zu können bzw. angemessen handeln zu können,
- um dadurch Aspekte der ursprünglichen kulturellen Schemata kritisch zu reflektieren.

Die Beziehung dieser Definitionen zu den oben genannten Zielen ist sicherlich offensichtlich. Sowohl kulturelle als auch interkulturelle Kompetenz erscheinen als systemische Zusammenhänge, die sowohl innerhalb einer Kultur als auch zwischen verschiedenen Kulturen durch eine Vielfalt verschiedener Systeme und Subsysteme gekennzeichnet sind. Vereinheitlicht wird diese Vielfalt durch Werte, Wissen, Können, Einstellungen, welche gemeinsame Lebenspraxen begründen. Innerhalb dieses Zusammenhangs von Einheit und Vielfalt gibt es vielfältige offene und verdeckte Möglichkeiten, andere zu benachteiligen oder sich selbst in Benachteiligungssituationen zu bringen. Diesen Zusammenhang in einem Schulsystem zu vermitteln, ihn in der Schule praktisch umzusetzen ist das übergeordnete Ziel von interkultureller Schulentwicklung.

4 Die Umsetzung interkultureller Schulentwicklung

Ziele sind eine Sache, ihre konkrete Umsetzung in lebendige Praxis eine andere. Im Folgenden wird zunächst ein systemisches Rahmenmodell der Umsetzung charakterisiert, dann werden beispielhaft Möglichkeiten aufgezeigt, dieses Rahmenmodell im Hinblick auf Prozesse der Schulentwicklung zu konkretisieren.

4.1 Rahmenmodell der Umsetzung

Ausgangspunkt der Überlegungen zum Rahmenmodell ist das klassische didaktische Dreieck, welches ungefähr seit dem 19. Jahrhundert davon ausgeht, Lehrkräfte hätten lediglich die Aufgabe, Wissen/Können und Einstellungen, früher sprach man undifferenzierter von Stoff, »in die Köpfe der [Schüler und Schülerinnen] hineinzuarbeiten« – so etwa der Spätherbartianer Willmann (1904, S. 134).

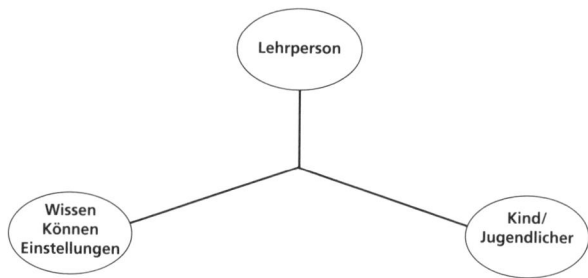

Abb. 2: Das didaktische Dreieck

Ein solches Modell ist aus der Sicht der modernen Lehr-Lerntheorie, aber auch aus Perspektive der vorliegenden Überlegungen zur interkulturellen Öffnung von Schule defizitär, weil es zu wenige systemische Zusammenhänge einbezieht – es nimmt eigentlich nur die Dyade Schüler-Lehrer in den Blick. Die Aufgaben der Lehrkräfte wie auch der Schule werden auf das Vermitteln von Stoff reduziert und die Situiertheit von Schule in Lebenspraxen nicht berücksichtigt.

Daher sei zunächst in einem Schaubild eine erweiterte Fassung des klassischen didaktischen Dreiecks vorgestellt und dann Stück für Stück erläutert.

Man kann sich das ursprüngliche Dreiecksverhältnis eingebettet in einen Rahmen vorstellen. Dieser Rahmen bildet Voraussetzungen ab, die Lernen und pädagogisches Handeln im Kontext Schule beeinflussen. Die Bedeutung solcher Voraussetzungen lehrt nicht erst die kognitive Psychologie, lehr-lerntheoretische Modelle wie das populäre Angebots-Nutzungs-Modell (Helmke, 2010), sondern schon die klassische Hermeneutik, die Voraussetzungen allerdings auf Vorwissen reduzierte. Zu diesem Voraussetzungs-Rahmen gehören das »Menschenbild«,

Die Umsetzung interkultureller Schulentwicklung

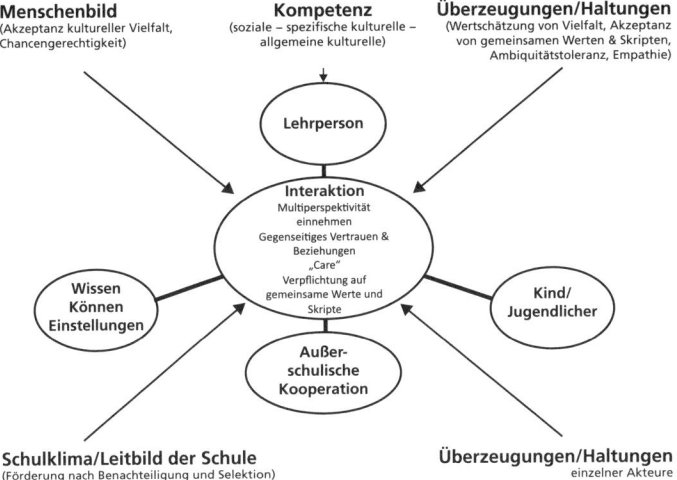

Abb. 3: Erweitertes didaktisches Dreieck

»Kompetenzen«, »Überzeugungen und Haltungen«, das »Schulklima« bzw. das »Leitbild der Schule« und »Überzeugungen/Haltungen einzelner Akteure«. Beginnen wir mit der Erläuterung oben links.

- *Menschenbild*: Menschenbilder haben einen großen Einfluss darauf, wie in pädagogischen Kontexten gehandelt wird. Ökonomisch orientierte Menschenbilder etwa bevorzugen Leistungsorientierung oder Selektion. Religiöse Menschenbilder heben bestimmte Wertorientierungen im Handeln hervor, die ihrem religiösen Wertesystem zugrunde liegen. Im Christentum könnte ein solcher zentraler Wert die Nächstenliebe sein oder im Buddhismus das Mitleid mit dem Anderen. Im Hinblick auf eine interkulturelle Gestaltung der Schule und des Unterrichts spielen die Werte der Akzeptanz und Toleranz kultureller Vielfalt, der Chancengerechtigkeit für alle Menschen und der Willkommenskultur eine große Rolle. Diese Werte dienen dazu, um eine griffige Formulierung von Werning und Arndt (2014) aufzugreifen, ein Maximum an Teilhabe und ein Minimum an Diskriminierung zu ermöglichen.
- *Kompetenz*: Es gibt vielfältige Listen und Definitionen zur Frage, welche Kompetenzen im Einzelnen für interkulturelles Handeln relevant sind. Leenen, Groß und Grosch (2010, S. 111) nennen unter anderem drei Typen von Kompetenzen: »interkulturell relevante soziale Kompetenzen«, »spezifische Kulturkompetenzen« und »kulturallgemeine Kompetenzen«. Alle haben ganz besonders mit dem eingangs genannten zweiten Herausforderungsbereich zu tun – dem Befremden und Fremdsein. Diese Kompetenzen spezifizieren Leenen, Groß und Grosch wie folgt im Einzelnen:

Tab. 1: Kompetenzbereiche interkultureller Kompetenz nach Leenen, Groß und Grosch (2010)

Interkulturell relevante soziale Kompetenzen, z. B.	Spezifische Kulturkompetenzen, z. B.	Kulturallgemeine Kompetenzen, z. B.
Selbstbezogen: • differenzierte Selbstwahrnehmung • realistische Selbsteinschätzung • Fähigkeit zum Identitätsmanagement *Partnerbezogen:* • Fähigkeit zur Rollen- und Perspektivenübernahme *Interaktionsbezogen:* • Fähigkeit, wechselseitig befriedigende Beziehungen aufzunehmen und zu erhalten	• Sprachkompetenz • Interkulturelle Vorerfahrungen • Spezielles Deutungswissen	• Wissen bzw. Bewusstsein von der generellen Kulturabhängigkeit des Denkens, Deutens und Handelns • Vertrautheit mit Mechanismen der interkulturellen Kommunikation • Vertrautheit mit Akkulturationsvorgängen • Wissen über allgemeine Kulturdifferenzen und ihre Bedeutung

Gerade die linke Spalte der hier aufgezählten Kompetenzen macht die Bedeutung der selbstreflexiven Aspekte besonders deutlich. Zusätzlich nennen die Autoren noch die »interkulturell relevanten allgemeinen Persönlichkeitseigenschaften«. Sie werden hier nicht angeführt, weil sie einerseits wie die Eigenschaft »Belastbarkeit« so allgemein sind, dass sie nicht notwendigerweise in einem Zusammenhang mit interkulturellem Handeln stehen, andererseits sind diese Eigenschaften aus Sicht einer modernen Lehr-Lernforschung eher unter dem Begriff »Überzeugungen und Haltungen« zu subsumieren, die im Folgenden erläutert werden.

- *Überzeugungen/Haltungen*: Wesentlich ist hier die schon eingangs genannte Spannung zwischen Einheit und Vielfalt. Eine Schule muss auf der einen Seite Vielfalt wertschätzen und sich auf der anderen Seite auf gemeinsame Werte und Skripte verpflichten. Dieses Spannungsverhältnis lässt sich nie ganz auflösen und verlangt deshalb Ambiguitätstoleranz (Krappmann, 1971) im Sinne der Bereitschaft, Widersprüche aushalten zu können. In diesem Kontext kommt der Empathie eine wichtige Bedeutung zu. Die Auseinandersetzung mit unterschiedlichen kulturellen Schemata erfordert gegenüber den Vertretern dieser Schemata eine wertschätzende Grundhaltung. In der modernen Lehr-Lern- und Professionalisierungsforschung geht man davon aus, dass solchen Überzeugungen und Haltungen eine wichtige Filterfunktion für das Handeln zukommt (Pajares, 1992).

Das hier geschilderte »*Menschenbild*«, die skizzierten »*Kompetenzen*« sowie »*Überzeugungen und Haltungen*« beeinflussen das Geschehen innerhalb des didaktischen Dreiecks. Es soll nicht nur in die Köpfe von Kindern und Jugendlichen ›hineingearbeitet‹ werden. Das schulische Geschehen ist als Interaktion zu verstehen, die sich dadurch definiert:

- *Multiperspektivität einzunehmen*: Das heißt einerseits, kulturelle Schemata zu kontrastieren, etwa auf der Ebene unterschiedlicher Bildungsinhalte, Erfahrungshintergründe der Kinder und Jugendlichen, Werte, Symbole, ikonischer Darstellungen etc. Ein positives Beispiel für solche Kontrastierungen ist in den Fallvignetten die Religionsstunde, in der religiöse Schemata gegenüber gestellt werden. Andererseits gibt es im Kontext des Translanguaging oder Transnationalismus auch Positionen, die dafür plädieren, Perspektiven zu vermischen – also nicht Deutsch oder Türkisch zu sprechen, sondern etwa auch ein »Deukisch« zuzulassen.
- *Gegenseitiges Vertrauen und Beziehungen zu etablieren*: Kulturelle Kontraste oder Überschneidungen können in Spannungssituationen einmünden und zu Abwehrverhalten und Widerstand führen. Aber auch positive Bewertungen des anderen können anstrengend sein, wenn das scheinbar »Normale« in Frage gestellt wird oder man sich von »Bekanntem« löst. Dies erfordert eine Interaktion, die durch gegenseitiges Vertrauen gekennzeichnet ist. Eine Gesamtkonferenz, auf der alle am System Schule Beteiligten über ein diffiziles Thema wie die Schulhofsprache verhandeln, ist eine Möglichkeit vertrauensvolle Interaktionen herzustellen.
- *»Care« zu zeigen*: Wenn in Interaktionen mit Personen aus zwei Kulturen Belastungen, Meinungsverschiedenheiten oder Konflikte auftreten, ist es wichtig, dass sich Lehrkräfte als Führungspersonen um diejenigen kümmern, die in solchen Situationen Hilfe bedürfen – etwa Yorma im letzten Fallbeispiel. Dies setzt eine besondere Achtsamkeit und soziale Sensibilität der Lehrkräfte voraus.
- *Auf gemeinsame Werte und Schemata verpflichten*: Die internationale Klassenführungsforschung betont die Notwendigkeit, in Klassen Regeln und Strukturen zu etablieren, um erfolgreiche Lernarbeit zu gewährleisten und allen einen Schutzraum dafür zu gewähren (vgl. den Überblick bei Kiel, Frey & Weiß, 2013, S. 70–81). Darüber hinaus ist es unumstrittene Funktion der Schule, Wissen und Werte an die nachfolgende Generation weiterzugeben und diese auch verpflichtend zu machen (Fend, 2006). Entsprechende Bildungsziele sind in der Tradition der Aufklärung in den Worten Klafkis z. B. die »Selbstbestimmungsfähigkeit«, »Mitbestimmungsfähigkeit« und »Solidaritätsfähigkeit« (Klafki, 2007).

Eine weitere Änderung im klassischen didaktischen Dreieck ergibt sich durch die Hinzufügung der

- *Außerschulische(n) Kooperation*: Mehrperspektivität sowie die Akzeptanz und Wertschätzung kultureller Vielfalt verlangen, diese auch in die Schule zu holen, etwa Vertreter von Migrationsgruppen, Ausländerbeiräte von Städten und Gemeinden, grundsätzlich Vertreter von Institutionen, die mit kulturellen Überschneidungssituationen unterschiedlichster Art zu tun haben.

Der untere Teil des Rahmens zeigt weitere Einflüsse auf das Geschehen zwischen Lehrperson, Kind/Jugendlichem und Wissen, Können und Einstellungen.

- *Schulklima*: Ein die interkulturelle Öffnung unterstützendes Schulklima ist durch eine Reihe von Hauptdimensionen gekennzeichnet. Dies sind nach Freitag (1998, S. 32 f.)
  – individuelle Merkmale der Lehrerinnen und Lehrer sowie des Lehrerverhaltens und des Unterrichts (z. B. Geschlecht, Alter, Erfahrung, Kompetenzen etc.), individuelle Merkmale der Schülerschaft (z. B. Geschlecht, Alter, soziale Kompetenzen etc.),
  – Merkmale der Schule als Institution (räumliche Lage, Größe, Organisationsstruktur, Leitungsstil der Schulleitung, Weiterbildung des Kollegiums, Einbindung der Elternschaft, Öffnung der Schule nach außen etc.), Merkmale der Interaktion und des Verhältnisses zwischen Schüler- und Lehrerschaft (Disziplin, Vertrautheit, Diskussionsstil etc.),
  – Merkmale der Interaktion und des Verhältnisses zwischen den Schülerinnen und Schülern untereinander (Kohäsion, Konkurrenz, Disziplin etc.), Merkmale der Interaktion und des Verhältnisses zwischen Lehrkräften untereinander (Kollegialität, Respekt, Kooperation etc.).
- *Leitbild der Schule*: Das Leitbild ist selbstverständlich stark geprägt von dem zuvor beschriebenen zugrundeliegenden Menschenbild. Im Mittelpunkt steht wesentlich der Gedanken der Förderung statt der der Selektion. Damit ist einerseits eine Förderung von Leistungsschwächeren und besonders Leistungsstarken gemeint, andererseits aber natürlich auch eine Förderung unterschiedlicher Perspektiven und Sprachen.

Die hier angeführten Kategorien sind nicht ganz disjunkt zu den anderen Kategorien, die im oberen Teil des Rahmens genannt wurden. So haben etwa die individuellen Merkmale der Lehrkräfte sehr viel mit den »Überzeugungen und Haltungen« zu tun. Dennoch wurde diese Kategorie hier aufgenommen, weil sie aus einer systemischen Perspektive den Einfluss der gesamten Schule auf eine interkulturelle Öffnung kennzeichnet.

- *Überzeugung/Haltung einzelner Akteure*: Wesentlichen Einfluss auf die Gestaltung der Interaktion in der Schule haben nicht nur die Überzeugungen und Haltungen der Lehrkräfte, sondern auch die Überzeugungen und Haltungen der Eltern, der Schüler und Schülerinnen sowie der außerschulischen Kooperationspartner. Diese Überzeugungen und Haltungen sind nicht immer kompatibel mit dem oben beschriebenen Menschenbild. Wie in der Diskussion der Beispiele erläutert wurde, kommt es häufig zu Abwehrverhalten oder zu intransparenten und unangemessenen Handlungen.

Die Frage lautet nun: Wie kann ein solches System der Interaktion an einer Schule etabliert werden?

4.2 Die systemische Öffnung von Schule im Hinblick auf Interkulturalität

Ein viel diskutiertes Konzept interkultureller Schulentwicklung im deutschsprachigen Bereich stammt von Karakaşoğlu, Gruhn und Wojciechowicz (2011, S. 23). Dieses Ebenenmodell ist zweifellos inspiriert von klassischen Modellen der Schulentwicklung, wie wir sie etwa von Rolff (2013) kennen. Die Autorinnen unterscheiden vier Ebenen einer interkulturell offenen Schule:

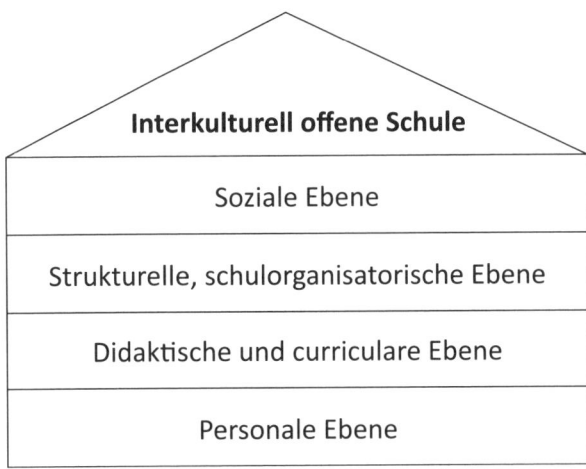

Abb. 4: Ebenenmodell interkultureller Schulentwicklung

Im Folgenden werden Elemente des Rahmenmodells, welches, wie zuvor ausgeführt, von einem erweiterten didaktischen Dreieck ausgeht, in Beziehung zu den Ebenen von Karakaşoğlu, Gruhn und Wojciechowicz gesetzt und daraus Maßnahmen und Schritte eines interkulturellen Schulentwicklungsprozesses abgeleitet.

4.2.1 Menschenbilder, Überzeugungen/Werthaltungen

Menschenbilder, aber auch Überzeugungen und Haltungen sind tief in den Menschen verankert. Sie sind relativ stabil und verändern sich nicht so leicht. Veränderungen zu erzielen ist daher mit großem (zeitlichen) Aufwand verbunden – aber nicht unmöglich. Folgt man Karakaşoğlu, Gruhn und Wojciechowicz, bedeutet dies:

- Auf der *personalen* Ebene geht es bei der Aus- und Weiterbildung von Lehrkräften analog den Ausführungen des Eingangskapitels um die Vermittlung von Wissen im Hinblick auf demografischen Wandel, Migrationsbewegungen, normenhierarchischen Druck, Einheit und Vielfalt, kulturelle und interkulturelle Kompetenzen, kulturelle Skripte und Umgang mit Mehrsprachigkeit... Das

Ziel einer solchen Entwicklung auf der personalen Ebene ist eine selbstreflexive Lehrerpersönlichkeit, die sensibel Fragen von Kulturalität und Interkulturalität in ihrem Denken und Handeln berücksichtigt. Eine Schulleitung, die in einer Gesamtkonferenz unter Einbezug der Eltern über die Schulhofsprache nachdenkt, ist durchaus sensibel, ebenso wie der Religionslehrer, der religiöse Skripte kontrastiert.

- Auf der *didaktischen und curricularen* Ebene sind Kompetenzen, Lernziele oder Bildungsstandards in ihrer Umsetzung so zu gestalten, dass diese auf Werten wie Toleranz und Akzeptanz von Vielfalt basieren. Im Sinne eines klassischen didaktischen Denkens sind dabei einerseits die Auswahl der Bildungsinhalte und andererseits methodische Entscheidungen zu berücksichtigen. Inhaltliche Facetten der Stoffauswahl betreffen z. B. die Überwindung von eurozentrischen und ethnozentrischen Vorstellungen unter anderem in sozialwissenschaftlichen Fächern wie dem Geschichtsunterricht. Hier lassen sich beispielsweise bisher vernachlässigte Bereiche wie die Geschichte Afrikas, ein Perspektivenwechsel hin zu historischen Aspekten des Kulturaustauschs oder das Herstellen von Gegenwartsbezügen, z. B. von der Völkerwanderung zu heutigen Migrationsbewegungen, einbeziehen. Ebenso bieten die sprachlichen Unterrichtsfächer Möglichkeiten der Thematisierung von Einheit und Vielfalt oder kultureller und interkultureller Orientierungen. Hierzu gehört die Lektüre von Literatur anderer Kulturen, die Landeskunde, Lektüre von Migrantenbiografien, der Vergleich von Textsorten (z. B. Märchen verschiedener Kulturen), die Analyse sprachlicher Demütigung und Stigmatisierung. Auch in Fächern wie der Mathematik lassen sich eurozentrische oder ethnozentrische Sichtweisen überwinden. So gibt es etwa den recht neuen Zweig der Ethnomathematik, wo mathematische Probleme anhand von Zahlensymbolisierungen in Spiel, Tanz, Musik, Astrologie etc. untersucht werden. Dies kann durch die Bearbeitung mathematischer Probleme des Duodezimalsystems anhand des Maya-Kalenders oder geometrischer Probleme anhand der Sonakultur in Afrika veranschaulicht werden (vgl. Ascher, 1991; Gerdes, 1997). *Methodisch* verlangt eine interkulturelle Öffnung des Unterrichts die Berücksichtigung der verschiedenen Kompetenzen und Perspektiven der Schülerinnen und Schüler mit und ohne Migrationshintergrund. Wichtig sind hier Maßnahmen der inneren Differenzierung (vgl. Saalfrank, 2012, S. 65–97), kombiniert mit kooperativen Lernformen. Durch Differenzierung mit Blick auf Inhalte wie auch Leistung können Schüler und Schülerinnen ihre unterschiedlichen Kompetenzen und Perspektiven kennenlernen und fruchtbringend nutzen. Fächerübergreifend ist die Sprachbildung im Hinblick auf eine deutsche Standardsprache ebenso wichtig wie die Berücksichtigung der Herkunftssprache (Gogolin & Lange, 2011). Einen guten Überblick zu Aspekten der Sprachförderung, zum Umgang mit Mehrsprachigkeit, Herkunfts- und Bildungssprache sowie zu sprachsensiblem Unterricht bietet der Sammelband *Migration und schulischer Wandel: Mehrsprachigkeit* (Fürstenau & Gomolla, 2011).
- Auf der *strukturell organisatorischen* Ebene gilt der in der Schulentwicklung häufig zitierte Satz »langsamer ist schneller« besonders bei der Veränderung von Wertsystemen. Folgende Maßnahmen sind hilfreich:

- Lehrkräfte müssen langsam an die verschiedenen Dimensionen einer interkulturell offenen Schule herangeführt werden. Dazu bieten sich besonders Hospitationen in Schulen an, die erfolgreich eine solche Öffnung umgesetzt haben. Viele Schulpreise haben mit Inklusion und Interkulturalität zu tun und bieten gute Beispiele für eine interkulturelle Öffnung von Schule (vgl. z. B. Münchner Schulpreis oder Deutscher Schulpreis, siehe Internet-Verweise). Inzwischen gibt es auch eine Reihe von Filmmaterialien, welche auf verschiedene Aspekte des Umgangs mit Heterogenität eingehen, allerdings häufig ohne sich dabei nur auf den Aspekt der interkulturellen Öffnung zu beziehen (Beispiele siehe Internet-Verweise).
- Wert- und Haltungsänderungen sind häufig psychisch herausfordernd und führen nicht selten zu Meinungsverschiedenheiten und Konflikten zwischen Akteuren im Schulentwicklungsprozess – etwa zwischen denjenigen, die unbedingt (möglichst schnell) eine Veränderung wollen und denjenigen, die alles so lassen möchten wie es bisher gewesen ist; Ideen, damit umzugehen, schildert das Kapitel von Kurz und Weiß in diesem Band.
- Eine besondere Rolle spielt in diesem Zusammenhang die Möglichkeit, sich in schwierigen Situationen Unterstützung einholen zu können bzw. sich beraten lassen zu können, z. B. durch Schulpsychologinnen/-psychologen und/oder Schulberatungsstellen oder auch durch externe Moderatoren, die speziell für das Themenfeld der interkulturellen schulischen Arbeit ausgebildet wurden (vgl. Kurz & Weiß in diesem Band). Ein extremes Beispiel für eine positive Entwicklung, die eine multikulturelle Schule mit hohem Gewaltpotenzial nehmen kann, wenn sie Unterstützung erfährt, ist die Rütli-Schule in Berlin (http://www.campusruetli.de/). Die Lehrkräfte fühlten sich den Herausforderungen nicht gewachsen und verlangten die Schließung der Schule. Es ist dort mit externen Unterstützern, lokaler Vernetzung und einem neuen Rektor gelungen, das Gewaltpotenzial radikal zu senken und die Identifikation aller mit ihrer Schule zu stärken.
- Strukturell erfordert eine interkulturelle Öffnung eine verstärkte Kooperation weit über den Austausch von Lehrmaterialien hinaus (Gräsel, Fußangel & Pröbstel, 2006) hin zu gemeinsamen Unterrichtskonzeptionen, der gemeinsamen Erstellung von Förderplänen oder gemeinsamen Überlegungen zur Individualisierung von Unterricht. Ein Hinweis hierauf ergibt sich aus dem eingangs geschilderten Religionsunterricht. Die Idee der Kontrastierung kultureller Skripte lässt sich leicht auf sprachliche und gesellschaftswissenschaftliche Fächer übertragen.
- Über Ängste von Akteuren darf nicht hinweggegangen werden, man muss sie ernst nehmen.
• Auf der *sozialen* Ebene gilt es, Interaktionsformen zu etablieren, die die eingangs geschilderten Menschenbilder und Wertsysteme widerspiegeln. So können Lehrkräfte kaum Anerkennung und Respekt für andere Kulturen vermitteln, wenn sie nicht auch selbst im kollegialen Miteinander oder mit den Schülerinnen und Schülern anerkennend umgehen und so ihre Rolle als Vorbild wahrnehmen.

4.2.2 Kompetenz

In Anbetracht einer überbordenden Kompetenzdiskussion der letzten Jahre mag es auf den ersten Blick sehr einfach erscheinen zu bestimmen, wie man wem welche Kompetenzen im Hinblick auf eine interkulturelle Öffnung von Schule vermittelt. Dem ist leider nicht so. Das hat einerseits damit zu tun, dass es sehr vielfältige Listen und Definitionen zu der Frage gibt, welche Kompetenzen für interkulturelles Handeln relevant sind. Zum anderen sind die oben genannten interkulturellen Kompetenzen zum Teil sehr unspezifisch und nicht immer klar operationalisierbar.

- Wichtig auf der *personalen* Ebene ist ein informierendes Vermitteln der drei von Leenen, Groß und Grosch (2010) genannten Kompetenzbereiche (»interkulturell-relevante Kompetenzen«, »spezifische Kulturkompetenzen«, »kulturallgemeine Kompetenzen«). Eine solche Vermittlung betrifft alle an der Schulentwicklung beteiligten Akteure.
- *Didaktisch* gilt es, fachbezogen und fachübergreifend für die Schülerinnen und Schüler Situationen zu etablieren, in denen Kompetenzen wie differenzierte Selbstwahrnehmung, unterschiedliche Sprachkompetenzen oder Wissen bzw. Bewusstsein von der generellen Kulturabhängigkeit des Denkens, Deutens und Handelns eine Rolle spielen. Für alle drei oben genannten interkulturellen Kompetenzbereiche ist es wichtig, dass diese nicht nur instruktionsorientiert verbal vermittelt werden, sondern sie sich im Unterricht handelnd und erlebnisorientiert erfahren lassen. Auch außerschulische Trainingsprogramme zu Themen wie Toleranz, Anti-Rassismus oder Anti-Bias können in diesem Zusammenhang hilfreich sein (eine Übersicht siehe Internet-Verweise).
- Auf der *strukturell organisatorischen* Ebene bedeutet dies, dass die Fächer sich auch fachübergreifend koordinieren und gemeinsam überlegen, wie diese Kompetenzen vermittelt werden. Eine solche Koordination geschieht häufig durch den Einsatz von Steuerungsgruppen, die Vorschläge für Entwicklungsprozesse machen, um diese dann als Produkt eines Aushandlungsprozesses verbindlich zu etablieren. Ein wichtiges Ergebnis solcher Entwicklungsprozesse können verschiedene Teams sein:
  – Arbeitsteams, die sich gegenseitig entlasten durch Materialaustausch oder etwa gemeinsame Erstellung von Wochenplänen;
  – Lernteams, Personengruppen, die über einen längeren Zeitraum etwas gemeinsam planen, sich durch Intervision unterstützen;
  – Qualitätsteams, wo Lehrkräfte sich gegenseitig durch Hospitation beobachten oder Feedback von Schülerinnen und Schülern einholen;
  – Organisationseinheiten, die bewusst fachübergreifend an Aspekten der Etablierung interkultureller Kompetenzen arbeiten (vgl. Werning & Arndt, 2014).

Strukturell hilfreich für die Entwicklung interkultureller Kompetenzen sind auch die Kooperation mit den oben genannten außerschulischen Institutionen und Personen sowie eine Öffnung der Schule in den Sozialraum, z. B. auch im Hinblick auf die Zusammenarbeit von Schule mit ›abgebenden‹ (Kita etc.) und ›aufnehmenden‹

(weiterführende Schulen, Berufsbildung) Institutionen. Ebenso wichtig ist auch die Einbeziehung der Eltern. Von besonderer Bedeutung sind hier sogenannte niedrigschwellige Beteiligungsangebote, welche Eltern überhaupt erst einmal in Kontakt mit der Schule bringen. Zur Einbeziehung der Eltern eignen sich Feste, in denen kulturelle Traditionen der Eltern- und Schülerschaft präsentiert werden, aber auch Elternabende mit Dolmetschern, Elterncafés etc. Ebenso können Qualifikationsangebote für Eltern unter der besonderen Berücksichtigung ihrer sprachlichen Voraussetzungen angedacht werden – beispielhaft sei hier das in vielen Kommunen und Regionen angebotene Projekt »Mama lernt Deutsch« genannt. Eltern aus anderen Kulturen verstehen ihre Verantwortung für den schulischen Erfolg der Kinder häufig anders als wir es in unserer deutschen Kultur tun.

- Auf der *sozialen* Ebene bedeuten strukturelle und schulorganisatorische Veränderungen die Entwicklung einer neuen Kooperations- und Kommunikationskultur. Diese besteht jedoch nicht einfach nur in einem Appell an guten Willen doch zusammenzuarbeiten, sondern zu ihr gehört eine eindeutige Verteilung von Aufgaben und Zuständigkeiten, etwa die Einführung von Sprachkoordinatoren oder Verantwortlichen für die Elternzusammenarbeit, ganz besonders im Hinblick auf Personen mit Migrationshintergrund. Die Notwendigkeit hierfür wird z. B. in der ersten Fallvignette deutlich.

4.2.3 Schulklima/Leitbild der Schule

Ein Leitbild der Schule, welches Förderung in den Mittelpunkt stellt und Benachteiligung zurückweist, ergibt sich einerseits aus den Ausführungen zu Menschenbild, Kompetenz, Überzeugungen und Haltungen. Andererseits bietet ein solches Leitbild, wenn es schriftlich explizit verbalisiert wird, eine normative Richtschnur. Diese Richtschnur kann auf Konferenzen oder Besprechungen als Maßstab genutzt werden, ob und inwieweit Fortschritte im Hinblick auf eine interkulturelle Öffnung der Schule erreicht wurden. Sie kann ebenso eine wichtige Voraussetzung für eine externe Evaluation von Schule sein.

Für die Entwicklung eines Leitbildes bzw. die Arbeit an einem Schulprofil kann auch auf etablierte Projekte wie z. B. »Schule ohne Rassismus – Schule mit Courage« (http://www.schule-ohne-rassismus.org/startseite/) zurückgegriffen werden. Zusammenstellungen weiterer Umsetzungsmöglichkeiten sowie Best-Practice-Beispiele aus Schulen finden sich z. B. beim Cornelsen-Verlag und dem Niedersächsischen Bildungsserver (NiBiS) (siehe Internet-Verweise).

4.3 Wie man beginnt!

Im Beitrag von Kurz und Weiß in diesem Band wird deutlich, dass ein Schulentwicklungsprozess einer Bestimmung des Ausgangszustandes bedarf. Dies kann ganz unterschiedlich geschehen. Eine Möglichkeit ist es, leitfadengestützte Gruppendiskussionen zu etablieren, die sich an Fragen orientieren wie:

1. Wie zeigt sich Vielfalt an unserer Schule?
2. Welche Möglichkeiten gibt es, diese Vielfalt als Bereicherung zu erleben oder auszudrücken?
3. Welche Formen von verpflichtenden Werten oder Handlungen erwarten wir in unserer Schule von den Schülerinnen und den Schülern, den Lehrkräften, Eltern und anderen Akteuren?
4. Wie stellt sich unsere Schule Benachteiligung und Diskriminierung entgegen?
5. Wie gehen wir mit Ungleichheit um (kulturell, leistungsbezogen ...)?
6. Welche Formen der individuellen Förderung haben wir? Sind diese Formen der individuellen Förderung koordiniert?

Es lassen sich statt einer einleitenden Gruppendiskussion auch systematischere Zugänge vorstellen, wie etwa folgender Fragebogen aus einem Leitfaden für interkulturelle Schulentwicklung (Cornelsen, 2013, S. 11 f.), der sich vorrangig aus der Perspektive der Schulleitung mit Fragen der interkulturellen Öffnung auseinandersetzt, aber auch leicht für das gesamte Kollegium einer Schule umformuliert werden könnte:

Tab. 2: Fragebogen zur interkulturellen Öffnung von Schule (vgl. Cornelsen, 2013, S. 11 f.)

Kenntnisse der Leitung	++	+	-	--
Sind Ihnen Diversity-Management-Strategien bekannt?				
Kennen Sie gelungene Beispiele interkulturellen Handelns im Bereich der Schulleitung?				
Berücksichtigt Ihre Schule die KMK-Empfehlungen?				
Sind Ihnen Dimensionen von Vielfalt (in Ihrer Schülerschaft, im Kollegium, beim sonstigen Personal) bekannt?				
Verfügen Sie über Erhebungen oder eine Zusammenstellung vorhandener Daten?				
Haben Sie sich bereits mit der Thematik des kultursensiblen Unterrichtens auseinandergesetzt?				
Sind Ihnen die religiösen Traditionen der an Ihrer Schule vorhandenen Religionsgemeinschaften bekannt?				
Werden diese bei der Planung schulischer Veranstaltungen berücksichtigt?				
Sind Ihnen Fälle von Diskriminierung an Ihrer Schule bekannt, beispielsweise • Lehrkraft mit Migrationshintergrund wird von Eltern oder Schülern diskriminiert • Lehrkraft ohne Migrationshintergrund wird von Eltern oder Schülern mit Migrationshintergrund diskriminiert • Fälle von Diskriminierung im Kollegium				

Tab. 2: Fragebogen zur interkulturellen Öffnung von Schule (vgl. Cornelsen, 2013, S. 11 f.) – Fortsetzung

Kenntnisse der Leitung	++	+	-	--
Sind Ihnen die Abschlussquoten von Kindern mit und ohne Migrationshintergrund bekannt?				
Sind Ihnen die Wiederholungsquoten von Kindern mit und ohne Migrationshintergrund bekannt?				
Ist Ihnen die Quote von Schulverweigerern bei Kindern mit und ohne Migrationshintergrund bekannt?				
Organisatorisches				
Spiegelt die Leitungsebene Vielfalt wider?				
Ist die interkulturelle Öffnung von Schule im Schulprogramm oder Leitbild verankert?				
Wurden bei der Entwicklung des Schulprogrammes/Leitbildes alle schulischen Akteure (Schülerinnen und Schüler, Eltern, Lehrkräfte, sonstiges Personal) einbezogen, etwa im Rahmen eines Projekttages?				
Wurden konkrete Entwicklungsziele zur interkulturellen Öffnung formuliert?				
Wurden Maßnahmen der Qualitätssicherung vereinbart (Messinstrumente, zeitlicher Rahmen, Zuständigkeiten)?				
noch: Organisatorisches				
Wurden Aktivitäten und Maßnahmen der Jahresplanung mit dem Leitbild verbunden und mit den Zielen abgeglichen?				
Gibt es beispielsweise Projekte und Aktivitäten, die zur Förderung des Verständnisses von interkultureller Vielfalt beitragen und die Gemeinschaft stärken?				
Stehen zur Umsetzung von Zielen im Rahmen der interkulturellen Öffnung finanzielle Ressourcen zur Verfügung?				
Stehen personelle Ressourcen zur Verfügung?				
Gibt es an Ihrer Schule ein Gesamtsprachenkonzept? Hat dieses evaluative Komponenten?				
Werden Ergänzungsstunden im Rahmen eines Sprachenkonzeptes verwendet? Wird dies evaluiert?				
Verfolgen Förderkurse Ziele im Rahmen der Sprachbildung? Wird dies evaluiert?				
Sind ergänzende Angebote am Nachmittag in ein Gesamtsprachenkonzept integriert? Wird dies evaluiert?				

Tab. 2: Fragebogen zur interkulturellen Öffnung von Schule (vgl. Cornelsen, 2013, S. 11 f.) – Fortsetzung

	++	+	-	--
Personal				
Werden interkulturelle Personalentwicklungsstrategien vonseiten der Schulaufsicht von Ihnen eingefordert?				
Haben Sie ein Mitspracherecht bei der Stellenbesetzung?				
Spielen milieu- und kultursensible Erwägungen eine Rolle bei der Anwerbung von Personal und bei der Stellenbesetzung?				
Gibt es an Ihrer Schule einen Integrations- bzw. Sprachbildungskoordinator oder ein Team, das sich dieser Themen annimmt?				
Ist in der Fortbildungsplanung die Vermittlung von interkultureller Kompetenz und Sprachbildung berücksichtigt?				
Gibt es an Ihrer Schule neben den Lehrkräften Mitarbeiter anderer Berufsgruppen?				
Verfügen diese Mitarbeiter über Kompetenzen hinsichtlich Interkulturalität und Sprachbildung?				
Kommunikation und Vernetzung				
Spielen in der Kommunikation mit der Schulaufsicht Fragen der interkulturellen Öffnung eine Rolle?				
Kommunizieren Sie die Bedeutung interkultureller Öffnung an die schulinternen Akteure, etwa durch Beispiele und Fakten aus dem Schulleben?				
Werden Instrumente wie die Homepage der Schule, Elternbriefe oder andere gedruckte Erzeugnisse dazu verwendet, die Bedeutung interkultureller Öffnung und die Aktivitäten zu kommunizieren?				
Bestehen Kooperationen mit externen Organisationen und Institutionen innerhalb und außerhalb des Stadtteils, etwa mit Migrantenorganisationen?				
Nehmen Sie an Sitzungen lokaler Organisationen teil?				
Spiegeln die Kooperationen der Schule die Vielfalt der Schüler, Eltern und Lehrkräfte wider?				
Haben Sie konkrete Ansprechpartner aus verschiedenen Religionsgemeinschaften?				
Werden die Kooperationspartner über Aktivitäten des Schullebens informiert und in Kommunikationsstrukturen eingebunden?				

Die weiteren Schritte zur interkulturellen Schulentwicklung (Zielbestimmung, Handlungsplan, Umsetzung, Reflexion) sollten sich – mit Blick auf die konkreten Verhältnisse vor Ort – an den im Kapitel von Kurz und Weiß in diesem Band dargestellten Prozessen orientieren.

5 Stolpersteine

Die hier skizzierten Ziele interkultureller Schulentwicklung erfordern einen erheblichen Aufwand. Neben den üblichen Problemen einer systemisch-bürokratischen Umsetzung sind es vor allem Einstellungen und Werthaltungen, die dem entgegenstehen. Wider idealistischen Konzeptionen sind Toleranz oder Akzeptanz des Fremden oder des anderen den Menschen nicht einfach gegeben und können nicht »verordnet« werden. Im Gegenteil: Kulturvergleichende Forschung zeigt, dass die Begegnung mit dem Fremden häufig zunächst einmal mit Abwehrverhalten verknüpft ist (Bennett, 1993; Hoopes, 1981). Grundsätzlich erfordert der Umgang mit Diversität, dass alle am System Schule beteiligten Akteure – Schülerinnen und Schüler, Lehrerinnen und Lehrer, Eltern – lernen müssen, die Vielfalt vor allem unterschiedlicher Werthaltungen zu erkennen, zu akzeptieren und zu nutzen. Auf dem Weg dahin gibt es verschiedene Stolpersteine, die sich auf allen Ebenen einer interkulturellen Öffnung von Schule finden.

Strukturell-organisatorische Ebene

- Eine Öffnung von Schule erfordert Kommunikation. (Weiter)Entwicklung bedeutet, miteinander ins Gespräch zu kommen, abzuwägen, zu argumentieren, auszuhandeln. Hier sind nicht nur die Lehrerinnen und Lehrer gefragt, sondern die gesamte Schulgemeinschaft. Einem solchen Prozess können sprachliche Barrieren im Wege stehen, wenn sich beispielsweise Schülerinnen und Schüler, aber auch Eltern nicht beteiligen können, da ihnen die sprachlichen Möglichkeiten fehlen und diese ihre Anliegen und Bedürfnisse nicht adäquat deutlich machen können.
- Der Einbezug von Eltern in schulische Entwicklungsprozesse erweist sich auch ohne das Thema »Interkulturelle Öffnung« häufig als schwierig. Insgesamt ist der Anteil von Elternbeteiligung an schulischen Belangen gering. So zeigt etwa die große Studie von Sacher zu Elternarbeit, dass einerseits eher die Eltern männlicher Schüler in die Schule kommen (häufig aufgrund von Disziplinproblemen) und andererseits Eltern mit Migrationshintergrund große Berührungsängste im Umgang mit Schule haben (Sacher, 2007).

Soziale und personale Ebene

- Auf der sozialen/personalen Ebene sind vor allem Interaktionsschwierigkeiten zwischen verschiedenen beteiligten Personengruppen zu adressieren. Diese können in Vorurteilen und ablehnenden Haltungen, aber auch in Ängsten oder einfach Unkenntnis begründet sein. Aversive Einstellungen gegenüber interkultureller Öffnung finden sich bei Lehrkräften, Eltern sowie Schülerinnen und Schülern gleichermaßen. Vorurteile gegenüber Menschen anderer Kulturen können stark ausgeprägt sein, die Übernahme unterschiedlicher Perspektiven ist kognitiv aufwändig und anstrengend, die bisherige schulische Sozialisation, die auf Einheit gerichtet war, ist auch zum Habitus geworden und wird ungern aufgegeben. Eltern verbinden mit Interkulturalität häufig die Angst, ihr Kind

könne in einem solchen Setting nicht angemessen gefördert werden. Die Konsequenzen solcher Ängste liegen im Widerstand: Gemeinsame Projekte werden boykottiert, man möchte sich nicht einlassen auf Kontakte mit Schülerinnen und Schülern sowie deren Eltern mit einem Migrationshintergrund. Spitzt sich solches Denken zu, kann es zur Frontenbildung kommen: Eltern »verbünden« sich gegen »die anderen«, die ihrer Meinung nach den Lernfortschritt bremsen.
- Auf Lehrerseite kommt ein grundlegendes Gefühl der Unsicherheit hinzu, wie man denn mit Diversität umgehen solle. Es sei daran erinnert, dass die Inklusionsforschung national wie international positive Einstellungen von Lehrern und Lehrerinnen konstatiert im Hinblick auf Inklusion, diese sich aber ungenügend ausgebildet fühlen (vgl. z. B. Heyl & Seifried, 2014). Es wird ein Fehlen grundlegender Strategien und Wissensbestände beklagt. Besonders für »Krisensituationen« – eskalierende Konfliktsituationen, schwierige Elterngespräche, unüberwindlich erscheinende kulturelle Unterschiede – fühlen sich Lehrerinnen und Lehrer nicht ausreichend qualifiziert.

Didaktische und curriculare Ebene

- Lehrerinnen und Lehrer können sich in ihren Freiheiten eingeschränkt sehen, ganz besonders, wenn auf der didaktisch-curricularen Ebene Vorgaben dahingehend gemacht werden, Aspekte zu berücksichtigen, die bisher nicht thematisiert wurden. Neben der Einschränkung der Freiheitsgrade kann Widerstand auch daraus resultieren, dass die Motivation zur Weiterbildung auf bestimmten Gebieten nur begrenzt vorhanden ist.
- Dem kann der Stolperstein gegenüberstehen, dass der Lehrplan zu wenige Möglichkeiten bietet, Einheit und Vielfalt oder (inter)kultureller Orientierungen zu thematisieren. Entsprechende Themen selbst zu erarbeiten, Literatur/Quellen zu eruieren und entsprechende Unterrichtsstunden vorzubereiten, kann dann sehr aufwändig und deshalb mit Widerstand behaftet sein – oder überhaupt nur »halbherzig« erfolgen.

Für den Umgang mit den beschriebenen Problemlagen und Widerständen gibt es keine Patentlösung. Es gibt nur die Möglichkeit, immer wieder zu versuchen, zu überzeugen, in Verhandlungsprozesse einzutreten und Wege sowie institutionelle Strukturen aufzuzeigen, an die bisher nicht gedacht wurde. Die unter Punkt 4.2 skizzierten Maßnahmen und Schritte zeigen aber Anregungen auf.

Literatur

Ascher, M. (1991). *Ethnomathematics. A multicultural view of mathematical ideas.* Pacific Grove: Brooks/Cole Publishing Co.

Becker, R. & Lauterbach, W. (Hrsg.) (2004). *Bildung als Privileg? Erklärungen, Ursachen und Befunde zu den Ursachen der Bildungsungleichheit*. Wiesbaden: VS.

Bennett, M. J. (1993). A developmental model of intercultural sensitivity. In R. M. Paige (Hrsg.), *Education for the intercultural experience* (S. 21–72). Yarmouth/Maine: Intercultural Press.

Berry, J. W. (1997). Immigration, Acculturation, and Adaption. *Applied Psychology: An International Review*, 46 (1), 5–68.

Bronfenbrenner, U. (1981). *Die Ökologie der menschlichen Entwicklung*. Stuttgart: Klett.

Cornelsen (= Cornelsen Schulbuchverlag) (2013). *Interkulturelle Schulentwicklung. Ein Leitfaden für Schulleitungen*. Verfügbar unter http://www.cornelsen-schulverlage.de/¬fm/1272/9783069629641%20x1PS_Interkult%20Schulentwicklung_2013_komplett.pdf (10.08.2015).

Fend, H. (2006). *Neue Theorie der Schule. Einführung in das Verstehen von Bildungssystemen*. Wiesbaden: VS.

Freitag, M. (1998). *Was ist eine gesunde Schule? Einflüsse des Schulklimas auf Schüler- und Lehrergesundheit*. Weinheim, München: Juventa.

Fürstenau, S. & Gomolla, M. (Hrsg.) (2009). *Migration und schulischer Wandel: Mehrsprachigkeit*. Wiesbaden: VS.

Gerdes, P. (1997). *Ethnomathematik. Dargestellt am Beispiel der Sona-Geometrie*. Heidelberg, Berlin, Oxford: Spektrum der Wissenschaft Verlagsgesellschaft.

Gogolin, I. & Lange, I. (2011). Bildungssprache und Durchgängige Sprachbildung. In S. Fürstenau & M. Gomolla (Hrsg.), *Migration und schulischer Wandel: Mehrsprachigkeit* (S. 107–127). Wiesbaden: VS.

Gräsel, C., Fußangel, K. & Pröbstel, C. (2006). Lehrkräfte zur Kooperation anregen – eine Aufgabe für Sisyphos? *Zeitschrift für Pädagogik*, 52 (2), 205–219.

Haag, L. (2015). *Expertise zu interkultureller Öffnung und Schulentwicklung. Aktueller Stand und Konsequenzen unter besonderer Berücksichtigung Bayerns*. Landeshauptstadt München: Sozialreferat/Stelle für interkulturelle Arbeit. Verfügbar unter http://www.¬edu.lmu.de/schulpaedagogik/forschung/forschungsprojekte/schulefueralle/index.html (22.10.2015).

Helmke, A. (2010). *Unterrichtsqualität und Lehrerprofessionalität. Diagnose, Evaluation und Verbesserung des Unterrichts*. Seelze-Velber: Kallmeyer/Klett.

Herder, J. G. (1995). *Ideen zur Philosophie der Geschichte der Menschheit*. Bodenheim: Syndikat.

Heyl, V. & Seifried, S. (2014). »Inklusion? Da ist ja sowieso jeder dafür!?« Einstellungsforschung zu Inklusion (EFI). In S. Trumpa, S. Seifried, E.-K. Franz & T. Klauß (Hrsg.), *Inklusive Bildung. Erkenntnisse und Konzepte aus Fachdidaktik und Sonderpädagogik* (S. 47–60). Weinheim, Basel: Beltz/Juventa.

Hoopes, D. S. (1981). Intercultural ommunication concepts and the psychology of intercultural experience. In M. D. Pusch (Hrsg.), *Multicultural education. A cross cultural training approach* (S. 9–38). Yarmouth/Maine: Intercultural Press.

Karakaşoğlu, Y., Gruhn, M. & Wojciechowicz, A. (2011). *Interkulturelle Schulentwicklung unter der Lupe. (Inter)nationale Impulse und Herausforderungen für Steuerungsstrategien in Bremen*. Münster: Waxmann.

Keupp, H. (1989). Auf der Suche nach der verlorenen Identität. In H. Keupp & H. Bilden (Hrsg.), *Verunsicherungen. Das Subjekt im gesellschaftlichen Wandel* (S. 47–70). Göttingen: Hogrefe.

Kiel, E. (2013). Kulturelle Kompetenz. In A. Grabowski (Hrsg.), *Sinn und Unsinn von Kompetenzen. Fähigkeitskonzepte im Bereich von Sprache, Medien und Kultur* (S. 133–151). Opladen, Berlin, Toronto: Budrich.

Kiel, E., Frey, A. & Weiß, S. (2013). *Trainingsbuch Klassenführung*. Bad Heilbrunn: Klinkhardt.

Klafki, W. (2007). *Neue Studien zur Bildungstheorie und Didaktik. Zeitgemäße Allgemeinbildung und kritisch-konstruktive Didaktik*. Weinheim: Beltz.

KMK (Ständige Konferenz der Kultusminister der Länder in der Bundesrepublik Deutschland) (2013): *Interkulturelle Bildung und Erziehung in der Schule*. Verfügbar unter

http://www.kmk.org/fileadmin/veroeffentlichungen_beschluesse/1996/1996_10_25-Interkulturelle-Bildung.pdf (10.08.2015).
Krappmann, L. (1971). *Soziologische Dimensionen der Identität – strukturelle Bedingungen für die Teilnahme an Interaktionsprozessen.* Stuttgart: Klett.
Leenen, W. R., Groß, A. & Grosch, H. (2010). Interkulturelle Kompetenz in der sozialen Arbeit. In G. Auernheimer (Hrsg.), *Interkulturelle Kompetenz und pädagogische Professionalität* (S. 101–123). Wiesbaden: VS.
Liebenwein, S. (2008). *Erziehung und Soziale Milieus. Elterliche Erziehungsstile in milieuspezifischer Differenzierung.* Wiesbaden: VS.
Nieke, W. (1995). *Interkulturelle Erziehung und Bildung.* Opladen: Leske + Budrich.
Niekrawitz, C. (1990). *Interkulturelle Pädagogik im Überblick: von der Sonderpädagogik für Ausländer zur interkulturellen Pädagogik für Alle.* Frankfurt a. M.: Verlag für Interkulturelle Kommunikation.
Pajares, M. F. (1992). Teachers' beliefs and educational research: Cleaning up a messy construct. *Review of Educational Research, 62*, 307–332.
Rolff, H.-G. (2013). *Schulentwicklung kompakt. Modelle, Instrumente, Perspektiven.* Weinheim, Basel: Beltz.
Saalfrank, W.-T. (2012). Differenzierung. In E. Kiel (Hrsg.), *Unterricht sehen, analysieren, gestalten* (S. 65–97). Bad Heilbrunn: Klinkhardt.
Sacher, W. (2007). Kooperation zwischen Schule und Elternhaus. Gelingensbedingungen und Stolpersteine. *Friedrich-Jahresheft, XXV*, 84–85.
Schöfthaler, T. (1983). Kultur in der Zwickmühle. *Das Argument, 139*, 333–347.
Statistisches Bundesamt (2014). *Bevölkerung und Erwerbstätigkeit – Bevölkerung mit Migrationshintergrund. Ergebnisse des Mikrozensus 2013.* Verfügbar unter https://www.destatis.de/DE/Publikationen/Thematisch/Bevoelkerung/MigrationIntegration/Migrationshintergrund2010220137004.pdf?__blob=publicationFile (12.08.2015).
Stocké, V. (2012). Das Rational-Choice Paradigma in der Bildungssoziologie. In U. Bauer, U. H. Bittlingmayer & A. Scherr (Hrsg.), *Handbuch Bildungs- und Erziehungssoziologie* (S. 423–436). Wiesbaden: Springer VS.
Welsch, W. (1995). Transkulturalität. Zur veränderten Verfassheit heutiger Kulturen. *Zeitschrift für Kulturaustausch, 45* (1), 39–44.
Werning, R. & Arndt, A.-K. (2014). Unterrichtsgestaltung und Inklusion. In E. Kiel (Hrsg.), *Inklusion im Sekundarbereich* (S. 53–96). Stuttgart: Kohlhammer.
Willmann, O. (1904). Über die Vorbereitung des Lehrers für die Unterrichtsstunden. In O. Willmann (Hrsg.), *Aus Hörsaal und Schulstube. Gesammelte kleinere Schriften zur Erziehungs- und Unterrichtslehre* (S. 122–135). Freiburg i. Br.: Herder.

Internet-Adressen

Bundesamt für Migration und Flüchtlinge (BAMF), Integrationskurse für Migranten außerhalb der Schule: http://www.bamf.de/DE/DasBAMF/Aufgaben/Integrationsprogramm/integrationsprogramm-node.html
Bundesamt für Migration und Flüchtlinge (BAMF), Best-Practice-Beispiele mit Angeboten: http://www.bamf.de/SharedDocs/Anlagen/DE/Downloads/Infothek/Integrationsprogramm/bundesweitesintegrationsprogramm.pdf;jsessionid=60295817B3382BE3EC0BE3C35FBA12C2.1_cid294?__blob=publicationFile
Cornelsen-Verlag, Möglichkeiten zur Gestaltung eines Leitbildes und Best-Practice-Beispiele: http://www.cornelsen-schulverlage.de/fm/1272/StolperchancenIII.pdf
Deutscher Schulpreis: http://www.bosch-stiftung.de/content/language1/html/1007.asp

Filmmaterialien zum Umgang mit Heterogenität: http://www.netzwerk-heterogenitaet.de/index.php?content=materialboerse/m_filme.php&quer_navi=.

Münchner Schulpreis: http://www.muenchen.de/rathaus/Stadtverwaltung/Referat-fuer-Bildung-und-Sport/M-nchner-Schulpreis.html

Niedersächsischer Bildungsserver (NiBiS), Möglichkeiten zur Gestaltung eines Leitbildes und Best-Practice-Beispielen: http://www.nibis.de/nli1/ikb/ikbhandbuchpdf/sichtwechselalles.pdf

Rütli-Schule in Berlin: http://www.campusruetli.de/

Staatsinstitut für Schulqualität und Bildungsforschung, Möglichkeiten zur Gestaltung eines Leitbildes und Best-Practice-Beispiele: http://www.isb.bayern.de/download/15407/divers_kontrovers.pdf

Trainingsprogramme zu Toleranz, Anti-Rassismus oder Anti-Bias, Übersicht: http://www.bildungsserver.de/Trainingsprogramme-3272.html

Schulentwicklung zur Ganztagsschule

Markus Kollmannsberger

(F1) Die Schulleiterin einer Grundschule wird im Rahmen eines Elternabends für zukünftige Erstklässler von mehreren Eltern bezüglich der problematischen Betreuungssituation am Nachmittag angesprochen. Der in der Nähe der Schule angesiedelte städtische Hort ist überfüllt und nimmt im kommenden Schuljahr nur wenige Schülerinnen und Schüler neu auf. Es existieren zudem drei von Eltern initiierte Mittagsbetreuungsgruppen an der Schule, die ebenso nur für einen Teil der angehenden Erstklässler Betreuungsplätze anbieten können.

(F2) An einer Schule, die von vielen Schülerinnen und Schülern aus schwierigen sozialen Verhältnissen besucht wird, sollen neben dem Unterricht auch anregende und niederschwellige Freizeitangebote in den Bereichen Sport, Musik und Kultur angeboten werden. Das Kollegium möchte mit solchen Angeboten Schülerinnen und Schüler erreichen, die vom Elternhaus keine entsprechende Unterstützung erhalten.

(F3) Ein Gymnasium sieht sich mit rückläufigen Anmeldezahlen und einer zunehmenden Konkurrenzsituation mit umliegenden Gymnasien konfrontiert. Eine Gruppe engagierter Lehrkräfte diskutiert Lösungsansätze dahingehend, wie die Schule attraktiver gestaltet werden kann.

(F4) Das Kollegium einer Schule sucht im Rahmen einer Lehrerkonferenz nach Möglichkeiten, Differenzierungs- und individuelle Fördermaßnahmen besser in den Schulalltag integrieren zu können. Ein Kollege berichtet von einer Hospitation an einer gebundenen Ganztagsschule, an der solche Maßnahmen im Rahmen einer rhythmisierten Zeitgestaltung Teil des regulären schulischen Angebots sind.

(F5) Die externe Evaluation einer Schule verweist auf einige Problemlagen, insbesondere werden das Schulklima und die mangelnden Kommunikationsmöglichkeiten zwischen Lehrer- und Schülerschaft bemängelt.

Solche und vergleichbare Konstellationen können Anstoß für Lehrkräfte, Kollegien und Schulleitungen sein, sich mit der Entwicklung hin zur Ganztagsschule auseinanderzusetzen. Da es nicht *die* Ganztagsschule gibt, befasst sich der erste Abschnitt dieses Beitrags mit begrifflichen Klärungen und liefert einen Überblick über die Ganztagsschullandschaft in Deutschland. Der zweite Abschnitt greift die Eingangsbeispiele auf, indem Begründungslinien für den Ausbau ganztägiger schulischer Angebote sowie die Frage nach Wirkung und Qualität von Ganztagsschulen dargestellt und eingeordnet werden. Mit Blick auf die Einzelschule zeigt sich in Abschnitt 3, dass die Entwicklung zur Ganztagsschule, verglichen mit anderen Schulentwicklungsmaßnahmen, in besonderem Maße an die zur Verfügung stehenden Ressourcen, speziell die räumliche, finanzielle und personelle Ausstattung, gebunden ist und intensiver Abstimmungsprozesse mit Sachaufwandsträgern und Schulverwaltung bedarf. Und doch eröffnen die derzeit gültigen Vorgaben in den meisten Bundesländern der Einzelschule, aber auch vergleichsweise breite Handlungsspielräume bei der Gestaltung des Ganztags. Angesichts der verschiedenen normativen Vorgaben und Antragsverfahren in den Bundesländern, der unterschiedlichen Voraussetzungen vor Ort an den Einzelschulen, aber auch der aktuellen Dynamik in Bildungspolitik und -verwaltung erscheint es schwer möglich, spezifische, für die Einzelschule bedeutsame Handlungsfelder und -prozesse darzustellen. Dennoch lassen sich Gestaltungselemente und Handlungsfelder identifizieren, die für viele Schulen, die sich auf den Weg zur Ganztagsschule machen, relevant sein können. Solche Gestaltungselemente von Ganztagsschulen werden exemplarisch in Abschnitt 4 dargestellt, bevor abschließend Abschnitt 5 potenzielle Stolpersteine bei der Konzeptentwicklung und -umsetzung thematisiert.

1 Ganztagsschule – Begriff und Entwicklungsstand in Deutschland

Angestoßen durch das »Investitionsprogramm Zukunft Bildung und Betreuung« (IZBB) der Bundesregierung im Jahr 2003 hat in Deutschland in den letzten Jahren ein massiver Ausbau ganztägiger schulischer Angebote stattgefunden. Lag der Anteil von Ganztagsschulen im Jahr 2002 bei 16,3 % aller Schulen, so wurden im Schuljahr 2011/2012 bereits 54,3 % aller öffentlichen und privaten Schulen (Primarstufe und Sekundarstufe I) in Deutschland als Ganztagsschulen geführt (Klemm, 2013). Die Teilnahmequoten von Schülerinnen und Schülern liegen allerdings deutlich unter dieser Marke, so nutzten deutschlandweit betrachtet 30,6 % der Schülerinnen und Schüler im Schuljahr 2011/2012 ein ganztägiges schulisches Angebot. Dieses Gefälle ist insbesondere darauf zurückzuführen, dass Ganztagsschulen – je nach Schulart und Bundesland in unterschiedlicher Weise – überwiegend als freiwilliges Angebot konzipiert sind.

Die statistischen Angaben beziehen sich auf die Definition der Kultusministerkonferenz, nach der es sich bei Ganztagsschulen um Schulen handelt, an denen:

- »an mindestens drei Tagen in der Woche ein ganztägiges Angebot für die Schülerinnen und Schüler bereitgestellt wird, das täglich mindestens sieben Zeitstunden umfasst,
- an allen Tagen des Ganztagsbetriebs den teilnehmenden Schülerinnen und Schülern ein Mittagessen bereitgestellt wird,
- die Ganztagsangebote unter Aufsicht und Verantwortung der Schulleitung organisiert, in enger Kooperation mit der Schulleitung durchgeführt werden und in einem konzeptionellen Zusammenhang mit dem Unterricht stehen« (KMK, 2008, S. 4).

Zudem unterscheidet die Kultusministerkonferenz, je nach dem Verbindlichkeitsgrad der Teilnahme, unterschiedliche Formen von Ganztagsschulen:

- »In der voll gebundenen Form sind alle Schülerinnen und Schüler verpflichtet, an mindestens drei Wochentagen für jeweils mindestens sieben Zeitstunden an den ganztägigen Angeboten der Schule teilzunehmen.
- In der teilweise gebundenen Form verpflichtet sich ein Teil der Schülerinnen und Schüler (z. B. einzelne Klassen oder Klassenstufen), an mindestens drei Wochentagen für jeweils mindestens sieben Zeitstunden an den ganztägigen Angeboten der Schule teilzunehmen.
- In der offenen Form können einzelne Schülerinnen und Schüler auf Wunsch an den ganztägigen Angeboten dieser Schulform teilnehmen. Für die Schülerinnen und Schüler ist ein Aufenthalt, verbunden mit einem Bildungs- und Betreuungsangebot in der Schule, an mindestens drei Wochentagen im Umfang von täglich mindestens sieben Zeitstunden möglich« (KMK, 2008, S. 5).

Eingerahmt von diesen formalen Kriterien der KMK, die gewissermaßen einen organisatorischen Mindeststandard in Bezug auf die Gestaltung von Ganztagsschulen abbilden, sind mit Blick auf die konkrete Ausgestaltung vor Ort beträchtliche Unterschiede festzustellen. Diese zeigen sich z. B. in Bezug auf die Verbindlichkeit der Teilnahme, die Trägerschaft des Ganztagsbetriebs, Kooperationsstrukturen mit außerschulischen Partnern, Öffnungszeiten, Formen der Mittagsverpflegung, die Personalstruktur oder auch didaktische Konzepte und Formen der inhaltlichen Ausgestaltung. Die Bundesländer haben jeweils eigene normative Vorgaben in Form von Qualitätsrahmen, Kriterienkatalogen oder Verwaltungsvorschriften zur Ganztagsschulentwicklung vorgelegt; zwischen den Bundesländern zeigen sich bedeutende Unterschiede in Bezug auf Definitionen und Bezeichnungen in den Schulgesetzen, die Geschwindigkeit des Ausbaus, Schwerpunktsetzungen bei den geförderten Schularten und die konkreten Angebotsformen (Aktionsrat Bildung, 2013; Bertelsmann Stiftung, 2012; Fischer et al., 2012).

Die so entstandene Vielfalt der Ganztagsschullandschaft ist mit den Definitionen der KMK kaum adäquat abzubilden. Zudem existieren neben Ganztagsschulen weitere Ganztagsangebote (z. B. Hort, Mittagsbetreuung, Tagesheim), deren Schwerpunkt zwar eher auf der nachmittäglichen Betreuung liegt, die aber in der Diskussion um ganztägige schulische Angebote ebenso genannt, bisweilen gar begrifflich vermischt werden. Nicht zuletzt sind auch viele Halbtagsschulen so konzipiert (z. B. im Hinblick auf Nachmittagsunterricht oder außerschulische Angebote), dass sie von Ganztagsschulen nach der obigen Definition kaum zu unterscheiden sind (Eisnach, 2011).

Es kann davon ausgegangen werden, dass die Definition der KMK bewusst im Sinne eines Minimalkonsenses mit Blick auf rein organisatorische Aspekte zusammengestellt wurde, um den quantitativen Ausbau des Ganztagsschulbereichs seit Beginn der 2000er Jahre nicht durch restriktive inhaltliche Vorgaben einzuschränken. Neben den formal-organisatorischen Kriterien der KMK wurden im Rahmen der Vergaberichtlinien von Mitteln aus dem IZBB-Programm zwar Leitziele aufgeführt, die als Hinweise auf inhaltliche Qualitätsmerkmale von Ganztagsschulen zu verstehen sind. Dies sind unter anderem die individuelle Förderung und das Eröffnen von Lernchancen, eine Rhythmisierung des Schultags, eine veränderte Lernkultur, Angebote zur Förderung sozialen Lernens und zur kreativen Freizeitgestaltung, eine Ausweitung der Partizipation von Schülerinnen, Schülern und Eltern, eine Öffnung der Schule nach außen sowie Qualifikationsmaßnahmen für das Personal. Allerdings ist der Verbindlichkeitscharakter dieser Merkmale und Zielvorstellungen als gering einzustufen – so heißt es in einer entsprechenden Publikation des Bundesministeriums für Bildung und Forschung (BMBF, 2003, S. 6) explizit, dass sich das Konzept einer Ganztagsschule an den genannten Leitzielen *orientieren* sollte – die Entscheidungshoheit über Einsatz und Erfüllung von Qualitätskriterien lag und liegt aber weiterhin bei den zuständigen Länderbehörden. Bundesweit übergreifend wird bei der Planung und Gestaltung von Ganztagsschulen, wenn überhaupt, auf die oben genannten, recht weit gefassten formalen Kriterien der KMK rekurriert.

Im Wesentlichen bleibt es so der Einzelschule überlassen, ein Ganztagskonzept zu entwickeln und dieses, vor dem Hintergrund der eher vagen Leitlinien sowie der Rahmenbedingungen vor Ort, in Abstimmung mit Schulverwaltung, Sachaufwandsträgern und Ministerien umzusetzen. Innerhalb der Vorgaben eröffnen die bildungspolitischen und -administrativen Rahmenbedingungen der Einzelschule einen vergleichsweise breiten Handlungsspielraum bei der Entwicklung und Implementierung von Ganztagskonzepten.

Die aus dieser Konstellation entstandene Vielfalt an Angeboten ganztägiger Beschulung lässt sich, wie eingangs erwähnt, bildungsstatistisch nur schwerlich abbilden. Konkretere Einblicke in die aktuelle Ganztagsschullandschaft bieten beispielsweise die Ergebnisse einer bundesweiten Schulleiterbefragung (StEG-Konsortium, 2013):

- *Verbindlichkeit der Teilnahme*: Insbesondere im Grundschulbereich überwiegen Formen des Ganztags, die auf einer freiwilligen Teilnahme der Schülerinnen und Schüler beruhen (79,6 %), deutlich weniger Schulen legen eine verbindliche Teilnahme für einzelne Klassen bzw. Jahrgangsstufen (7,6 %) oder die gesamte Schülerschaft (12,8 %) fest. In Schulen der Sekundarstufe I (ohne Gymnasien) zeigt sich ein anderes Bild: Hier fordert die Mehrheit der Schulen eine verbindliche Teilnahme für alle Schülerinnen und Schüler (29,1 %) bzw. zumindest für bestimmte Klassen oder Jahrgangsstufen (24,7 %). Bezogen auf die oben genannten Kategorien der KMK überwiegen insgesamt betrachtet offene Formen des Ganztags mit einem geringen Verbindlichkeitsgrad.
- *Trägerschaft des Ganztagsbetriebs*: In einzelnen Bundesländern können neben Schulen oder der Schulverwaltung auch andere Träger (Verbände, Vereine) den Ganztagsbetrieb verantworten. Bundesweit betrachtet liegt die Trägerschaft bei immerhin 40 % der Grundschulen, 17,5 % der Sekundarschulen (ohne Gymnasium) und 23,5 % der Gymnasien in den Händen externer Träger. Inwiefern das in der KMK-Definition genannte Kriterium der »Aufsicht und Verantwortung der Schulleitung« für den Ganztagsbetrieb von solchen Trägerstrukturen betroffen ist, kann auf Basis der vorliegenden Daten nicht beantwortet werden.

- *Öffnungszeiten*: Über 70 % der Grundschulen mit Ganztagsbetrieb führen diesen an fünf Tagen durch, in der Sekundarstufe sind dies nur 25 % (Gymnasien) bzw. 15 % (Sekundarstufe I ohne Gymnasium). Schulen im Primarbereich bieten, insbesondere im Rahmen von Kooperationen mit Horten, im Mittel auch längere tägliche Öffnungszeiten von 8,5 (ohne Hort) bis 9,5 (mit Hort) Stunden. Das Angebot geht somit in Teilen, gerade im Primarbereich, deutlich über den von der KMK geforderten zeitlichen Mindestumfang hinaus.
- *Verknüpfung der Angebote*: Eine konzeptionelle Verzahnung von Unterricht und zusätzlichen Ganztagsangeboten ist ein wesentlicher Baustein der KMK-Definition, wird aber an den Schulen – ob in offener oder gebundener Form der Ganztagsorganisation – nicht umfassend umgesetzt. Etwa die Hälfte der befragten Schulleitungen gibt an, dass schulischer Unterricht und außerunterrichtliche Lerngelegenheiten nur wenig verknüpft sind. Findet eine Verknüpfung statt, dann häufig über ein Angebot von zusätzlichen Lern-, Förder- oder Aufgabenzeiten, die vorrangig Lernprobleme und -defizite adressieren.

In der Umsetzung von ganztägigen schulischen Angeboten zeigt sich insgesamt betrachtet ein breites Spektrum von rein additiven Modellen, bei denen die Halbtagsschule durch nachmittägliche Betreuungsangebote ergänzt wird, bis hin zu – vergleichsweise wenigen – Schulen mit integrierten Ganztagsmodellen, an denen eine gebundene Form mit verpflichtender Teilnahme, rhythmisierte Zeitstrukturen, eine Verzahnung von Unterricht und außerunterrichtlichen Angeboten, differenzierte Fördermaßnahmen und eine Kooperation von multiprofessionellen Teams vorzufinden sind (Hollenbach-Biele & Zorn, 2014).

2 Begründungslinien, Forschungsbefunde und Qualität ganztägiger Schulorganisation

2.1 Begründungslinien

Mit den Investitionen in Ganztagsschulen wurden und werden in der fachlichen, politischen und öffentlichen Diskussion vielfältige Erwartungen verknüpft, die als Begründung bzw. Legitimation für den massiven Ausbau des Ganztagsbereichs dienen (vgl. u. a. Aktionsrat Bildung, 2013; Eder, 2015; Holtappels, 2009; Holtappels & Rollett, 2009; Radisch & Klieme, 2003).

Eine *sozialpolitische Begründungslinie* zielt zum einen darauf ab, mit dem Ausbau von Ganztagsschulen auf einen gestiegenen Erziehungs- und Betreuungsbedarf zu reagieren und damit z. B. eine bessere Vereinbarkeit von Familie und Beruf zu befördern. Neben der reinen Betreuungsleistung wird in diesem Zusammenhang auch auf eine Entlastung durch die Integration von Hausaufgaben in die schulischen Abläufe sowie eine mögliche Verringerung des Bedarfs an privatem Nachhilfeunterricht verwiesen. Ganztagsschulen sollen demzufolge einen Baustein soziokultureller Infrastruktur bilden, auch da sie zusätzliche Angebote der Freizeitgestaltung anbieten, was gerade für benachteiligte Sozialräume eine bedeutsame Ergänzung darstellen kann. Mit Blick auf die Prozesse des Wandels in familiären Konstellationen und veränderte Bedingungen des Aufwachsens nehmen Ganztagsschulen als Sozialisationsinstanz eine wichtige Rolle in Bezug auf den Aufbau sozialer Kontakte und sozialer Integration ein.

Vor allem die Ergebnisse der internationalen Vergleichsstudie PISA im Jahr 2001 haben eine *bildungspolitische Begründungslinie* für den Ganztagsausbau in den Mittelpunkt gerückt. Die insgesamt schlechten Leistungen der deutschen Schülerinnen und Schüler, vor allem aber auch das große Gefälle zwischen den leistungsstärksten und leistungsschwächsten Schülerinnen und Schülern sowie der stark ausgeprägte Zusammenhang zwischen sozialer Herkunft und schulischer Leistung waren Ausgangspunkt für entsprechende Überlegungen. Der Ganztagsschule wird in dieser Begründungslinie das Potenzial zugesprochen, den Aufbau von Kompetenzen gezielter anbahnen zu können, Benachteiligungen besser auszugleichen und Schülerinnen und Schüler intensiver individuell zu fördern. Die Ausweitung von Lerngelegenheiten und Fördermaßnahmen sollen dazu beitragen, »Begabungspotenziale besser auszuschöpfen, die gesamte Leistungsbreite besser zu fördern, Benachteiligungen aufgrund sozioökonomischer Herkunft und Migrationshintergrund auszugleichen und Schulversagen zu vermeiden« (Holtappels & Rollett, 2009, S. 19).

Eine *pädagogische Begründungslinie* stützt sich insbesondere auf ein erweitertes Verständnis von Lernen und Bildung. Eine Ausrichtung an den individuellen Bedürfnissen und Begabungen der Schülerinnen und Schüler sowie eine differenzierte Lernkultur sollen den Aufbau von fachlichen Kompetenzen und Schlüsselqualifikationen, aber auch die Persönlichkeitsentwicklung in höherem Maße unterstützen. Durch eine Öffnung der Schule nach außen (Familie, Sozialraum, Vereine, Einrichtungen der Kinder- und Jugendhilfe etc.) ist Schule dieser Vorstellung zufolge ein pädagogisch gestalteter Lern-, Lebens- und Erfahrungsraum.

Unterschiedliche Anlässe und Begründungslinien für die Beschäftigung mit dem Thema Ganztagsschule bilden auch die Eingangsbeispiele ab. Die erste Fallvignette verweist mit der Frage nach der Betreuung von Schülerinnen und Schülern nach Ende des regulären Halbtagsunterrichts auf eine sozialpolitische Begründungslinie, die Beispiele 2 und 4 beziehen sich auf Aspekte zu den Kategorien bildungspolitischer und pädagogischer Begründungen. Neben solchermaßen begründeten Handlungsanlässen können auch »pragmatische« Anlässe wie die Konkurrenzsituation einer Schule in Fallvignette 3 Ausgangspunkte für Schulentwicklungsprozesse sein. Auch eine Entwicklung zur Ganztagsschule kann so betrachtet auf Basis von »Druck« oder »Zug«, mittels »innerer« oder »äußerer« Anstöße und/oder im Sinne von Bottom-Up- oder Top-Down-Prozessen eingeleitet werden (vgl. Kurz & Weiß in diesem Band).

Schon Radisch und Klieme (2003, S. 17) verwiesen darauf, »dass sich mit einer flächendeckenden Ausweitung ganztägiger schulischer Angebote eine große Menge an Hoffnungen und Lösungserwartungen für vielfältige (nicht nur schulische) Probleme verbindet«. Sicherstellung von Betreuung, Angebot von Freizeitaktivitäten, Agieren in lokalen Bildungsnetzwerken, Verbesserung der Chancengerechtigkeit, Leistungssteigerung und Kompetenzförderung, Ermöglichung einer Neuen Lernkultur – mit dem Ausbau ganztägiger schulischer Angebote waren und sind durchaus vielfältige Erwartungen verbunden. Betrachtet man die Entwicklung der Ganztagsschulen seit Beginn der 2000er Jahre ist auffällig, dass die genannten Erwartungen zu einem massiven Ausbau des Angebots führten, der weitgehend ohne empirisch abgesicherte Erkenntnisse über Vor- und Nachteile oder gestalterische Grundlagen ganztägiger Schulformen stattfand (Bertelsmann Stiftung, 2012; Fischer et al., 2012).

2.2 Forschungsbefunde

Erst in den letzten Jahren gibt es umfassendere Forschungsbemühungen im Ganztagsbereich (für einen Überblick vgl. BMBF, 2012), die allerdings beim derzeitigen Stand nur wenige klare Erkenntnisse z. B. zu den Wirkungen ganztägiger Beschulung aufzeigen. Fasst man die vorliegenden empirischen Befunde zur Ganztagsschule zusammen, verweisen diese einerseits auf den massiven – quantitativen – Ausbau der vergangenen Jahre und bewerten diesen positiv. Andererseits ist aber auch festgehalten, dass das – qualitative – Potenzial der Ganztagsschulentwicklung bei Weitem noch nicht ausgeschöpft erscheint.

So lassen sich eindeutig positive Effekte mit Blick auf den Aspekt ›Betreuung und Vereinbarkeit von Familie und Beruf‹ festhalten (Züchner, 2011). Insbesondere im Primarbereich ist Ganztagsschulen eine entlastende Funktion für Familien und Alleinerziehende zuzusprechen (vgl. auch Aktionsrat Bildung, 2013). Weniger klar ist die Befundlage in Bezug auf intendierte Wirkungen von Ganztagsschulen wie den Kompetenzerwerb oder die Erhöhung der Chancengerechtigkeit. Nur sehr vereinzelt zeigen sich positive Effekte im Vergleich von Halbtags- und Ganztagsschule im Hinblick auf diese zentralen Erwartungen, andere Studien verweisen auf gegenteilige Effekte. Berkemeyer, Bos und Manitius (2012) folgern, dass beim vorhandenen Forschungsstand keine klaren Effekte ganztägiger Beschulung auf den Kompetenzerwerb oder eine Entkopplung von Herkunft und schulischer Leistung festgehalten werden können.

Zur Erwartung, dass ein Mehr an Zeit die Etablierung einer neuen Lernkultur, z. B. im Hinblick auf Methodenvielfalt, befördern könne, konstatieren Fischer et al. (2012, S. 37; vgl. auch Eder, 2015), dass sich derzeit »keine Hinweise auf eine veränderte Lernkultur« an Ganztagsschulen feststellen lassen. Klassische, lehrerzentrierte Unterrichtsformen dominieren nicht nur im regulären Unterricht, sondern auch in außerunterrichtlichen Förderangeboten werden schüleraktivierende Methoden nur in geringem Umfang eingesetzt. Zudem lassen sich offene und gebundene Formen des Ganztags hinsichtlich konkreter pädagogischer Umsetzungsmaßnahmen häufig nicht systematisch voneinander unterscheiden (Klieme et al., 2007).

Als bedeutende Kriterien für die Wirksamkeit ganztägiger Beschulung kristallisieren sich die Regelmäßigkeit und Intensität der Teilnahme auf Schülerseite sowie die pädagogische Qualität der Angebote heraus. Sind diese Kriterien in ausreichendem Maß erfüllt, zeigen sich Beiträge ganztägiger Beschulung zur Entwicklung sozialer Kompetenzen, zur Entwicklung von Lernmotivation und Freude an Schule sowie zur positiven Entwicklung von schulischer Performanz in Form von Schulnoten (Fischer, Kuhn & Klieme, 2009; Kuhn & Fischer, 2011). Zudem gibt es Hinweise auf eine Reduktion des Risikos von Klassenwiederholungen bei Besuch einer Ganztagsschule (zusammenfassend siehe Berkemeyer, Bos & Manitius, 2013).

2.3 Qualität von Ganztagsschule

Insgesamt kann man festhalten: Eine einfache Gleichung wie ›Mehr Zeit = Mehr Lernchancen = Mehr Kompetenzen‹ geht nicht auf, ein zeitlich verlängerter Aufenthalt in der Schule alleine bürgt nicht automatisch dafür, dass die intendierten Wirkungen ganztägiger Beschulung eintreten. Immerhin wurden bis dato keine spezifisch negativen Wirkungen des Besuchs einer Ganztagsschule nachgewiesen, z. B. werden bestehende Disparitäten nicht stärker vergrößert als im Bereich der Halbtagsschule (Aktionsrat Bildung, 2013). Ebenso lassen sich Befürchtungen bezüglich einer Beeinträchtigung des Familienlebens durch den Besuch ganztägiger schulischer Angebote nicht bestätigen – eher scheint das Gegenteil der Fall, wie entsprechende Befragungen von Eltern und Schülerinnen und Schülern zeigen (StEG-Konsortium, 2010).

Ganztagsschulen können, müssen aber nicht zu Kompetenzentwicklung, Chancengerechtigkeit oder einer Erhöhung der Lernmotivation beitragen. *Die* Ganztagsschule gibt es nicht – die Einzelschulen unterscheiden sich bisweilen sehr, was die Rahmenbedingungen, die Ganztagskonzeption oder auch die konkrete organisatorische wie inhaltliche Ausgestaltung vor Ort betrifft. Entsprechend ist es, auch angesichts der immer noch bestehenden Forschungsdesiderate in diesem Bereich, kaum möglich, die gute Ganztagsschule anhand allgemeingültiger Qualitätsmerkmale abzubilden.

Darüber hinaus kann Qualität nur in Bezug auf bestimmte Zielsetzungen hin bestimmt werden (vgl. Helmke, 2003). Grundlegend beanspruchen Merkmale guter (Halbtags-)Schulen, wie sie aus der Forschung zu Schulqualität oder -effektivität bekannt sind, auch im Ganztagsbereich Gültigkeit. Kriterien guten Unterrichts beispielsweise sollten im Ganztag ebenso wie in einer herkömmlichen Halbtagsschule Beachtung finden. Will oder soll die Schule aber, wie in den Fallvignetten angedeutet, Lern-, Lebens- und Erfahrungsraum werden, will sie sich primär auf das Beheben von Defiziten oder die Bereitstellung eines Betreuungs- und Freizeitangebots fokussieren, so stellt sich die Frage nach spezifischen Qualitätsmerkmalen für den Ganztagsbereich in jedem der Fälle auf unterschiedliche Weise.

Übergreifend werden als strukturelle Qualitätsmerkmale von Ganztagsschulen unter anderem diskutiert und als bedeutsam erachtet:

- *Struktur und Qualifikation des Personals*, gerade mit Blick auf das »weitere pädagogische Personal« (z. B. Erzieherinnen/Erzieher, Sozialpädagoginnen/

-pädagogen, Honorarkräfte, ehrenamtlich Tätige), das neben den Lehrkräften an Ganztagsschulen tätig ist.
- *Konzeptionelle Verknüpfung von Unterricht und weiteren Angeboten* – nicht nur im Sinne einer Kompensation von Defiziten durch außerunterrichtliche Förderung; Verzahnung kann auch bedeuten, dass ein gemeinsames Curriculum entwickelt oder Unterrichtsthemen vertieft werden.
- *Stabile und intensive Kooperation* mit außerschulischen Partnern (Wohlfahrts- und Jugendverbände, Vereine, Musikschulen etc.).

3 Schulentwicklung zur Ganztagsschule

Schon eingangs wurde darauf verwiesen, dass die Entwicklung von einer Halbtags- zu einer Ganztagsschule wohl zu den komplexesten Schulentwicklungsmaßnahmen zu zählen ist, auch weil die Einzelschule diesen Prozess nicht ohne den Einbezug weiterer Akteure stemmen kann. Sie muss sich zudem nach Vorgaben richten, die mehr oder minder restriktiv wirken. Die Einzelschule ist z. B. abhängig von Ressourcenzuteilungen, die Entwicklungsschritte sind in Abstimmung mit Schulverwaltung und Sachaufwandsträgern zu durchlaufen, es müssen Kooperationspartner und zusätzliches Personal gewonnen werden etc. Aufgrund der unterschiedlichen länderspezifischen Vorgaben und der daraus resultierenden Vielgestaltigkeit der Ganztagsschullandschaft sind konkrete Entwicklungsschritte hin zur Ganztagsschule kaum länderübergreifend abzubilden.

Grundlegende Prozesse der Schulentwicklung, wie sie im Kapitel von Kurz und Weiß in diesem Band beschrieben sind, sind auch für die Entwicklung zur Ganztagsschule bedeutsam. Als spezifisch für die Entwicklung hin zur Ganztagsschule können folgende Phasen genannt werden (Serviceagentur »Ganztägig lernen« Baden Württemberg, 2015a, S. 5 f.):

- *Von der Interessensbekundung bis zur Antragsstellung*: Erarbeitung eines pädagogischen Konzepts, Herstellen eines Grundverständnisses (z. B. Form der Ganztagsschule, Zeitmodell, Raumkonzept, Vereinbarkeit mit Halbtagsbetrieb, Einsatz Lehrdeputate/Honorare, Kooperationspartner …);
- *Vorbereitung der Umsetzung des pädagogischen Konzepts*: Planung der konkreten Umsetzung, Kommunikation nach außen (z. B. Antragsformalitäten, Akquise und Vertragsgestaltung mit Kooperationspartnern, Informationsabende, »Werbemaßnahmen« …);
- *Das erste Jahr als Ganztagsschule*: Analyse von Problemlagen, Erarbeiten von Lösungen, Etablierung als Ganztagsschule (z. B. Umgang mit An- oder Abmeldungen, Umgang mit Unterrichtsausfällen, Umgang mit erweiterter Schulpflicht …).

Eine zentrale Rolle im Schulentwicklungsprozess hin zur Ganztagsschule kommt der Ausarbeitung eines Ganztagskonzepts zu, schon da dieses in formaler Hinsicht einen zentralen Baustein entsprechender Anträge an die zuständigen Schulbehörden darstellt. Für die Darstellung eines Antragsverfahrens wird, angesichts der föderalen Unterschiede, exemplarisch auf das Beispiel der Einrichtung einer gebundenen Ganztagsschule in Bayern verwiesen.

Beispiel: Aufbau einer gebundenen[1] Ganztagsschule in Bayern (Grundschule, Schuljahr 2014/2015)

- Konzeptionelle und organisatorische Vorgaben: strukturierter Aufenthalt an der Schule an mindestens vier Wochentagen mit einer Unterrichts- und Betreuungszeit von 8 bis 16 Uhr, Rhythmisierung des Unterrichtstags, konzeptioneller Zusammenhang vormittäglicher und nachmittäglicher Aktivitäten, Mittagsverpflegung (verpflichtend im Klassenverband), Ganztagsangebot unter Aufsicht und Verantwortung der Schulleitung.
- Personelle Ausstattung: Pro Ganztagsklasse und Schuljahr stehen zwölf Lehrerwochenstunden sowie 6.000 € für die Beschäftigung externer Kräfte (über Kooperation mit freien Trägern, Kommunen, oder Anstellung von Einzelpersonen) zur Verfügung.
- Aufbau des Ganztagszuges über vier Jahre, jedes Schuljahr wird eine zusätzliche Klasse eingerichtet. Die Wahlfreiheit der Schüler/innen bzw. Eltern zwischen Halbtags- und Ganztagszug muss dabei gewahrt bleiben, ggf. kommen so auch jahrgangskombinierte Formen in Frage.
- Die Genehmigungsentscheidung liegt beim Staatsministerium für Bildung und Kultus, Wissenschaft und Kunst; ein Rechtsanspruch auf Genehmigung besteht nicht. Der Antrag auf Einrichtung eines Ganztagszugs wird vom Schulaufwandsträger in Abstimmung und Einvernehmen mit der jeweiligen Schule gestellt.
- Das vorrangige Entscheidungskriterium ist die Qualität des einzureichenden Ganztagskonzepts, das von der Schulleitung und dem Kollegium unter Beteiligung von Elternbeirat und Schulforum zu erarbeiten ist. Die Einhaltung der verpflichtenden Basisstandards des Qualitätsrahmens für gebundene Ganztagsschulen ist dabei zu beachten.
- Neben dem pädagogischen Konzept sind statistische Angaben (Schüler- und Klassenzahl, Zahl der Schüler/innen mit Förderbedarf usw.), insbesondere aber Prognosen zur Schülerzahl, zum Raumbedarf und eine Bedarfsabfrage der Eltern Teil der Antragsunterlagen.[2]

---

1 Da in Bayern Wahlfreiheit in Bezug auf den Besuch einer Ganztagsklasse besteht, werden, zieht man die Definition der KMK heran, keine (voll)gebundenen Ganztagsschulen, sondern (teil)gebundene Ganztagszüge eingerichtet.
2 Zusammenstellung nach: Rundschreiben des Bayerischen Staatsministeriums für Bildung und Kultus, Wissenschaft und Kunst vom 15.01.2014, Antragsverfahren für den Aufbau gebundener Ganztagszüge an staatlichen Grundschulen zum Schuljahr 2014/2015.

Der Antragsprozess zum Aufbau einer Ganztagsschule, wie hier exemplarisch aufgezeigt, verweist deutlich auf eine Form indirekter Steuerung bzw. Kontextsteuerung von Schulentwicklung (vgl. Saalfrank in diesem Band; vgl. auch Tillmann, 2011). Der Ausbau der Ganztagsschulen in den letzten Jahren wurde und wird nicht »Top Down«, also von der Ebene der zuständigen Schulbehörden her, verordnet, sondern von der Einzelschule initiiert (»Bottom Up« – wenn auch damit nichts darüber gesagt ist, ob entsprechende Impulse, wie in den Eingangsbeispielen angedeutet, eher auf Druck von außen, z. B. vonseiten der Schulverwaltung bzw. der Eltern, oder auf pädagogischen Zielen eines engagierten Kollegiums beruhen) und über die Zuteilung von Ressourcen sowie Maßnahmen der Qualitätssicherung gesteuert. Mit Blick auf für den Ausbau notwendige Ressourcen und Antragsverfahren stellt sich die Situation in den Bundesländern unterschiedlich dar. Doch haben die Einzelschulen, bezogen auf die Konzeptentwicklung, eine relativ hohe Gestaltungsfreiheit. Dies wird auch deutlich, wenn man die bisweilen recht weit gefassten normativen Qualitätsvorgaben betrachtet:

Beispiel Bayern: Qualitätsrahmen für gebundene Ganztagsschulen[3]

Der Qualitätsrahmen unterscheidet zwischen verpflichtenden »Basisstandards« und zusätzlichen »Möglichkeiten der Weiterentwicklung«, die keine zwingende Vorgabe darstellen.
Punkt 3.2. Ganztagsräumlichkeiten:
Basisstandard »Raumkonzept«: Das Raumkonzept soll auf das pädagogische Profil, die Bedürfnisse der Schüler, die organisatorischen und baulichen Gegebenheiten abgestimmt sein und umfasst

- Räumlichkeit und Ausstattung für die Mittagsverpflegung
- Bewegungs- und Entspannungsbereiche
- Raumnutzung für Differenzierungs- und Individualisierungsmaßnahmen
- Raumnutzung für die pädagogische Gestaltung der Neigungsangebote

»Möglichkeiten der Weiterentwicklung«: hin zu einem differenzierten, dynamischen Raumkonzept, das Schule als Lebensraum erfahrbar macht, z. B.:

- separate Räume für Differenzierungs- und Individualisierungsmaßnahmen
- angebotsorientierte Nutzung von Fachräumen, Sportanlagen, Pausenhof
- Räume für Begegnungsmöglichkeiten (z. B. Schülercafé, Außenanlage, Treffpunkte etc.)
- ästhetische Gestaltung und Ausstattung der Räumlichkeiten, Beteiligung der Lehrkräfte und Schüler

---

3 Verfügbar unter http://www.ganztagsschulen.bayern.de/userfiles/Qualitaetsrahmen_geb¬GSt2013.pdf.

Mit Blick auf den Nutzen für Schulentwicklungsprozesse kann man solche recht »weichen« Vorgaben auf zweierlei Weise einschätzen. Positiv ist sicherlich, dass die Einzelschule einen recht hohen Gestaltungsspielrahmen erhält oder behält, was die Erfüllung der Qualitätsvorgaben angeht. Die Schule kann so, in Abstimmung mit dem Sachaufwandsträger, auf Gegebenheiten vor Ort eingehen. Ein Ausbau zur Ganztagsschule ist nicht von vorneherein zum Scheitern verurteilt, da der beschriebene Basisstandard – ungeachtet der realen Beurteilungsprozesse von Konzepten und Anträgen in den Schulbehörden – einen gewissen Interpretationsspielraum zumindest anklingen lässt. Andererseits kann eben dieser Spielraum auch als problematisch angesehen werden, gerade was die Qualität und Vergleichbarkeit von Ganztagsangeboten angeht: Bezüglich einer konkreten »Räumlichkeit und Ausstattung für die Mittagsverpflegung« sind beispielsweise von einer »Notlösung« in Gestalt eines zweckentfremdeten Klassenzimmers über Formen des »Schichtbetriebs« bei der Mittagsverpflegung bis hin zu einem modernen Mensagebäude in der Praxis viele Umsetzungen denkbar. Wie am Beispiel der räumlichen Ressourcen schnell deutlich wird, ist die Einzelschule bei der Planung, Konzepterstellung und -umsetzung zudem von den Ressourcen abhängig, die von den schulischen Sachaufwandsträgern zur Verfügung gestellt werden. Obiger Mindeststandard zielt letztlich nur darauf ab, dass entsprechende Räumlichkeiten, in welcher Form auch immer, vorhanden sein sollen, um ein Ganztagsangebot gewährleisten zu können.

4 Handlungsebenen und Gestaltungsimpulse

Befunde zu Wirkungen, Merkmale der Qualität und die entsprechenden Vorgaben der Bundesländer bilden den Hintergrund für Überlegungen zu konkreten Maßnahmen der Schulentwicklung zur Ganztagsschule. Bei allen Unterschieden (a) zwischen den Bundesländern in Bezug auf rechtliche bzw. organisatorische Vorgaben, Antragsprozesse oder die Zuteilung personeller Ressourcen und (b) mit Blick auf die Unterschiede zwischen den Organisationsformen des Ganztags, aber auch den Erfordernissen der verschiedenen Schularten, lassen sich so dennoch allgemeine Gestaltungshinweise identifizieren, die als Impulse für die Erstellung und Umsetzung eines Ganztagskonzepts genutzt werden können.

Im Fokus stehen dabei Beispiele zu Handlungsebenen, die für die (Konzept-)Entwicklung zur Ganztagschule spezifisch erforderlich erscheinen. Daneben bietet alleine schon der verlängerte Zeitrahmen Möglichkeiten, weitere inhaltliche Entwicklungsbereiche (Gesundheit, Ernährung und Bewegung, Partizipation, Sozialwirksame Schule, Umgang mit Heterogenität) anzugehen – die weiteren Kapitel dieses Bandes bieten hier vielfältige Anregungen.

Möglichkeiten und Hinweise zur Konzeptentwicklung bieten Appel (2009), Dollinger (2014) und Höhmann und Holtappels (2006). Bei den Internet-Verweisen sind zudem Linktipps zu finden.

4.1 Rhythmisierung und Zeitgestaltung

Rhythmisierung impliziert den »zeitlich ausgewogenen Wechsel von:

- Anspannung und Entspannung
- Anstrengung und Erholung
- Bewegung und Ruhe
- Kognitiven und praktischen Arbeitsphasen
- Aufnehmen und Besinnen
- Gelenktem Arbeiten und Selbsttätigkeit
- Konzentration und Zerstreuung
- Individuellem Arbeiten und Arbeiten in der Gruppe
- Lernarbeit und Spiel« (Scheurer, 2013, S. 21)

In aller Regel bieten gebundene Formen des Ganztags mehr Chancen zu einer rhythmisierten Zeitgestaltung, die konkreten Umsetzungsmöglichkeiten sind wiederum von länderspezifischen Vorgaben sowie den Bedürfnissen der Einzelschule und ihrer Akteure abhängig. Gerade bei der Zeitgestaltung gilt es, zwischen dem konzeptionell-pädagogischen Anspruch und den organisatorischen Gegebenheiten (z. B. gerade in ländlichen Regionen Schülermobilität und Verfügbarkeit von Honorarkräften, Vorgaben der Stundentafel, Abgleich mit parallel existierenden Halbtagszügen, Räumlichkeiten …) einen Ausgleich zu finden.

Obige Auflistung verweist darauf, dass eine rhythmisierte Zeitgestaltung unter Einbezug mehrerer Ebenen und Akteure (Schulorganisation, Lehrkraft, Schülerinnen und Schüler) betrachtet werden muss. Neben dem Takt, der die »schuleinheitlich festgelegte zeitliche Strukturierung« (Burk, 2005, S. 164) abbildet und somit die organisatorische Grundlage darstellt, sind dies die Ebenen der äußeren und inneren Rhythmisierung, mit denen die »interne Lernstruktur« (ebd.) innerhalb der vorgegebenen Strukturen bezeichnet wird. Stundenpläne mit Blockbildungen oder Konzepte wie der offene Unterrichtsbeginn sind eine notwendige, aber keine hinreichende Bedingung für einen rhythmisierten Ganztag. Die dadurch entstehenden Möglichkeiten müssen auch genutzt werden – oder anders gesagt: Die zeitliche Strukturierung alleine bürgt nicht für Verbesserungen. Mit dem Begriff der äußeren Rhythmisierung ist der durch die Lehrkraft gesteuerte Wechsel von Methoden und Sozialformen charakterisiert, z. B. um den Unterricht an die Konzentrationsfähigkeit der Schülerinnen und Schüler oder an deren Lernbedürfnisse anzupassen. Innere Rhythmisierung hingegen bezeichnet den individuell durch den Schüler gelenkten Rhythmus, z. B. in Bezug auf die Selbststeuerung von Lernprozessen, die Inanspruchnahme von Lernhilfen oder die Nutzung von Entspannungsphasen.

Das Ziel einer Konzeptentwicklung im Bereich der Zeitstruktur sollte das Potenzial einer äußeren und inneren Rhythmisierung bestmöglich unterstützen. Das Grundprinzip dabei ist es, nicht den traditionellen Ganztagsunterricht durch additive Nachmittagsangebote wie Förderkurse, Arbeitsgemeinschaften, Projekte, aber auch Freizeit- und außerunterrichtliche Angebote zu ergänzen, sondern diese in einem rhythmisierten Schultag auch am Vormittag zu integrieren.

Um die Umsetzung organisatorisch zu handhaben werden unter anderem folgende Möglichkeiten genannt (vgl. Bergmann & Fiegenbaum, 2009, S. 12 ff.):

- *Stundenblöcke bzw. größere Zeiteinheiten*: z. B. Doppelstunden, 60-Minuten-Blöcke statt 45-Minuten-Einheiten; hier sind Tages- und Wochenplanarbeit, fächerübergreifender Unterricht und Maßnahmen der inneren Differenzierung einfacher zu realisieren, es bieten sich mehr Handlungsspielräume für Lehrkräfte.
- *Gewinn neuer Zeitblöcke durch partielle Kürzungen der einzelnen Unterrichtsstunden*: z. B. Verkürzung jeder Unterrichtsstunde um fünf Minuten, aus der »eingesparten« Unterrichtszeit können dann zusätzliche Schülerarbeitsstunden (Förderunterricht, Arbeitsgemeinschaften, Schulung von Basiskompetenzen …) errichtet werden.
- *Strukturierung der Angebote nach Lerntätigkeiten statt nach Fächern*: z. B. Aufteilung des Unterrichts in Fachunterricht, aber auch Zeiteinheiten für Wochenplanarbeit, Projektarbeit oder Epochenunterricht.
- *Offener Beginn*: gleitender Tagesbeginn mit Betreuungs- und/oder Fördermaßnahmen, Lese-Ecke, gemeinsames Frühstück, Morgenkreis.

Linktipps zur Umsetzung bieten die Servicestelle Ganztagsangebote Sachsen (siehe Internet-Verweise) sowie die Handreichung von Dirkmann (2009).

4.2 Lehr-Lernarrangements und Fördermaßnahmen

Der erweiterte Zeitrahmen der Ganztagsschule bietet Chancen zur Umsetzung komplexer Lehr-Lernarrangements (vgl. Braun, Buyse & Syring in diesem Band) sowie von Differenzierungs- und Fördermaßnahmen. Grundlegend gilt dabei, dass zusätzliche zeitliche, räumliche oder personelle Ressourcen alleine noch keine »Neue Lernkultur« ausmachen.
Erweiterte Lernangebote sind z. B.:

- Projektarbeit
- Förderung selbstgesteuerten Lernens, z. B. Freiarbeit, individuelle Lernzeit
- Leseförderung, Sprachförderung
- Arbeitsgruppen, Neigungsgruppen
- Verzahnung unterrichtlicher und außerunterrichtlicher Angebote
- Hausaufgaben, Förder- und Übungsstunden

An dieser Stelle sei auf zwei Aspekte verwiesen, die für die Entwicklung eines Ganztagskonzepts im Bereich Lernen und Fördern besonders bedeutsam erscheinen.

Hausaufgaben und/oder Lernzeiten?

Mit dem Begriff der Lernzeit werden bisweilen unterschiedliche Konzepte benannt. Diese unterscheiden sich danach, zu welchen Anteilen und in welcher konkreten

Form z. B. die traditionelle Hausaufgabenpraxis in die schulischen Abläufe integriert wird. Neben einer Entlastung von Schülerinnen und Schülern, die nach Schulschluss keine oder wenig Hausaufgaben zu erledigen haben, verfolgt die Einführung entsprechender Konzepte weiterführende Ziele wie die Befähigung zum selbstbestimmten und eigenverantwortlichen Lernen, die individuelle Förderung und Beratung der Schülerinnen und Schüler sowie das Erlernen unterschiedlicher Sozialformen und Arbeitstechniken (Gerken, 2014). Organisatorisch können Lernzeiten integrativ, also innerhalb des Unterrichts (z. B. mittels Wochenplanarbeit), oder additiv, außerhalb des Unterrichts (z. B. durch die Einführung spezieller Zeitfenster für Übung und Förderung, die Einrichtung von Lernbüros oder Selbstlernzentren), umgesetzt werden. Die Vorteile in der Etablierung von »Lernzeiten« werden unter anderem darin gesehen, dass, je nach konkreter Ausgestaltung, keine oder wenige Aufgaben (z. B. die Vorbereitung von Prüfungen oder das Vokabellernen) außerhalb des Ganztagsbetriebs durchgeführt werden müssen, dass die Lernzeiten organisatorisch im Schultag festgeschrieben sind und dass in aller Regel Lehrkräfte bzw. andere Betreuungspersonen anwesend sind (Serviceagentur »Ganztägig Lernen« Baden-Württemberg, 2015b, S. 22).

Hinweise zur Gestaltung von Lernzeiten sind im Praxisleitfaden *Übungs- und Lernzeiten an der Ganztagsschule* von Grimm und Schulz-Gade (2015) sowie bei Gerken (2014) zu finden.

Verzahnung unterrichtlicher und außerunterrichtlicher Angebote

Außerunterrichtliche Angebote, ob in freiwilliger oder verpflichtender Form, ob als inner- oder außerschulisches Angebot, bieten vielfältige Möglichkeiten der Verzahnung mit unterrichtlichen Angeboten – sei es zur Vertiefung, Übung oder Erweiterung von Lerninhalten des regulären Unterrichts in einem oder, fächerübergreifend, in mehreren Fächern. Dies sei an einem Beispiel erläutert:

> »Ein außerunterrichtliches Angebot ›Aufführung eines Musicals‹ könnte fächerübergreifend das Erlernen der deutschen Sprache mit der Erstellung eines Drehbuches oder dem Schreiben von Gedichten, den Kunstunterricht mit dem Kulissenentwurf, den Technikunterricht mit dem Kulissenbau, den Musikunterricht mit Gesang und Instrumentalisierung, den Physikunterricht mit Bühnenbeleuchtung und Technik einbinden. Gleichzeitig gäbe es für die Kinder und Jugendlichen die Möglichkeit, sich intensiv an Planung und Umsetzung zu beteiligen und im Rahmen der Aufführung in Szene zu setzen« (Althoff et al., 2012, S. 48).

Für die Gestaltung des Ganztags sollte allerdings bedacht werden, dass auch Angebote, die nicht in direkter Verbindung mit Unterrichtsinhalten stehen (Freizeit, Entspannung), bedeutsam erscheinen und Zusatzangebote nicht durchgängig die »Fortsetzung des Unterrichts mit anderen Mitteln« darstellen sollten.

Möglichkeiten der Verzahnung von Unterricht und außerunterrichtlichen Angeboten zeigt Hanisch (2009) auf.

4.3 Gestaltung von Mittagsverpflegung und Freizeitangeboten

Die Sicherstellung der Mittagsverpflegung ist nach der Ganztagsdefinition der KMK ein verpflichtender Baustein von Ganztagskonzepten, wird aber vielfach weder durchgängig (täglich) angeboten noch regelmäßig von den Schülerinnen und Schülern wahrgenommen (Dollinger, 2014, S. 64).

Eine regelmäßig angebotene – und nachgefragte – Mittagsverpflegung verfolgt Ziele, die über die reine Nahrungsaufnahme hinausweisen. Arens-Azevedo (2011, S. 130) verweist auf folgende übergeordnete Ziele eines schulischen Mittagsangebots:

- »Die Förderung der geistigen und körperlichen Leistungsfähigkeit von Kindern und Jugendlichen durch eine hohe ernährungsphysiologische Qualität der Mahlzeiten,
- die Sicherstellung von Abwechslungsreichtum und Vielfalt im Angebot,
- das Kennenlernen neuer Gerichte und Lebensmittel sowie das Kennenlernen von Ess- und Tischkultur,
- das Erreichen einer hohen Akzeptanz durch eine optimale Sensorik sowie
- das Erlernen eines gesundheitsfördernden Ernährungsstils«.

Mittlerweile existieren in allen Bundesländern Beratungsstellen (»Vernetzungsstellen Schulverpflegung«), die als Ansprechpartner für Schulen bei Fragen rund um das Thema zur Verfügung stehen. Kontaktdaten für alle Bundesländer und weiterführende Informationen, z. B. zu den verschiedenen Verpflegungskonzepten, finden sich unter: https://www.in-form.de/startseite-vns-portal/start.html.

Freizeitangebote stellen im Rahmen einer Ganztagskonzeption nicht nur einen Baustein zur Rhythmisierung dar, z. B. um Phasen der Entspannung zu schaffen. Vielmehr sind entsprechende Angebote als gewichtiger Teil eines ausgewogenen Ganztagskonzepts zu erachten, um den Bedürfnissen nach Bewegung, Aktivität, Abwechslung, Erholung aber auch Spiel entgegenkommen zu können (vgl. Dollinger, 2014). Häufig wird dabei zwischen gebundenen und ungebundenen Angeboten unterschieden:

- Gebundene Freizeit: Hierunter fallen Angebote, für die sich Schülerinnen und Schüler für einen festgelegten Zeitraum, häufig für ein Schulhalbjahr, verbindlich anmelden (z. B. Arbeitsgemeinschaften, Kurse, Projekte). Häufig lassen sich bestehende Angebotsformate in ein Ganztagskonzept überführen.
- Ungebundene Freizeit: Hiermit werden Zeiträume bezeichnet, die nicht im Rahmen schulischer oder außerschulischer Angebote (vor-)geplant sind, sondern den Schülerinnen und Schülern die Möglichkeit geben, die Freizeit ohne Anleitung – aufgrund der schulischen Aufsichtspflicht aber mit Begleitung – selbst zu gestalten (z. B. Angebot von Rückzugsmöglichkeiten, Spiel- und Bewegung, Austausch und Kommunikation).

4.4 Kooperation mit außerschulischen Partnern

Für die Gestaltung von Zusatz- und Freizeitangeboten und eine »Öffnung der Schule nach außen« sind Kooperationen mit außerschulischen Partnern unabdingbar. Kooperationspartner können unter anderem sein (vgl. Kamski, 2009, S. 113 f.):

- Freie Anbieter (z. B. Wohlfahrtsverbände, Jugendverbände, Sport-, Musik- oder Kulturvereine, lokale Initiativen, Kirchen, Einzelanbieter);
- Gewerbliche Anbieter (z. B. kommerzielle Sport-, Musik- oder Kunstschulen, sonstige Dienstleister);
- Öffentliche Anbieter (z. B. öffentliche Träger wie Jugendamt, Polizei, Stadtbibliothek, Museen, Theater).

Für das Gelingen von Kooperationen mit außerschulischen Partnern werden insbesondere folgende Aspekte als notwendig erachtet (vgl. Speck, 2011, S. 78 ff.):

- Vor der Aufnahme von Kooperationen sollten Schulleitungen und Lehrkräfte ein gemeinsames, an der Lebenswelt der Schülerinnen und Schüler orientiertes Bildungsverständnis für die Ganztagskonzeption erarbeiten, um Bedarfe, Berührungspunkte und Kooperationsanlässe herauszuarbeiten. Für die Analyse von Bedarfen sollten zusätzlich Schülerinnen und Schüler sowie deren Eltern befragt werden. Ebenso ist zu prüfen, welche Anbieter mit welchen Angeboten im sozialräumlichen Umfeld der Schule vorhanden sind.
- Im Rahmen der Vertragsgestaltung ist besonders darauf zu achten, die Ziele, Angebote, Rahmenbedingungen und Verantwortlichkeiten, aber auch Kommunikationsabläufe und Regelungen für Konfliktfälle auszuhandeln und in Kooperationsvereinbarungen genau zu dokumentieren. Für laufende Kooperationen gilt es unter anderem, den Austausch zwischen den Beteiligten aufrechtzuerhalten, z. B. indem die Kooperation auf beiden Seiten strukturell in Konzepten verankert und nicht nur über persönliche Kontakte abgewickelt wird.

Hilfreich ist hier die Internetseite *Auf gute Zusammenarbeit – Kooperation und Ganztagesschule* (http://www.ganztaegig-lernen.de/auf-gute-zusammenarbeit-kooperation-und-ganztagsschule/).

4.5 Raumgestaltung

Die angesprochenen Gestaltungsbereiche Zeit, Lernkultur, Mittag und Freizeit sowie Kooperation stellen nicht nur Ansprüche an finanzielle oder personelle, sondern auch an räumliche Ressourcen (Schulgebäude, Raumgestaltung und -ausstattung).

Betrachtet man mögliche Raumtypen und -funktionen, die für den Ganztagsbereich neu hinzukommen oder verstärkt Beachtung finden (▶ Tab. 1), so wird schnell deutlich, dass diese in der Realität – gerade in bestehenden Schulbauten – kaum umfassend umzusetzen sind. Bedeutsamer als das Streben nach einem »Idealbild« erscheint es daher, dass die genannten Funktionen qualitativ abgedeckt werden (Seydel, 2011, S. 122). Dies muss nicht zwingend mit Neubaumaßnahmen oder größeren Umbauten einhergehen, häufig ergeben sich z. B. über den Tag verteilt Möglichkeiten einer Mehrfach- bzw. Mehrzwecknutzung von Räumen. Das zugrundeliegende pädagogische Konzept sowie die Bedingungen vor Ort verlangen jeweils spezifische Lösungen für jede Einzelschule.

Tab. 1: Räumlichkeiten im Ganztagsbereich (in Anlehnung an Seydel, 2011, S. 122)

Was tun Schülerinnen und Schüler in einer Ganztagsschule außer Lernen?	Welche Räumlichkeiten sind notwendig?
Essen und Trinken	Mensa, Cafeteria …
Sich mit anderen Kindern und Jugendlichen treffen	Cafeteria, Raum für Spiele, Rückzugsraum, Sitzgruppen …
Sich bewegen	Raum für Bewegung (innen), gestalteter Außenbereich mit Spielfläche, Sportmöglichkeiten …
Sich zurückziehen, ausruhen, nichts tun	Bibliothek, Nischen, »Raum der Stille«, Ruheraum …
Hausaufgaben erledigen	Arbeitsraum, Computerraum …
Herstellen, Gestalten, Forschen	Werkstätten, Schulgarten …
Darstellen, Zeigen, Vorführen	Aula mit Bühne, Foyer mit Ausstellungswänden …
Feste feiern	Mensa, Aula …
Sich Hilfe holen	Büro für Beratungslehrer, Sozialpädagogen, Raum für Streitschlichter …
Mit Lehrkräften kommunizieren	Individuelle Lehrerarbeitsplätze, informelle Treffpunkte …

Das *Praxisbuch Schulfreiraum* von Derecik (2015) zeigt Möglichkeiten der Gestaltung eines Raumkonzepts auf.

5 Stolpersteine bei der Entwicklung zur Ganztagsschule

Die Entwicklung einer Schule hin zur Ganztagsschule stellt gerade dann, wenn sie mehr sein soll als eine Halbtagsschule mit Verpflegung und nachmittäglicher

Betreuung, eine komplexe Schulentwicklungsmaßnahme dar. Diese geht mit erheblichen, teils ganz neuen Herausforderungen für alle Beteiligten einher. Gerade ein umfangreiches Schulentwicklungsprojekt wie die Entwicklung zur Ganztagsschule benötigt viele kleine Prozessschritte und einen langen Atem bei der Umsetzung.

Mögliche Stolpersteine unterscheiden sich wiederum stark danach, welche konkrete Form der Ganztagsschule und welche Ziele oder konzeptionellen Bausteine angestrebt werden, wie die Planungs- und Prozessschritte im jeweiligen Bundesland vorgegeben sind, welche Unterstützungsleistungen lokal abgerufen werden können etc. Entsprechend sind an dieser Stelle einige häufig diskutierte potenzielle Hindernisse und/oder Schwierigkeiten aufgeführt (vgl. z. B. Appel, 2009; Dollinger, 2012; Eisnach, 2011; Holtappels 2011).

Innovationen können *Widerstände* hervorrufen – das ist für Schulentwicklungsmaßnahmen keine neue Erkenntnis, gilt aber insbesondere für umfangreiche Prozesse wie die Entwicklung hin zur Ganztagsschule. Ganztagsschule, gerade in gebundener Form, impliziert in vielen Fällen Anpassungen beispielsweise der Arbeitszeiten von Lehrkräften bzw. der Präsenzzeiten an der Schule, der Rolle der Lehrkraft, die z. B. noch stärker als Bezugsperson gefordert wird, aber auch die Notwendigkeit, mit anderen Akteuren (Erzieherinnen/Erzieher, Sozialpädagoginnen/-pädagogen, nichtpädagogisches Personal) zusammenzuarbeiten. Umso bedeutender erscheint die Rolle der Schulleitung, ggf. auch die Rolle einer Steuergruppe, als Impulsgeber, der Transparenz und Partizipation fördert. Innovationsprozesse sind bei Weitem nicht nur von strukturell-organisatorischen Aspekten abhängig, sondern bedingen vielmehr eine entsprechende Haltung, ggf. auch eine Änderung der Haltung des Personals.

Eine unzureichende *Ausstattung mit Ressourcen* (Finanzen, Personal, Räume) wird mit Blick auf die Entstehung oder Weiterentwicklung von Ganztagsschulen wohl am häufigsten als Hindernis angesprochen. Da die Ressourcenausstattung aber stark von den Gegebenheiten vor Ort abhängt, soll und kann dieser Aspekt an dieser Stelle nicht vertieft diskutiert werden. Besondere Aufmerksamkeit erfordert der häufig vernachlässigte Aspekt der Spezifika ländlicher Räume (Wiezorek, Stark & Dieminger, 2011). Gerade im ländlichen Umfeld zeigen sich selten in den Blick genommene Probleme im Bereich der Personalakquise (z. B. Honorarkräfte), bei der Verfügbarkeit von außerschulischen Bildungsorten oder bei der Schülermobilität (z. B. Schulbusse).

Mit mangelnder Ressourcenausstattung einher geht *Planungsunsicherheit* – ob aufseiten der Schule oder aufseiten von Kooperationspartnern. Schulen, die sich auf den Weg zur Ganztagsschule machen, sind häufig mit unsicheren Zusagen, z. B. mit Blick auf Baumaßnahmen, belastet, können nur befristete Verträge für externe Kräfte vergeben usw. Im weiteren Verlauf kann dies zu *Diskontinuitäten* führen, wenn z. B. aufgrund von unattraktiven Verträgen (geringe Honorare be geringen Stundenzahlen) eine hohe Personalfluktuation bei Honorarkräften bzw. aufseiten der Kooperationspartner auftritt oder, aus Sicht der Schule, kein qualifiziertes Personal gefunden werden kann. Gerade eine gelingende Kooperation von Lehrkräften und weiterem Personal stellt ein bedeutsames Qualitätsmerkmal von Ganztagsschulen dar.

Nicht zuletzt können Fehleinschätzungen und Passungsprobleme im pädagogischen *Konzept* der Ganztagsschule verankert sein. Das kann Kapazitätsberechnungen oder die Passung von Angebot und Nachfrage betreffen, insbesondere mit dem Fokus darauf, ob und wie die angestrebten Ziele, die mit der Entwicklung zur Ganztagsschule verfolgt werden, nicht nur im Konzept verankert, sondern im schulischen Alltag mit Leben gefüllt werden. Hier gilt es, die Ziele im Vorfeld möglichst mit Einbezug aller Akteure zu klären, unterstützende Strukturen (z. B. Angebote der Serviceagenturen) zu nutzen und das sich entwickelnde Konzept nicht nur als formalen Bestandteil von Antragsunterlagen, sondern als zentralen Baustein einer Ganztagskonzeption anzuerkennen. Gegenüber den in der Phase der Konzeptentwicklung sicherlich drängenden strukturellen Fragestellungen zu Räumlichkeiten, Ausstattung und Personal sollte die pädagogische Ausgestaltung des Ganztags, z. B. die konzeptionelle Verknüpfung von Unterricht und außerunterrichtlichen Aktivitäten, immer im Vordergrund stehen. Vielleicht noch mehr als eine traditionelle Halbtagsschule muss eine Schule im Ganztagsbetrieb klären, welches Menschenbild und, damit verbunden, welche Zielsetzungen sie mit Blick auf die Entwicklung und Förderung der Schülerinnen und Schüler verfolgt, oder anders gesagt, »pädagogische Entwicklungsziele [sollten] als ausgeprägte Gründungsmotive« (Holtappels, 2011, S. 129) Vorrang haben.

Literatur

Aktionsrat Bildung (2013). *Zwischenbilanz Ganztagsgrundschulen. Betreuung oder Rhythmisierung?* Münster: Waxmann.

Althoff, K., Boßhammer, H., Eichmann-Ingwersen, G. & Schröder, B. (2012). *QUIGS SEK I – Qualitätsentwicklung in Ganztagsschulen der Sekundarstufe I. Eine Handreichung für die Praxis.* Der GanzTag in NRW – Beiträge zur Qualitätsentwicklung, Heft 24. Verfügbar unter http://www.nrw.ganztaegig-lernen.de/sites/default/files/GanzTag_2012_24.pdf (15.09.2015).

Appel, S. (2009). *Handbuch Ganztagsschule. Praxis – Konzepte – Handreichungen.* Schwalbach: Wochenschau.

Arens-Azevedo, U. (2011). Verpflegung an deutschen Ganztagsschulen – Organisation und Strukturen. In S. Appel & U. Rother (Hrsg.), *Mehr Schule oder doch: Mehr als Schule? Jahrbuch Ganztagsschule 2011* (S. 127–139). Schwalbach: Wochenschau.

Bergmann, H.-P. & Fiegenbaum, D. (2009). Rhythmisierung und Zeitstrukturmodelle im Ganztag. In K. Althoff et al., *Der Ganztag in der Sekundarstufe I. Eine Handreichung für Schulen und weitere Partner im Ganztag der Sekundarstufe I. Der GanzTag in NRW – Beiträge zur Qualitätsentwicklung,* Heft 12 (S. 9–16). Verfügbar unter http://nrw.ganztaegig-lernen.de/sites/default/files/GanzTag_2009_12.pdf (15.09.2015).

Berkemeyer, N., Bos, W. & Manitius, V. (2012). *Chancenspiegel. Zur Leistungsfähigkeit und Chancengerechtigkeit der deutschen Schulsysteme.* Gütersloh: Bertelsmann.

Berkemeyer, N., Bos, W., Manitius, V., Hermstein, B. & Khalatbari, J. (2013). *Chancenspiegel 2013. Zur Chancengerechtigkeit und Leistungsfähigkeit der deutschen Schulsysteme mit einer Vertiefung zum schulischen Ganztag.* Gütersloh: Bertelsmann.

Bertelsmann Stiftung (Hrsg.) (2012). *Ganztagsschule als Hoffnungsträger für die Zukunft? Ein Reformprojekt auf dem Prüfstand.* Gütersloh: Bertelsmann.

Bundesministerium für Bildung und Forschung (BMBF) (2003). *Ganztagsschulen. Zeit für mehr. Das Investitionsprogramm Zukunft Bildung und Betreuung*. Verfügbar unter http://www.bmbf.de/pub/ganztagsschulen-zeit_fuer_mehr.pdf (15.09.2015).
Bundesministerium für Bildung und Forschung (BMBF) (2012). *Ganztägig bilden. Eine Forschungsbilanz*. Verfügbar unter http://www.ganztagsschulen.org/_media/121206_¬BMBF_GTS-Forschungsbilanz_bf_df.pdf (15.09.2015).
Burk, K. (2005). Rhythmisierung. In M. Demmer, B. Eibeck, K. Höhmann & M. Schmerr (Hrsg.), *ABC der Ganztagsschule – Ein Handbuch für Ein- und Umsteiger* (S. 164–165). Schwalbach: Wochenschau.
Derecik, A. (2015). *Praxisbuch Schulfreiraum. Gestaltung von Bewegungs- und Ruheräumen an Schulen*. Wiesbaden: Springer VS.
Dirkmann, K. H. (2009). *Rhythmisierung in Ganztagsschule und Unterricht. Handreichung der »Serviceagentur Ganztägig lernen Niedersachsen«*. Verfügbar unter http://www.¬ganztaegig-lernen.de/sites/default/files/Rhythmisch_LernenV3.pdf (15.09.2015).
Dollinger, S. (2012). »Gute« Ganztagsschule auf dem Weg? – Die Frage nach Schlüsselfaktoren einer innovativen Ganztagsschulentwicklung. In M. Heibler & T. Schaad (Hrsg.), *Qualitätsentwicklung an Ganztagsschulen* (S. 63–78). Bamberg: Bamberg University Press.
Dollinger, S. (2014). *Ganztagsschule neu gestalten. Bausteine für die Schulpraxis*. Weinheim, Basel: Beltz.
Eder, F. (2015). Zwischen Anspruch und Wirklichkeit. Die Lernkultur verschränkter Ganztagsschulen im Spannungsfeld zwischen sozialpolitischen, gesellschaftlichen und pädagogischen Erwartungen. In K. Wetzel (Hrsg.), *Öffentliche Erziehung im Strukturwandel* (S. 53–79). Wiesbaden: VS.
Eisnach, K. (2011). *Ganztagsschulentwicklung in einer kommunalen Bildungslandschaft*. Wiesbaden: VS.
Fischer, N., Kuhn, H. P. & Klieme, E. (2009). Was kann die Ganztagsschule leisten? Wirkungen ganztägiger Beschulung auf die Entwicklung von Lernmotivation und schulischer Performance nach dem Übergang in die Sekundarstufe. In L. Stecher, C. Allemann-Ghionda, W. Helsper & E. Klieme (Hrsg.), *Ganztägige Bildung und Betreuung* (S. 143–167). Weinheim: Juventa.
Fischer, N., Radisch, F., Theis, D. & Züchner, I. (2012). *Qualität von Ganztagsschulen – Bedingungen, Wirkungen und Empfehlungen*. Frankfurt a. M. Verfügbar unter http://¬www.pedocs.de/volltexte/2012/6794/ (20.11.2014).
Gerken, U. (2014). Einführung. In U. Gerken (Hrsg.), *Lernzeiten am Gymnasium – Rahmenbedingungen, Voraussetzungen und Praxisbeispiele*. Lernpotenziale Heft 2/2014 (S. 5–7). Verfügbar unter https://www.stiftung-mercator.de/media/downloads/3_Publikationen/¬ute_gerken_lernzeiten_am_gymnasium.pdf (15.09.2015).
Grimm, W. & Schulz-Gade, G. (2015). *Übungs- und Lernzeiten an der Ganztagsschule. Ein Praxisleitfaden zur Integration von Hausaufgaben in den Ganztag*. Schwalbach/Ts.: debus Pädagogik.
Hanisch, H. (2009). Verzahnung zwischen Unterricht und außerunterrichtlichen Angeboten im offenen Ganztag. Der GanzTag in NRW – Beiträge zur Qualitätsentwicklung, Heft 11. Verfügbar unter http://nrw.ganztaegig-lernen.de/sites/default/files/GanzTag_2009_11.pdf (15.09.2015).
Helmke, A. (2003). *Unterrichtsqualität – erfassen, bewerten, verbessern*. Seelze: Kallmeyer.
Höhmann, K. & Holtappels, H.G. (Hrsg.) (2006). *Ganztagsschule gestalten – Konzeption, Praxis, Impulse*. Seelze-Velber: Kallmeyer.
Hollenbach-Biele, N. & Zorn, D. (2014). Das Potenzial guter Ganztagsschule flächendeckend entfalten. Zwischenbilanz, Relevanz und Perspektiven. *Beruf: Schulleitung*, 9 (2), 6–9.
Holtappels, H. G. (2009). Qualitätsmodelle – Theorien und Konzeptionen. In I. Kamski, H. G. Holtappels & T. Schnetzer (Hrsg.), *Qualität von Ganztagsschule. Konzepte und Orientierungen für die Praxis* (S. 11–25). Münster: Waxmann.
Holtappels, H. G. (2011). Ganztagsschule. In H. Reinders, H. Ditton, C. Gräsel & B. Gniewosz (Hrsg.), *Empirische Bildungsforschung. Strukturen und Methoden* (S. 113–124). Wiesbaden: Springer VS.

Holtappels, H. G. & Rollett, W. (2009). Schulentwicklung in Ganztagsschulen: Zur Bedeutung von Zielorientierungen und Konzeption für die Qualität des Bildungsangebots. In L. Stecher, C. Allemann-Ghionda, W. Helsper & E. Klieme (Hrsg.), *Ganztägige Bildung und Betreuung*. 54. Beiheft der Zeitschrift für Pädagogik (S. 18–40). Weinheim: Beltz.

Kamski, I. (2009). Kooperation in Ganztagsschulen – ein vielgestaltiger Qualitätsbereich. In I. Kamski, H. G. Holtappels & T. Schnetzer (Hrsg.), *Qualität von Ganztagsschule. Konzepte und Orientierungen für die Praxis* (S. 110–122). Münster: Waxmann.

Klemm, K. (2013). *Ganztagsschulen in Deutschland – eine bildungsstatistische Analyse*. Bielefeld: Bertelsmann.

Klieme, E., Holtappels, H. G., Rauschenbach, T. & Stecher, L. (2007). Ganztagsschule in Deutschland. Bilanz und Perspektiven. In H. G. Holtappels, E. Klieme, T. Rauschenbach & L. Stecher (Hrsg.), *Ganztagsschule in Deutschland. Ergebnisse der Ausgangserhebung der »Studie zur Entwicklung von Ganztagsschulen« (StEG)* (S. 354–381). Weinheim: Juventa.

KMK (Ständige Konferenz der Kultusminister der Länder in der Bundesrepublik Deutschland) (2008). *Allgemein bildende Schulen in Ganztagsform in den Ländern in der Bundesrepublik Deutschland: Statistik 2002 bis 2006*. Bonn.

Kuhn, H. P. & Fischer, N. (2011). Entwicklung der Schulnoten in der Ganztagsschule. Einflüsse der Ganztagsteilnahme und der Angebotsqualität. In N. Fischer, H. G. Holtappels, E. Klieme, T. Rauschenbach, L. Stecher & I. Züchner (Hrsg.), *Ganztagsschule: Entwicklung, Qualität und Wirkungen* (S. 207–226). Weinheim: Juventa.

Radisch, F. & Klieme, E. (2003). Wirkung *ganztägiger Schulorganisation. Bilanzierung der Forschungslage*. Frankfurt a. M.: DIPF.

Scheurer, A. (2013). Rhythmisierung als Herausforderung der Ganztagsschule. In S. Appel & U. Rother (Hrsg.), *Jahrbuch Ganztagsschule 2013. Schulen ein Profil geben – Konzeptionsgestaltung in der Ganztagsschule* (S. 20–38). Schwalbach/Ts.: debus Pädagogik.

Serviceagentur »Ganztägig lernen« Baden-Württemberg (2015a). *Unterstützersysteme für Ganztagsschulen*. Verfügbar unter http://www.bw.ganztaegig-lernen.de/sites/default/files/PraxisheftD_Unterstuetzersysteme_fuer_Ganztagsschulen.pdf (12.08.2015).

Serviceagentur »Ganztägig Lernen« Baden-Württemberg (2015b). *Praxis-Handbuch Ganztagsschule. Vorgaben und Anregungen zur Gestaltung ganztägiger Schulen in Baden-Württemberg*. Verfügbar unter http://www.bw.ganztaegig-lernen.de/sites/default/files/SAG_Praxishandbuch_.pdf (15.09.2015).

Seydel, O. (2011). Orte des Lebens und Lernens. Welche Räume eine gute Ganztagsschule braucht. In Deutsche Kinder- und Jugendstiftung (DJKS) (Hrsg.), *Auf neuen Wegen. Die Lernkultur an Ganztagsschulen verändern* (S. 119–122). Verfügbar unter http://www.ganztaegig-lernen.de/sites/default/files/dkjs%20th14%20inet.pdf (15.09.2015).

StEG-Konsortium (2010). *Ganztagsschule: Entwicklung und Wirkungen. Ergebnisse der Studie zur Entwicklung von Ganztagsschulen 2005–2010*. Verfügbar unter http://www.bmbf.de/pubRD/ steg_2010.pdf (15.09.2015).

StEG-Konsortium (2013). *Ganztagsschule 2012/2013. Deskriptive Befunde einer bundesweiten Befragung*. Verfügbar unter http://www.bmbf.de/pubRD/NEU_Bundesbericht_Schulleiterbefragung_2012_13.pdf (12.08.2015).

Speck, K. (2011). Es geht nur zusammen. Wie Ganztagsschulen und ihre außerschulischen Partner voneinander profitieren. In Deutsche Kinder- und Jugendstiftung (DJKS) (Hrsg.), *Auf neuen Wegen. Die Lernkultur an Ganztagsschulen verändern* (S. 75–79). Verfügbar unter http://www.ganztaegig-lernen.de/sites/default/files/dkjs%20th14%20inet.pdf (15.09.2015).

Tillmann, K.-J. (2011). Die Steuerung von Ganztagsschulen. Zum Verhältnis von Schulautonomie, freien Anbietern und staatlicher Regulierung. In L. Stecher, H.-H. Krüger & T. Rauschenbach (Hrsg.), *Ganztagsschule – neue Schule? Eine Forschungsbilanz* (S. 11–24). Wiesbaden: VS.

Wiezorek, C., Stark, S. & Dieminger, B. (2011). »Wissen Sie, die Infrastruktur ist einfach nicht so, dass ich aus dem Vollen schöpfen kann« – Ganztagsschulentwicklung in ländlichen Räumen. In L. Stecher, H.-H. Krüger & T. Rauschenbach (Hrsg.), *Ganztagsschule – neue Schule? Eine Forschungsbilanz* (S. 109–124). Wiesbaden: VS.

Züchner, I. (2011). Ganztagsschulen und Familienleben. Auswirkungen des ganztägigen Schulbesuchs. In N. Fischer, H. G. Holtappels, E. Klieme, T. Rauschenbach, L. Stecher & I. Züchner (Hrsg.), *Ganztagsschule: Entwicklung, Qualität und Wirkungen* (S. 291–311). Weinheim: Juventa.

Internet-Adressen

Bundesministerium für Bildung und Forschung, Übersichtsseite: http://www.ganztagsschulen.org/
Ganztagsschulverband e. V., Informationsangebot: http://www.ganztagsschulverband.de/
»Ideen für mehr! Ganztägig lernen«, Projekt mit umfangreichen Materialien, Praxisbeispielen, Links und Veranstaltungshinweisen; hier finden sich auch Verweise auf die Serviceagenturen der jeweiligen Bundesländer: http://www.ganztaegig-lernen.de/
Kooperation in der Ganztagsschule: http://www.ganztaegig-lernen.de/auf-gute-zusammenarbeit-kooperation-und-ganztagsschule/
Servicestelle Ganztagsangebote Sachsen, Schulbeispiele aus Sachsen: http://www.sachsen.ganztaegig-lernen.de/sites/default/files/rhytmisierung_final-1.pdf
Vernetzungsstellen Schulverpflegung, Ansprechpartner für Schulen bei Fragen rund um das Thema Schulverpflegung/Verpflegungskonzepte zur Verfügung stehen: https://www.in-form.de/startseite-vns-portal/start.html

Unterricht innovieren: Perspektiven der Unterrichtsentwicklung im Zeichen der neuen Lernkultur

Annika Braun, Kathrin Buyse und Marcus Syring

(F1) An einer Grundschule sinkt die Schülerzahl unerwarteter Weise. Die Bildung einer ersten Klasse an der Schule ist nicht möglich, daher wird im kommenden Schuljahr eine jahrgangsgemischte Klasse 1/2 eingerichtet.
(F2) Am Informationsabend eines Gymnasiums für die Eltern zukünftiger Fünftklässler äußern Eltern Befürchtungen über mögliche Folgen des häufig am Gymnasium vorherrschenden Frontalunterrichts. Da die zukünftigen Schülerinnen und Schüler mehrheitlich aus jahrgangsgemischten Klassen der Grundschule kommen, wünschen sich die Eltern eine Fortführung bisher angewandter und erlernter »moderner« Methoden und Arbeitsweisen.
(F3) Das Gebäude einer Hauptschule erhält eine Grundsanierung. Die Schulleitung und die Lehrkräfte werden in die Neugestaltung bezüglich räumlicher Veränderungen und technischer Ausstattung mit einbezogen.
(F4) Die Lehrerkonferenz einer Realschule reflektiert abschließend den Verlauf eines über mehrere Wochen angelegten Projektes der Klassen 9. Die Lehrkräfte beklagen die zu geringe Selbstständigkeit und Eigenverantwortlichkeit, die mangelnden Präsentationsfähigkeiten sowie Medienkompetenzen der Schülerinnen und Schüler.
(F5) Durch eine bildungspolitische Entscheidung werden Haupt- und Realschulen zu einer Schulart zusammengelegt. In der Folge entstehen Schulklassen mit weitaus heterogeneren Leistungsniveaus.

Ob *Druck von oben* initiiert wird, wenn die Schülerinnen und Schüler zweier Jahrgänge (F1) oder zweier Schularten (F5) mit unterschiedlichen Voraussetzungen gemeinsam unterrichtet werden sollen, ob *Druck von außen* kommt, wenn Eltern den Einsatz bekannter Methoden und Arbeitsweisen aus der Grundschule auch am Gymnasium einfordern (F2), ob *Zug von außen* durch bauliche Veränderungen neue Chancen bietet (F3) oder ob *Zug von unten und innen* angeregt wird, wenn Lehrkräfte durchgeführte Projekte reflektieren und verbessern möchten (F4) – allen Fallvignetten ist gemeinsam, dass sie Chancen für eine erfolgreiche Unterrichtsentwicklung bieten. Ebenso wird in vielen Vignetten deutlich, dass Unterrichtsentwicklung eine Antwort für den Umgang mit Heterogenität bieten kann.

Wer diese Chancen warum, mit wem und wie nutzen kann und welche Stolpersteine dabei möglicherweise zu bewältigen sind, soll in diesem Kapitel mithilfe verschiedener Perspektiven auf die Unterrichtsentwicklung erläutert werden. Im Folgenden steht daher zu Beginn ein Definitionsversuch. Anschließend erfolgt eine Einordnung in den Kontext der Schulentwicklung. Daraus lassen sich Ziele der

Unterrichtsentwicklung ableiten, die hier exemplarisch anhand von Spannungsfeldern dargestellt werden. Wie der konkrete Prozess der Unterrichtsentwicklung ablaufen kann, wird anschließend theoretisch und praktisch beleuchtet. Dabei gilt: Was für eine Schule oder Schulart innovativ ist, ist an einer anderen Schule oder Schulart längst Alltag. Daher sind die Beispiele und Empfehlungen als exemplarisch zu verstehen. Abschließend sind Stolpersteine und mögliche Gegenmaßnahmen dargestellt, aus denen sich Gelingensbedingungen ableiten lassen.

1 Perspektiven der Unterrichtsentwicklung

1.1 Die Entwicklungsperspektive: Unterricht innovieren

Betrachtet man gängige Definitionen von Unterricht, so fällt auf, dass diesen häufig bereits eine Entwicklungsperspektive zugrunde liegt. Arnold (2009) definiert Unterricht als »didaktisch geplante und deshalb sowohl thematisch abgrenzbare als auch zeitlich hinreichend umfassende Sequenzen des Lehrens und Lernens im Kontext pädagogischer Institutionen […]« (S. 15). Unterrichtsentwicklung ist nicht als ein einmaliges Ereignis oder ein singulärer Prozess (z. B. »'mal einen neue Methode ausprobieren«) zu verstehen, sondern als »die Gesamtheit der systematischen Anstrengungen […], die darauf gerichtet sind, die Unterrichtspraxis im Sinne [einer neuen Lernkultur] zu optimieren« (Horster & Rolff, 2001, S. 58). Als Handlungsfelder für Unterrichtsentwicklung lassen sich aus dieser systematischen Perspektive ableiten (vgl. auch Tab. 4 in Punkt 2):

1. Unterrichtsinhalte,
2. Unterrichtsformen und Unterrichtsmethoden,
3. Lerntheorien bezogen auf Schülerinnen und Schüler,
4. Haltungen und Werte sowie
5. Unterrichtsreflexion.

Im Kern geht es bei allen fünf Handlungsfeldern um die Verbesserung der Lerngelegenheiten für Schülerinnen und Schüler durch eine Weiterentwicklung des Unterrichts. Dieser Entwicklungsprozess kann sich dabei sowohl auf die Planung und Durchführung von Unterricht beziehen als auch auf eine Veränderung der Lernumgebung, der Methoden und Lehr-Lern-Szenarien. Häufig ist der Prozess auch mit einer Optimierung des Lehrmaterials verbunden (Helmke, 2012). Rolff (2013) benennt acht Kriterien der Unterrichtsentwicklung, die sich in den folgenden Unterkapiteln wiederfinden: Zielgerichtetheit, Systematik, Methodentraining, Lernarrangements, Teamarbeit, Training des Gelernten, Vernetzung und Evaluation.

1.2 Die Verhältnisperspektive: Das Wechselspiel von Organisations-, Unterrichts- und Personalentwicklung

In verschiedenen Ratgebern zur Unterrichtsentwicklung (z. B. Klippert, 2000) oder Praxisberichten (z. B. Fichten, 2007) sind oft diverse Einzelmaßnahmen, in den meisten Fällen zur Erweiterung des Methodenrepertoires, beschrieben, die jedoch nicht den Anspruch an eine umfassende Unterrichtsentwicklung erfüllen. In unserem Verständnis ist Unterrichtsentwicklung im Systemzusammenhang der gesamten Schulentwicklung zu sehen und somit neben der Organisations- und Personalentwicklung (vgl. Saalfrank in diesem Band) ein zentraler Bereich der Schulentwicklung. Hameyer (1998) fasst es gut zusammen, wenn er schreibt: »Schulentwicklungsprozesse müssen die Unterrichtsprozesse einbeziehen und dort wirksam werden« (S. 535 f.). Unabhängig davon, welche »Säule« nun die wichtigere ist, bleibt festzuhalten: Ohne Organisationsentwicklung (vgl. die anderen Beiträge in diesem Buch) würde die Unterrichtsentwicklung selten auf die Schule als Ganzes zielen und würde lediglich eine »modernisiert[e] Lehrerfortbildung« (Horster & Rolff, 2001, S. 57) darstellen. Ebenso kann Unterrichtsentwicklung nur gelingen, wenn sich auch die beteiligten Akteure – in den meisten Fällen die Lehrkräfte – weiterentwickeln.

1.3 Die Ursachenperspektive: Gründe und Motive für Unterrichtsentwicklung

Spätestens seit Humboldts Zeiten als verantwortlicher Minister für Schule und Unterricht gibt es die Denkfigur, dass die pädagogische Institution Schule beobachtet werden muss, um Impulse bei ihrer Entwicklung zu erhalten. Solche Beobachtungen und Entwicklungsvorschläge sollten heute, anders als zu Humboldts Zeiten, nicht nur auf theoretischer Grundlage durchgeführt werden, sondern auch evidenzbasiert sein, d. h. eine empirische Grundlage haben. In der gegenwärtigen Diskussion um Unterrichtsentwicklung werden besonders zwei Dinge thematisiert:

1. Die steigende Heterogenität der Schülerschaft und
2. die damit einhergehende Notwendigkeit der Differenzierung und Individualisierung im Unterricht.

In den Fallvignetten F1 (Grundschule) und F5 (Zusammenlegung Sekundarstufe I) ist dies auch die Ursache für den Entwicklungsprozess.

Als »medienwirksamste Ursache« lassen sich internationale Schulleistungsvergleichsstudien, wie TIMSS und PISA, nennen, die ein mäßiges Leistungsvermögen deutscher Schülerinnen und Schüler, vor allem in naturwissenschaftlichen Fächern, im Bereich der Lesekompetenz sowie im Bereich der Problemlösefähigkeit und des Urteilsvermögens zeigten.

Die Fallvignette F4 (Kompetenzen von Realschülerinnen und -schülern) greift diese Ursache auf.

Eine weitere Ursache der Unterrichtsentwicklung ist in den Motiven der Lehrkräfte zu finden: Sie erkennen häufig die subjektive Notwendigkeit zur Veränderung und sind zu dieser auch motiviert, jedoch prüfen sie im Sinne einer Kosten-Nutzen-Bilanz sehr genau, wie stark sie in die Unterrichtsentwicklung investieren (Helmke, 2012). Lehrerinnen und Lehrer möchten das Bestmögliche für alle Schülerinnen und Schüler erreichen, ohne sich dabei einer Überlastung auszusetzen. Unterrichtsentwicklung als Entlastung kann daher als ein starkes Motiv wirken. Hinzu kommen als Motive aufseiten der Lehrkräfte die Bereitschaft zur Selbstreflexion, professionelles Wissen über Unterrichtsentwicklung und der Wunsch nach Selbstwirksamkeit.

In diesem Kontext wird häufig mit dem Begriff einer *neuen Lernkultur* argumentiert. Unter Lernkultur versteht man die Art und Weise, wie Lehren und Lernen in Schulen stattfindet. Sie wird sowohl durch die aktuelle wissenschaftliche Forschung als auch durch zeitliche, kulturelle, gesellschaftliche und bildungspolitische Veränderungen geprägt und unterliegt somit einem ständigen Wandlungsprozess. Die Lernkultur sollte so gestaltet werden, dass künftige Generationen auf die vielfältigen Anforderungen unserer Gesellschaft vorbereitet werden. Wir definieren diese in Anlehnung an bekannte Merkmalszuschreibungen einer neuen Lernkultur von Weinert (1997) und Lang-Wojtasik (2008) durch folgende acht Kriterien:

Tab. 1: Merkmale und Beschreibung der Neuen Lernkultur

Merkmal	Beschreibung
1. Umgang mit Heterogenität	Vermehrte Heterogenität in der Schülerschaft einer Klasse wird von allen akzeptiert und genutzt.
2. Individualisierung und Differenzierung	»Individuelle Lernbiographien erfordern verschiedene Lernarrangements« (Lang-Wojtasik, 2008, S. 136).
3. Erhöhung von Partizipation	Mitgestaltung und -bestimmung von Schülerinnen und Schülern, Eltern und Lehrkräften werden in vielfältigen Bereichen akzeptiert und eingefordert.
4. Einsatz von Diagnostik	Lernstandsmessungen und -erhebungen erfolgen zur Feststellung individueller Stärken und Schwächen, darauf Bezug nehmend werden individuelle Lehr- und Förderpläne, auch in Zusammenarbeit mit Förderlehrkräften, erstellt.
5. Pädagogischer Leistungsbegriff	Neben der Beurteilung von Leistung rückt die Wahrnehmung, Begleitung und Förderung der Persönlichkeit in den Vordergrund (Bohl, 2009).
6. Situiertes Lernen	Ausgangspunkt des Unterrichts sind »authentische Situationen des geschichtlich-gesellschaftlichen Lebens« (Sacher, 2009, S. 205) sowie Fallbeispiele und *Real World Problems* aus dem Alltag (vgl. Merrill, 2009), damit Kenntnisse und Fähigkeiten auf neue Situationen angewandt werden können.

Tab. 1: Merkmale und Beschreibung der Neuen Lernkultur – Fortsetzung

Merkmal	Beschreibung
7. Flexible Raum- und Zeitkultur und veränderte Rolle der Lehrkraft	Die Lernumgebung ist so zu gestalten, dass ein Lernen-Wollen initiiert und die Schule als Lebensraum wahrgenommen wird. Die Zeiteinteilung erfolgt dabei flexibel und ist nicht an den 45-Minuten-Takt gebunden. Damit geht auch eine stärkere Kooperation zwischen den Lehrkräften einher.
8. Medienerziehung und Medieneinsatz	Einsatz von vielfältigen Medien wird sowohl für Lehrkräfte als auch für Schülerinnen und Schüler ermöglicht und eingefordert. Dies schließt den verantwortungsvollen Umgang mit neuen Medien ein.

Ein Unterricht, der sich den Attributen einer neuen Lernkultur verpflichtet fühlt, muss sich zwangsläufig weiterentwickeln.

1.4 Die Zielperspektive: Die neue Lernkultur in Spannungsfeldern des Unterrichts

Es liegen derzeit zahlreiche Modelle guten Unterrichts mit verschiedenen Qualitätskriterien vor (z. B. Helmke, 2012; Meyer, 2013). Bezogen auf das Lehren und Lernen ist ihnen gemeinsam, dass diese Kriterien an Aspekte der neuen Lernkultur anknüpfen (vgl. auch Tab. 1). Aus diesen Merkmalen lassen sich daher mögliche Ziele für Prozesse der Schul- und insbesondere der Unterrichtsentwicklung ableiten (▸ Tab. 2).

Tab. 2: Merkmale und Ziele der neuen Lernkultur

1. Umgang mit Heterogenität
   - Einführung und Etablierung von Unterstützungsmaßnahmen (z. B. Tutoren-, Helfersysteme, kooperative Lernformen)
   - Lehrkräfte berücksichtigen »unterschiedliche [...] Lernbiographien« (Lang-Wojtasik, 2008, S. 136) bei der Unterrichtsplanung und -durchführung, dennoch wird gemeinsam an einem Thema gearbeitet.

2. Individualisierung und Differenzierung
   - individuelle Lehrpläne (und ggf. Förderpläne) für jede Schülerin/jeden Schüler
   - individualisierter, differenzierter und schülerorientierter Unterricht
   - individualisierte Leistungsmessungen und Bewertung

3. Erhöhung von Partizipation
   - Herstellung von Transparenz für Lehrkräfte, Schülerinnen und Schüler sowie Eltern
   - Strukturaufbau von Partizipationsmöglichkeiten für Lehrkräfte, Schülerinnen und Schüler sowie Eltern (siehe Kapitel von Weiß in diesem Buch)
   - offenere Unterrichtsformen mit Wahlmöglichkeiten
   - Aufbau einer Feedbackkultur

Tab. 2: Merkmale und Ziele der neuen Lernkultur – Fortsetzung

4. Einsatz von Diagnostik
   - Professionalisierung von Lehrkräften (systematische Beobachtung und Dokumentation für individuelles Vorgehen)
   - Ausbau von Unterstützungssystemen
   - Bildung professioneller Lerngemeinschaften (PLGs)

5. Pädagogischer Leistungsbegriff
   - »Verfahren des Prüfens und Bewertens im Offenen Unterricht« (Bohl, 2009, S. 27) einsetzen
   - Absprachen und Zusammenarbeit im Kollegium unterstützen
   - Anwendung der individuellen Bezugsnorm

6. Situiertes Lernen
   - Orientierung an Formen offenen, fächerübergreifenden Unterrichts wie z. B. Projektunterricht
   - Etablierung einer neuen Aufgabenkultur, die sich besonders an Alltagsphänomenen orientiert
   - Verbesserung instruktionalen Lernens

7. Flexible Raum- und Zeitkultur und veränderte Rolle der Lehrkraft
   - Umgestaltung von Lernorten (z. B. Einrichtung von Lernbüros, Lernecken, Freilandklassenzimmern)
   - Aufhebung des 45-Minuten-Taktes
   - Epochen- bzw. Epochalunterricht
   - (zeitweise) Aufhebung des Klassenprinzips und Lernen in klassen- und jahrgangsübergreifenden Schülerteams (Rhythmisierung)
   - verstärkte Kooperation von Lehrkräften und Arbeit in Teams
   - Zusammenarbeit mit außerschulischen Experten, Personen, Organisationen und Institutionen (Lernasse, Lernhelfer, Lernpaten, Unternehmen, Seniorenheim)

8. Medienerziehung und Medieneinsatz
   - Medienkompetenzen der Lehrkräfte durch Fortbildungen stärken
   - Ermöglichen des Medieneinsatzes durch die Schulbehörden (z. B. Kauf von Geräten und Medien, Lehrplanverankerung)
   - Stärkung der Medienkompetenz der Schülerinnen und Schüler (z. B. Interaktives Whiteboard, Tablet-Klassen, E-Learning)
   - Programme zur Stärkung eines verantwortungsvollen Umgangs mit Medien im Unterricht etablieren

Unterrichtsentwicklung kann sich, wie auch die Fallvignetten widerspiegeln, auf unterschiedliche Bereiche beziehen. Dabei ergeben sich häufig Spannungsfelder und verschiedene Maßnahmen, die auf den ersten Blick nur schwer miteinander vereinbar scheinen. Anhand von fünf Spannungsfeldern des Unterrichts soll im Folgenden exemplarisch gezeigt werden, mit wie vielen Voraussetzungen die Umsetzung der neuen Lernkultur einhergeht und welche Anforderungen dadurch an Entwicklungsprozesse gestellt werden (▶ Abb. 1).

Welche konkreten Maßnahmen in den jeweiligen Spannungsfeldern ergriffen werden können, wird beispielhaft an den eingangs vorgestellten Fallvignetten illustriert.

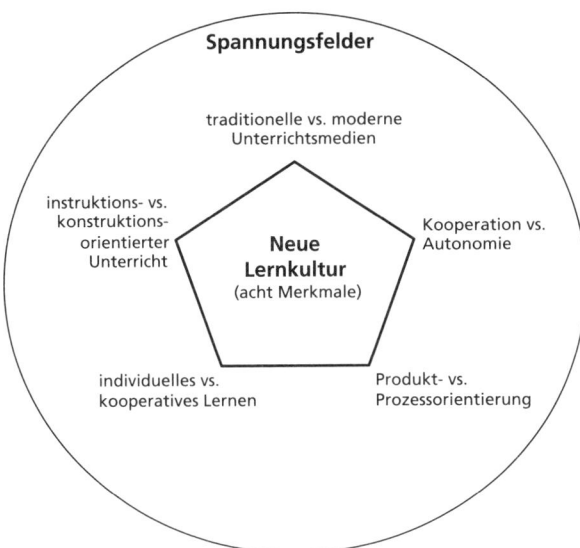

Abb. 1: Die neue Lernkultur in Spannungsfeldern des Unterrichts

Der Umgang mit Heterogenität und Differenzen im Spannungsfeld von instruktions- vs. konstruktionsorientiertem Unterricht

(F2) Am Informationsabend wird die Forderung nach schülerzentrierten Formen des Unterrichts vonseiten der Eltern laut. Darauf entbrennt zwischen den zukünftigen Lehrkräften der fünften Klassen die Diskussion, ob eher die Weiterentwicklung instruktions- oder konstruktionsorientierter Unterrichtsformen eine optimale Förderung der Schülerinnen und Schüler ermöglicht.

Die steigende Heterogenität in der Schülerschaft, die geforderte stärkere Individualisierung sowie ein differenzierter Unterricht lassen die Frage nach dem Verhältnis von lehrer- versus schülerzentriertem Unterricht aktuell werden. Gerade an weiterführenden Schulen überwiegt zurzeit ein instruktionsorientierter Unterricht (Reich, 2011), in dem die Lenkung des Unterrichtsgeschehens und der Interaktion von der Lehrperson ausgeht und der individuelle Unterschiede eher nicht berücksichtigt (vgl. direkte Instruktion, u. a. Wellenreuther, 2014). Dagegen hat ein konstruktionsorientierter Unterricht den einzelnen Lerner als aktiv Handelnden im selbstgesteuerten Lernprozess im Blick. Dieser soll »möglichst zu eigenen Themenfindungen, Problemstellungen und Lösungen gelangen können« (Reich, 2011, S. 232). Der Annahme nach wird Wissen nicht direkt vom Lehrenden auf den Lernenden übertragen, sondern vom Letztgenannten individuell konstruiert. Der Lehrende hat hierbei eher die Rolle eines Coaches, Beraters und Unterstützers von Lernprozessen, die vom Lernenden selbstständig initiiert und vollzogen werden.

Stehen sich die Begriffe definitorisch gegenüber, so ist im Sinne der neuen Lernkultur eine durchdachte Mischung notwendig. Zurzeit lässt sich weder der Konstruktion noch der Instruktion empirisch eine Vorrangstellung einräumen (Helmke, 2012). Unterricht ist dann am erfolgreichsten, wenn neben instruktionsorientierten Formen weitere Lehr-Lern-Szenarien durchgeführt werden (Helmke, 2012). Es bieten sich Konzepte des entdeckenden, situierten und problemorientierten Lernens (u. a. Reinmann-Rothmeier & Mandl, 2006) an.

> Am Gymnasium (F2) wird die Wochenplanarbeit eingeführt, in der die Schülerinnen und Schüler dreimal die Woche fächerübergreifend in ihrem eigenen Tempo an differenzierten Aufgaben arbeiten. Wichtige Kompetenzen des selbsttätigen Lernens und der Selbstorganisation sollen dabei erworben werden. Neben diesen Stunden werden neue Inhalte und Konzepte in lehrerzentrierten Situationen eingeführt. Dies erfolgt im Plenum und führt zu einer hohen Kontrollierbarkeit von Lehrerseite aus.

Individualisierung und Differenzierung im Spannungsfeld von individuellem vs. kooperativem Lernen

Sowohl situiertes Lernen als auch eine flexible Raum- und Zeitstruktur ermöglichen ein hohes Maß an individuellem Lernen einerseits und Formen kooperativen Lernens andererseits. Individuelles Lernen ermöglichen heißt von Lehrerseite aus, die umfassende Entwicklung des Potenzials einer einzelnen Schülerin oder eines einzelnen Schülers zu unterstützen, indem die Lehrkraft Lernsituationen schafft, in denen ein Lernender seine Stärken entfalten und seine Schwächen kompensieren kann (Meyer, 2013). Individuelles Lernen schließt dabei neben Schülerinnen und Schüler mit besonderem Förderbedarf auch die Hochbegabtenförderung mit ein. Im kooperativen Lernen, »in de[m] kommunikative Aktivitäten von bzw. zwischen den Schülern systematisch organisiert werden, um Lernprozesse anzuregen und zu fördern« (Fischer & Neber, 2011, S. 103), wird die individuelle Sicht erweitert um eine soziale Einbindung in sogenannte Lerngemeinschaften. Gerade leistungsschwächere Schülerinnen und Schüler ziehen Vorteile aus heterogen gestalteten Teams (Bohl, 2013), es profitieren aber auch Leistungsstärkere, z. B. von tutoriellen Situationen.

Zunächst sich augenscheinlich gegenüberstehend verbinden sich die beiden Pole mit Blick auf den Umgang mit Heterogenität: Bedeutsam sind sowohl der individuell Lernende mit seinen ganz eigenen Interessen, seinem Entwicklungs- und Leistungsstand, seiner sozialen Herkunft und gegebenenfalls seinem Migrationshintergrund (Graumann, 2002) als auch die Vielfalt in der Klasse, die im kooperativen Lernen als Potenzial im Unterricht für die Schülerinnen und Schüler nutzbar wird.

Zur Umsetzung individuellen Lernens sind Formen der Frei-, Plan-, Werkstatt- und Stationenarbeit möglich, in denen »situiertes Lernen« (vgl. auch Gerstenmaier & Mandl, 2001) bzw. die Adaptivität des Unterrichts an die besonderen Lernbedürfnisse (u. a. Warwas, Hertel, & Labuhn, 2011) besonders fruchtbar ist.

(F1) In der jahrgangsgemischten Grundschulklasse wird differenziertes Lernen durch Formen des offenen Unterrichts und ein reiches Angebot an Material möglich. Die Schülerinnen und Schüler bilden zudem sogenannte Lern-Tandems, z. B. hilft ein Zweitklässler einem Erstklässler beim Lesenlernen.

Kooperatives Lernen lässt sich mithilfe verschiedener Methoden der Gruppen- und Partnerarbeit umsetzen (z. B. Lernen durch Lehren/LdL: Grzega & Klüsener, 2012; vgl. auch Punkt 2.3). Dabei sind diejenigen Verfahren besonders effektiv, in denen einerseits Schülerinnen und Schüler verstärkt eigene Lernstrategien entwickeln und in denen andererseits die Einführung neuer Lerninhalte durch die Lehrkraft berücksichtigt wird (z. B. Gruppenrallye, -turnier; vgl. Beschreibung der Methoden bei Green & Green, 2012). Eine individuelle Verantwortlichkeit (Wert der individuellen Leistung für das Gruppenergebnis) und eine positive Interdependenz (Gruppenerfolg durch gemeinsames Ziel; Borsch, 2010) tragen zum Lernerfolg bei.

Der pädagogische Leistungsbegriff im Spannungsfeld von Produkt- vs. Prozessorientierung

Wenn sich Unterricht vermehrt an den oben genannten Merkmalen einer neuen Lernkultur orientiert, muss konsequenterweise ebenso eine neue Leistungskultur mitgedacht und entwickelt werden, denn ein individuelles, differenziertes Vorgehen im Unterricht verlangt auch seine Entsprechung in Bezug auf das Leistungsverständnis. Lehrkräfte verstehen unter Schülerleistungen in der Regel nur das Lernprodukt, welches sich an zuvor festgeschriebenen Inhalten und Fertigkeiten leicht abprüfen lässt (Produktorientierung). Doch auch der Prozess einer Lernentwicklung ist eine Leistung – er bildet den Aneignungsweg und die individuellen Fortschritte eines Lernenden ab. Dabei ist der Entwicklungsverlauf meist nur indirekt aus dem Arbeitsprozess erschließbar, was eine Beurteilung erschwert (Sacher, 2009). Daher bietet es sich an, Prozessleistungen neben einer Fremd- auch mittels Selbstbeurteilung zu ermitteln. Nachdem Schülerinnen und Schüler bereits ihr eigenes Leistungsniveau »relativ exakt einschätzen« (Hattie, 2009), sollten sie im nächsten Schritt auch an Beurteilungskriterien herangeführt werden, um eigene und fremde Leistungen mitbewerten zu können.

Je nachdem, ob Leistung schwerpunktmäßig als Produkt oder Prozess betrachtet wird, wirkt sich dies auf die gewählte Form der Messung und der Bewertung aus. Die Wahl der Bewertungskonzeption beeinflusst auch die Gestaltung des Unterrichts, wie die Gegenüberstellung in Tabelle 3 verdeutlicht.

Tab. 3: Gegenüberstellung von Prozess- und Produktorientierung

Prozessorientierung	Produktorientierung
Im Fokus von Unterricht und Leistungsbeurteilung stehen Lernprozesse, Lernentwicklungen der Schülerinnen und Schüler.	Im Fokus von Unterricht und Leistungsbeurteilung stehen meist kognitive, fachlich-inhaltliche Lernergebnisse.
Ziele, Stärken, Schwächen, Probleme, Bemühungen, Wirkungen finden Berücksichtigung und werden dokumentiert.	Die Ergebnisse werden dokumentiert, ohne Berücksichtigung der Lernarbeit, der Anstrengung sowie des Lernweges.
Lernziele werden individuell nach den Lernmöglichkeiten und Lernfortschritten der Lerner gesetzt.	Gleiche Ziele und Anforderungen werden an alle Lerner gestellt.
Beurteilt wird überwiegend nach der individuellen Bezugsnorm.	Beurteilt wird vornehmlich nach der kriterialen Bezugsnorm.
Leistungsbeurteilung erfolgt neben Fremd- auch mittels Selbstreflexion und Selbstbeurteilung.	Leistungsbeurteilung erfolgt meist über eine Fremdbeurteilung.
Beurteilung erfolgt mit dem Ziel der Förderung individueller Entwicklungen.	Beurteilung erfolgt zur Steuerung, da die individuell erbrachte Leistung über die Selektion und somit über die gesellschaftliche Position entscheidet.

Um Lernprozesse zu diagnostizieren und zu bewerten, bedarf es besonderer Formen der Dokumentation im Unterricht. Dabei müssen Lehrkräfte und Schülerinnen und Schüler Lernwege sichtbar machen. Geeignete Formen hierfür sind die Erstellung bzw. das Führen von Portfolios, Log-, Pensen- oder Lerntagebüchern, Beobachtungsbögen über Lernverhalten und Gruppenprozesse oder auch das Verfassen schriftlicher Prozessberichte über Projekte und Teamarbeiten (Praxisbeispiele hierzu finden sich in Bohl, 2009). Es bieten sich ebenso Möglichkeiten der Schülermit- bzw. Schülerselbstbewertung an, welche vor allem bei einer Prozessbewertung Lehrkräften als Entlastung dienen und die Partizipation der Lernenden erhöhen (vgl. auch hier das Buch von Bohl, 2009).

Eine Unterrichtsentwicklung hin zur Prozessorientierung kommt in den Fallvignetten F1 und F5 in Gang, wenn Lehrkräfte die Arbeits- und Lernprozesse in die Bewertung mit aufnehmen. In der Vignette der jahrgangsgemischten Klasse (F1) führen die Schülerinnen und Schüler sogenannte Pensenbücher, in die sie täglich eintragen, woran sie gearbeitet haben. In F5 erstellen die Schülerinnen und Schüler Logbücher und zusätzlich regelmäßig Portfolios als Dokumentation ihrer Lernleistung. Dazu gehören auch Prozessberichte und Selbstreflexionen über den Lernprozess.

Neben der beschriebenen Dokumentation, die Lernprozesse und -wege gut nachvollziehbar macht, können hier auch kognitiv-inhaltliche Leistungen mitberücksichtigt werden, da die Schülerinnen und Schüler stets an einem vereinbarten Stoffgebiet arbeiten. Beide Pole sind vereinbar, wenn eine Lehrkraft sowohl Situationen, die auf Lernprodukte abzielen, als auch Gelegenheiten schafft, in denen der Fokus auf die Lernprozesse gerichtet ist.

Die flexible Raum- und Zeitkultur und die veränderte Rolle der Lehrkraft im Spannungsfeld von Kooperation vs. Autonomie

(F5) Aufgrund der gestiegenen Heterogenität durch die Zusammenlegung von Haupt- und Realschulen beschließen die Lehrkräfte der neuen fünften Klassen, durch enge Kooperation gemeinsam ihren Unterricht zu entwickeln.

Die Umgestaltung von Lernorten, die Einführung von Epochen- bzw. Epochalunterricht oder das Lernen in klassen- und jahrgangsübergreifenden Schülerteams (Rhythmisierung) fordert eine verstärkte Kooperation von Lehrkräften und Zusammenarbeit in Teams. Bisher besteht nur selten in der Schulwirklichkeit eine ausgeprägte Kooperation unter Lehrkräften (Steinert et al., 2006) – die Lehrkraft ist als »Einzelkämpfer« beschrieben (z. B. Rothland, 2013). Als Legitimation für die fehlende Kooperation wird die Aufgabe des einzelnen Lehrers, den Unterricht zu gestalten und autonom zu agieren, angeführt (vgl. »Autonomie-Paritäts-Muster« nach Lortie, 1975). Kooperation erstreckt sich von reinen Austauschprozessen über die gemeinsame Arbeitsplanung und -organisation sowie das gemeinsame Erstellen von Förderplänen bis hin zur Ko-Konstruktion (Fußangel & Gräsel, 2008) und zum Team-Teaching, in denen neue Inhalte erschlossen oder gemeinsam unterrichtet werden. In den Punkten 1.5 und 2.4 wird ausführlicher auf die Zusammenarbeit zwischen Lehrkräften eingegangen.

Erfolgt solch ein produktives Wechselverhältnis von Kooperation und individuellem Arbeiten, hat dies sowohl einen empirisch nachgewiesenen Einfluss auf höhere Erfolge in Bezug auf die Schülerleistungen (Lomos, Hofman & Bosker, 2011) als auch auf die Entlastung auf Lehrerseite (Fußangel & Gräsel, 2008).

Kooperation kann zudem mit sonderpädagogischen Fachkräften (z. B. im Zuge von Inklusion) oder durch die Begleitung eines Lehramtsanwärters bzw. Referendars (sog. Mentoring) erfolgen.

(F5) Für die gemeinsame Unterrichtsentwicklung hospitieren die Lehrkräfte zunächst wechselseitig beim Unterrichten, um jeweils Stärken und Potenziale bei jeder Lehrkraft zu identifizieren und diese gegenseitig rückzumelden. Die Lehrerinnen und Lehrer treffen sich zudem regelmäßig in Kleingruppen, um gemeinsame Schritte zur Unterrichtsentwicklung zu planen.

Es bedarf aber auch Rahmenbedingungen, die einen Austausch ermöglichen (vgl. Überprüfung durch Checklisten: Priebe, Schratz & Westfall-Greiter, 2010; EMU). Kooperation sollte auf Freiwilligkeit beruhen und zunächst niedrigschwellig erfolgen, sodass auch überzeugte »Einzelkämpfer« daraus Vorteile für ihren Unterricht ziehen können.

Medienerziehung und -einsatz im Spannungsfeld von traditionellen vs. modernen Unterrichtsmedien

In der Hauptschule (F3) werden im Zuge der Sanierung, Lernateliers und Projekträume eingerichtet sowie die Klassenräume teilweise mit PCs/Tablets ausgestattet. Insgesamt sind Räume, Flure und der Schulhof offener gestaltet. Zudem wird schulweites W-LAN eingerichtet. Mithilfe von computergestützten Aufgaben und einer stärkeren Einbeziehung des Internets sollen die Bedürfnisse der Lernenden zukünftig eine stärkere Berücksichtigung erfahren.

Seit dem 19. Jahrhundert greift der Unterricht traditionell auf Redebeiträge des Lehrers unter Zuhilfenahme der Tafel, textbasierte Medien und Veranschaulichungsmittel (z. B. aus der Biologie- oder Physiksammlung oder geografische Karten) zurück. Über die Nutzung von computergestützten Lernprogrammen und internetbasierten Lernangeboten wie Blogs oder Animationen erweitern neue Medien die Möglichkeiten des Lernens mithilfe von Veranschaulichung. Durch die im Unterricht verwendeten Medien werden »[...] in kommunikativen Zusammenhängen potenzielle Zeichen mit technischer Unterstützung übertragen, gespeichert, wiedergegeben, angeordnet oder verarbeitet und in abbildhafter und/oder symbolischer Form präsentiert« (Tulodziecki & Herzig, 2010, S. 18). Mit der Nutzung neuer Medien beim Lernen im Unterricht werden die folgenden Ziele verbunden (Nattland & Kerres, 2009, S. 323):

- Unterstützung innovativer Lehr-Lernmethoden, wie problem- und fallbasiertes Lernen;
- Steigerung der Lernintensität des selbstgesteuerten und kooperativen Lernens durch die Nutzung des Computers als Wissensvermittler oder Wissenswerkzeug;
- Erschließung alternativer Formen der Lernorganisation, etwa durch die Kopplung von Lernorten durch das Internet.

Dagegen finden Lehr- und Lernprozesse im Präsenzlernen ebenso direkt ohne computerbasierte Medien als Mittler zwischen Lehrperson und Schülerinnen und Schülern statt.

Empirisch zeigt sich, dass »mit Hilfe der computerbasierten Medien ein selbsttätiges Lernen und ein selbstständiges Vorgehen der Schüler gefördert werden können« (Tulodziecki, 2009, S. 296), aber nicht gefördert werden müssen. Neben selbstreguliertem Lernen ist kooperatives Lernen durch den Zusammenschluss von Einzelpersonen zu Lerngemeinschaften in der Nutzung von Blogs, Wikis und Podcasts möglich (Frankl & Zederbauer, 2009). Neue Lernarrangements (Lernplattformen, webbasiertes forschendes Lernen, virtuelle Klassenzimmer) lassen sich gestalten, Lernsoftware (Übungsprogramme, tutorielle bzw. hypermediale Systeme) einsetzen. Ein gelungenes Beispiel hierfür ist die digitale Schultasche im Netz (http://www.digitaleschultasche.cc/, hrsg. von Willburger). Dabei sind die Lernvoraussetzungen der Lernenden zu berücksichtigen (Fischer, Mandl & Todorova, 2010). Die »Gestaltung und Kombination netzbasierter Lernangebote mit herkömmlichen Lernangeboten« (Hron & Friedrich, 2009,

S. 325), allgemein als *Blended Learning* bezeichnet, vereint die Vorteile beider Lernformen.

> Die Lehrkräfte in der Vignette F3 richten ein Netzwerk mit differenzierten Aufgaben ein. Da sich die komplexen Aufgabenstellungen nur kooperativ lösen lassen, sind die Schülerinnen und Schüler über das Netzwerk klassenübergreifend verbunden. Zur Aufgabenbearbeitung stehen Podcasts, Videoclips etc. zur Verfügung. In einem durch Lehrkräfte begleiteten Diskussionsforum besprechen die Gruppenmitglieder ihre Bearbeitung und geben sich gegenseitig ein strukturiertes Feedback. Am Ende jeder Einheit werden ihre kooperativ gestalteten Ergebnisse über einen Blog veröffentlicht und für die Mitschülerinnen und Mitschüler zugänglich.

Die Erhöhung von *Partizipation*, der *Einsatz von Diagnostik* und das *situierte Lernen* als weitere Merkmale der neuen Lernkultur (▶ Tab. 1 und 2) finden sich ebenfalls in den fünf beschriebenen Spannungsfeldern, aber auch weiteren (z. B. Partizipationsförderung im Spannungsfeld von Freiheit und Zwang in der Schule) wieder.

1.5 Die Akteursperspektive: Beteiligte am Entwicklungsprozess

Unterrichtsentwicklung ist ein produktives Wechselspiel von Einzelarbeit und von *Austausch* (z. B. Material austauschen, kollegialer Rat), *arbeitsteiliger Kooperation* (z. B. Aufgaben bei Projekten verteilen, arbeitsteilige Erarbeitung von Unterrichtseinheiten) und *Ko-Konstruktion* (z. B. gemeinsam Unterricht vorbereiten und durchführen, gemeinsame Lernaufgaben entwickeln, gemeinsam Förderpläne erstellen).

Bei der Unterrichtsentwicklung muss »das Rad nicht neu erfunden werden«, sondern es kann auf bewährte Arbeitsstrukturen an der Schule zurückgegriffen werden. Eine gute Handreichung für die Initiierung kooperativen Arbeitens liefert das Bausteinheft *Unterrichtsteams* des Staatlichen Schulamtes Offenburg (Link im Literaturverzeichnis). Fachkonferenzen und Jahrgangsteams können aktiv genutzt, Klassenteams oder Hospitationszirkel gebildet werden. Solche Arbeitsgruppen lassen sich auch unter dem Begriff der professionellen Lerngemeinschaften (PLG) subsumieren. Priebe, Schratz und Westfall-Greiter (2010) bieten Checklisten und Ideen zur Bildung von PLGs. Es ist empirisch nachgewiesen, dass solche Lerngemeinschaften sowohl einen Effekt auf das Lernen der Lehrkräfte einerseits als auch auf den Lernerfolg der Schülerinnen und Schüler andererseits haben (vgl. Rolff, 2001). Es bedarf dabei eines starken Konsenses hinsichtlich didaktisch-methodischer Fragen, einer kontinuierlichen Abstimmung vor allem in curricularen Fragen sowie einer Reflexion gemeinsamer Werte und Verhaltensregeln. Wie dies im Kontext des Entwicklungsprozesses zu leisten ist, zeigt exemplarisch der folgende Abschnitt.

2 Die Prozessperspektive: Gestaltung von Unterrichtsentwicklung

»Professionell betrachtet gibt es [...] keine Rezepte der Unterrichtsentwicklung, es sind vielmehr die Interaktionen, Entscheidungen usw. der Unterrichtenden im Prozess der Entwicklung einer einzelnen Schule bedeutsam« (Schelle, 2010, S. 316). Unterrichtsentwicklung lässt sich daher als ein spiralförmiger Prozess beschreiben, der aus folgenden fünf Schritten besteht (in Anlehnung an Horster & Rolff, 2001):

Tab. 4: Phasen und Handlungsfelder der Unterrichtsentwicklung

Phasen der Unterrichtsentwicklung	*Handlungsfelder* (Worum geht es?)
Stand im Kollegium erheben	Haltungen und Werte
Gemeinsames Unterrichtsbild entwickeln	Haltungen und Werte
Methoden-, Inhalts- und Aufgabenrepertoire des Kollegiums überprüfen und weiterentwickeln	Unterrichtsformen und Unterrichtsmethoden/Unterrichtsinhalte
Gemeinsame Unterrichtsvorhaben planen und durchführen	Lerntheorien
Unterrichtsprozess und seine Ergebnisse (z. B. Lernerfolg) evaluieren	Unterrichtsreflexion

Die folgende Darstellung der fünf Schritte umfasst eine theoretisch-empirische Einordung und Methodenvorschläge zur Umsetzung, die an den Fallvignetten verdeutlicht werden. Seit April 2015 befindet sich zudem eine (digitale) Schulakademie im Aufbau, welche Materialien zur Verfügung stellen wird, die Unterrichtsentwicklung betreffen und Best-Practice-Beispiele aufzeigen (http://www.¬deutsche-schulakademie.de/).

2.1 Stand im Kollegium erheben

An einer Schule haben die Lehrkräfte eines Kollegiums meist unterschiedliche Vorstellungen von (gutem) Unterricht. So verstehen sich einige Lehrkräfte bevorzugt als Wissens-, andere als Wertevermittler und wieder andere sehen ihre Aufgabe in der Vermittlung sozialer Kompetenzen. Diese sogenannten Lehr- und Lernskripte (Schank & Abelson, 1977) haben einen Einfluss auf die Auswahl und Aufbereitung von Unterrichtsinhalten, die Methoden- und Medienwahl sowie die Interaktionen und bevorzugten Sozialformen im Unterricht (Horster & Rolff, 2001). Diese Bilder von Unterricht und Lehr-Lern-Prozessen sind durch die eigene Lehrerbiografie geprägt und meist nur implizit. In deren Explizierung liegt eine erste Aufgabe der Unterrichtsentwicklung. Dadurch erst werden die Bilder und der Ist-Zustand des Unterrichts der einzelnen Lehrkraft deutlich und sind anschließend verhandelbar. Im Kollegium treffen unterschiedliche Vorstellungen von Unterricht aufeinander, die es gegeneinander abzuwägen und gemeinsam zu einer Zielvorstellung von Unterricht (▶ Abschnitt 2.2) zu entwickeln gilt.

Zur Explizierung der Unterrichtsbilder bieten sich verschiedene Methoden an, wie z. B. die Galeriemethode (*Gallery Walk*), das *World Café* (vgl. für beide und weitere Methoden: Nöllke, 2015) oder die von Horster und Rolff (2001) vorgeschlagene Metapherübung. Bei dieser Übung werden

- Metaphern zum Unterricht von jeder Lehrkraft formuliert: »Unterricht sollte sein wie …«, zum Beispiel »ein Zahnrad«, bei dem jegliche Schritte ineinandergreifen;
- die Metaphern hinsichtlich der Konsequenzen für den Unterricht, die sich aus dem Bild/der Metapher ergeben, analysiert (z. B. bezogen auf die Rolle von Lehrkraft und Lernenden, das Lernen, die Unterrichtsgestaltung, die Kommunikation etc.);
- die Metaphern geclustert (nach den o. g. Konsequenzen), verglichen und mit einem »offiziellen Bild« von Unterricht konfrontiert (siehe folgenden Unterabschnitt).

Die Kritik am vorherrschenden Frontalunterricht am Gymnasium (F2) kann im Kollegium als Ausgangspunkt für eine Diskussion über das künftige Bild von Unterricht an der Schule genutzt werden. Mittels der Metaphermethode treten so unterschiedliche Sichtweisen von Unterricht (Wissensvermittlung, Lernen fürs Leben, Frontalunterricht, Lebensweltlicher Unterricht etc.) zutage.

Weitere Methoden und Instrumente zur Erhebung von Daten und Vorstellungen über Unterricht finden sich sehr strukturiert aufbereitet auf den Seiten des Kultusministeriums Baden-Württemberg und der Universität Erlangen (Links im Literaturverzeichnis).

2.2 Gemeinsames Unterrichtsbild entwickeln

Die letzten beiden Schritte der Metaphermethode dienen einem gemeinsamen Unterrichtsbild, zu dem sich das Kollegium hin entwickeln will. Unterschiedliche, individuelle Bilder lassen sich mit einem »offiziellen Bild« vergleichen. Offizielle Bilder von Unterricht können dabei sein:

- Richtlinien für Schularten, Bildungspläne etc.
- aktueller Stand der allgemein- und fachdidaktischen Forschung (z. B. Qualitätsmodelle von Unterricht)
- Pole der oben beschriebenen Spannungsfelder
- Aspekte der neuen Lernkultur

Das Unterrichtsbild einer Schule ist als eine gemeinsame Werte- und Normenbasis zu verstehen und nicht als eine konkrete Handlungsanweisung für den Unterricht, an die es sich strikt zu halten gilt.

Im letzten Schritt der oben beschriebenen Metaphermethode findet eine Einigung auf ein gemeinsames Bild statt. Dabei kann man sich an folgenden Leitfragen orientieren:

- Welche Elemente in den diskutierten Bildern und »offiziellen« Bildern sind uns gemeinsam?
- Was sollte auf jeden Fall in dem Unterrichtsbild unseres Kollegiums enthalten sein und was nicht?
- Wo gibt es noch Dissens?

Dieses gemeinsame Unterrichtsbild sollte die eingangs angeführten Aspekte der neuen Lernkultur berücksichtigen. Beispielsweise kann das Unterrichtsbild auf diese hin zunächst nochmals überprüft werden.

Abschließend sollte das gemeinsame Bild von Unterricht überprüfbar sein, um Fortschritte und evtl. auftretende Probleme im Unterrichtsentwicklungsprozess erkennen und daran ansetzen zu können. Dazu sollten im Kollegium oder in Kleingruppen (z. B. Fachkonferenz, Klassenkonferenz, Jahrgangskonferenz) ausgehend von dem gemeinsamen Bild Indikatoren entwickelt und festgelegt werden, die das Unterrichtsbild »messbar« machen. Buhren und Rolff (1995) fordern von solchen Indikatoren, dass diese »durch Befragung, Beobachtung oder Beschreibung validiert, also bewertet werden können« (S. 12).

Die in der Fallvignette F5 gebildete professionelle Lerngemeinschaft verständigt sich – quasi als Spiegelbild zur heterogenen Schülerschaft – auf das Unterrichtsbild von »Einheit durch Vielfalt«, welches sich auch in vielen Bildungsplänen wiederfindet. Zur »Messung« der Entwicklung in Bezug auf dieses Bild erstellt sie gemeinsam Indikatoren zur Überprüfung der Umsetzung des Bildes am Schuljahresende:

1. In jeder Jahrgangsstufe wird eine Form geöffneten Unterrichts (Wochenplan, Freiarbeit etc.) als neuer Methodenschwerpunkt umgesetzt.
2. Arbeitsaufträge und Materialien werden differenziert erstellt.
3. Die Leistungsbeurteilung berücksichtigt Lernprozesse und -produkte gleichermaßen.

Eine weitere Möglichkeit, den Stand im Kollegium zu erheben und ein gemeinsames Unterrichtsbild zu entwickeln, ist der Einstieg über gemeinsame Lern- und Leistungsaufgabenanalysen (vgl. Punkt 2.3).

2.3 Methoden-, Inhalts- und Aufgabenrepertoire des Kollegiums überprüfen und weiterentwickeln

Mit Blick auf die Forderungen einer neuen Lernkultur und die oben beschriebenen Spannungsfelder geht es beim Ausbau des Methoden-, Inhalts- und Aufgabenrepertoires innerhalb eines Kollegiums um die Erweiterung von Formen selbstbestimmten und kooperativen Lernens sowie um die Anreicherung von Formen angeleiteten bzw. instruktionalen Lernens.

Methodenrepertoire erweitern

Es existieren zahlreiche Methodenhandbücher (z. B. Gugel, 2011; Mattes, 2011; Meyer, 2011), die Anregungen dazu bieten, welche Methoden man zukünftig zum festen Bestandteil des Unterrichts innerhalb eines Kollegiums machen möchte. Dabei sollten die Methoden dahingehend kritisch geprüft werden, ob sie zum gemeinsam entwickelten Bild von Unterricht (bzw. den Indikatoren zur Überprüfung) passen.

Folgende Methoden des selbstgesteuerten und kooperativen Lernens können im Rahmen der Unterrichtsentwicklung gemeinsam im Kollegium geplant, durchgeführt, evaluiert und so erfolgreich im Methodencurriculum verankert werden (Liste nicht abschließend): Stationenlernen, Werkstattunterricht, Arbeit mit Leittexten, Wochenplanarbeit, Freiarbeit, Simulationen, Erkundung und handlungsorientiertes Lernen in Projekten.

Wie bereits erwähnt, lassen sich auch »herkömmliche« Formen des angeleiteten bzw. instruktionalen Lernens anreichern und weiterentwickeln. Ein klassischer Lehrervortrag kann beispielsweise interaktiv eingebettet werden oder innovative Präsentationsformen nutzen. Ebenso können Übungs- und Vertiefungsphasen spielerisch gestaltet werden (auch hierzu finden sich zahlreiche Anregungen in den o. g. Methodenbüchern). Die abschließenden Wiederholungs- bzw. Ergebnissicherungsphasen im Unterricht könnten situativ um authentische oder reale Problemstellungen angereichert werden.

Partner- und Gruppenarbeitsphasen lassen sich ebenso um neue und variable Methoden erweitern, wie z. B. Murmelgruppen, die Vier-Ecken-Methode, das Interaktive Quartett, den Innen- und Außenkreis, einen Runden Tisch oder den Schnellen Schuh (ausführliche Beschreibung der Methoden mit Material in Horster & Rolff, 2001, S. 133–144).

> Das Gymnasium in Vignette F2 führt Formen geöffneten und offenen Unterrichts ein. In professionellen Lerngemeinschaften und über schulinterne Lehrerfortbildungen werden die Methoden Freiarbeit und Wochenplanarbeit allen Lehrkräften vermittelt und eine Arbeitsgruppe zur Ausarbeitung eines Wochenplans gebildet.

Zahlreiche weitere Methoden finden sich in den o. g. Methodenbüchern und in einem Methodenpool der Universität zu Köln (http://methodenpool.uni-koeln.de/, hrsg. von Reich).

Aufgabenrepertoire anreichern

Unterricht wird häufig von den in ihm verwendeten Aufgaben her gedacht. Daher erscheint ein Ansetzen an den Aufgaben erfolgsversprechend für die Weiterentwicklung von Unterricht. Eine Gruppe aus Allgemein- und Fachdidaktikern

(Kleinknecht et al., 2013) entwickelte ein Kategoriensystem zur Analyse bestehender Aufgaben sowie zur (Weiter-)Entwicklung neuer Lern- und Leistungsaufgaben. Der Vorteil dieses Systems liegt in seiner Überfachlichkeit; so ist es in nahezu allen Unterrichtsfächern bereits erprobt worden. Die Kategorien sollen hier kurz vorgestellt werden (▶Tab. 5). Für eine ausführliche Beschreibung und Beispiele unterschiedlicher Fächer empfiehlt sich das Buch von Kleinknecht und Kollegen (2013) oder die Projektseite im Internet (http://www.uni-tuebingen.de/¬de/31767/) mit beispielhaften Aufgabenanalysen.

Die Kategorien bieten sich dazu an, bestehende Aufgaben im Unterricht damit zu analysieren und diese, gegebenenfalls in einzelnen Kategorien, zu verändern. Auch hier gilt, dass der »neue« Aufgabentypus zum gemeinsamen Bild von Unterricht passen sollte.

Tab. 5: Kategoriensystem zur Aufgabenanalyse nach Kleinknecht et al. (2013)

Kategorie	Ausprägungen
Wissensart	• Fakten • Prozeduren • Konzepte • Metakognitionen
Kognitive Prozesse	• Reproduktion • naher Transfer • weiter Transfer • Problemlösen
Wissenseinheiten zur Lösung der Aufgabe	• eine (ein Fakt, ein Konzept oder eine Prozedur) Wissenseinheit • weniger als vier Wissenseinheiten • mehr als vier Wissenseinheiten
Offenheit der Aufgabe und Lösungen	• definierte Aufgabe und konvergente (eine) Lösung • definierte Aufgabe und divergente (mehrere) Lösungen • ungenaue (keine klar formulierte) Aufgabe und divergente (mehrere) Lösungen
Lebensweltbezug	• keiner • konstruiert • authentisch • real
sprachlogische Komplexität	• niedrig • mittel • hoch
Repräsentationsformen	• eine (z. B. nur Text) • Integration (z. B. Text und Abbildung) • Transformation (gleiche oder unterschiedliche Repräsentation zwischen Aufgabe und Lösung)

In heterogenen Lerngruppen und mit Blick auf die Individualisierung kann der gleiche Aufgabenstamm mittels der Veränderung in einzelnen Kategorien so variiert werden, dass verschieden schwierige Aufgaben mit gleichem Grundinhalt entstehen (vgl. Beispiel im folgenden Absatz). Oftmals finden sich in Schulbüchern bereits Aufgaben mit Lebensweltbezug und verschiedenen Komplexitätsgraden, doch gerade bezüglich ersterem sollte man kritisch prüfen, ob die Aufgabe »noch« zur Lebenswelt der Lernenden passt. Im Netz finden sich zahlreiche Beispiele für offene und differenzierte Aufgaben, wie sie in fast allen Bundesländern im Rahmen der SINUS-Projekte entwickelt wurden.

> Die neue Schule in Vignette F5 veränderte in allen Fächern die Aufgaben im Unterricht. Die Deutschaufgabe in Klasse 8 »Verfasse ein Bewerbungsschreiben« (Aufgabenstamm) wird je nach Schwierigkeitsgrad abgeändert in: »Über ein Bewerbungsschreiben ist Kaffee gelaufen. Ergänze die fehlenden Absätze« und »Lies das gegebene Bewerbungsschreiben und korrigiere es mit einem Textverarbeitungsprogramm«. Die so entstandenen Aufgaben besitzen unterschiedliche Schwierigkeitsgrade, da verschiedene Wissensarten, kognitive Prozesse und Wissenseinheiten zur Lösung verlangt werden.

Inhalte verändern, um sinnhaftes und effizientes Lernen zu ermöglichen

Neben der Weiterentwicklung von Methoden und Aufgaben gehört die Veränderung von Unterrichtsinhalten ebenfalls zur Unterrichtsentwicklung. Diese Curriculumarbeit findet in den Fachkonferenzen (siehe Akteure) statt oder bei fachübergreifenden Themen in den Jahrgangskonferenzen. Eng mit der Aktualisierung der Themen ist auch die Entwicklung der eben beschriebenen Aufgaben und der Unterrichtsmaterialien verbunden. Für den naturwissenschaftlichen Unterricht – jedoch auf alle Fächer übertragbar – formulierte Labudde (1998), bezogen auf die Gestaltung der Inhalte, dass diese:

- das Vorverständnis der Lernenden integrieren,
- einen lebensweltlichen Bezug beim systematischen Wissensaufbau berücksichtigen,
- die Arbeit an authentischen und offenen Problemen ermöglichen,
- die Selbstverantwortung der Lernenden stärken,
- Kooperation, Kommunikation und Disput der Lernenden ermöglichen.

Für die konkrete Gestaltung von Inhalten und Lehrgegenständen bedeutet dies, dass sie sich für einen problemorientierten Unterricht mit offenen und authentischen Problemen eignen sollten.

> In der eingeführten Freiarbeit am Gymnasium (F2) arbeiten die Schülerinnen und Schüler an lebensweltlichen Problemen (Real World Problems), die sie mithilfe eigenständig erschlossenen Wissens lösen sollen.

2.4 Gemeinsame Unterrichtsvorhaben planen und durchführen

Lehrkräfte sollten anhand der aus dem gemeinsamen Unterrichtsbild entwickelten Indikatoren sowie den Aspekten der neuen Lernkultur ihren Unterricht daraufhin prüfen, inwieweit diese Indikatoren bereits erfüllt werden und an welchen Stellen es einer Weiterentwicklung von Methoden, Inhalten und Aufgaben bedarf. Diese Weiterentwicklung mündet dann in die Unterrichtsplanung. Hier muss man jedoch nicht Einzelkämpfer sein (vgl. Spannungsfelder), sondern kann auch Unterricht gemeinsam planen und anschließend im Team oder einzeln durchführen (Horster & Rolff, 2001).

Horster und Rolff (2001) schlagen folgende vier Schritte zur gemeinsamen Planung von Unterricht vor:

- in der Fachkonferenz oder -gruppe: vorbereitende Absprache über und Sichtung von Themen, Materialien, Methoden, Aufgaben etc.;
- Fachtag: Planung von Unterrichtsvorhaben zu exemplarischen Themen und Planung einer Lernerfolgskontrolle;
- Einzelunterricht: unterrichtliche Umsetzung;
- Fachkonferenz: gemeinsame Überprüfung der Lernerfolgskontrollen und Evaluation anhand der Indikatoren (siehe Punkt 2.2): Planung neuer Unterrichtsvorhaben oder Themen, auf die sich die durchgeführte Weiterentwicklung übertragen lässt.

Unterrichtsentwicklung schließt auch die Lernumgebung mit ein. Im Zuge der gemeinsamen Unterrichtsplanung geht es auch darum, Klassenräume neu zu gestalten, denn diese sollten sich den Lernprozessen, -formen und -methoden anpassen (z. B. Gruppen-, Einzeltische, Stuhlkreis, Flipcharts, Stellwände etc.; vgl. auch Klein-Landeck, Karau & Landeck, 2010). Ebenso lohnt ein Nachdenken über neue Zeitformate (Rhythmisierung, Epochenunterricht etc.).

Die gemeinsame Unterrichtsplanung und -durchführung sowie die Veränderung der Lernumgebungen wird durch die Sanierung der Hauptschule (F3) positiv beeinflusst. In den neu entstandenen Projekträumen treffen sich regelmäßig die Fachkonferenzen, um Unterrichtseinheiten gemeinsam zu entwickeln. In den größeren Klassenräumen findet in regelmäßigen Abständen gemeinsamer Unterricht mehrerer Klassen mit zwei oder drei Lehrkräften gleichzeitig statt. Lernecken und Lernbüros werden für offene Unterrichtsformen und Projekte bei der Teamarbeit genutzt.

2.5 Unterrichtsprozess und seine Ergebnisse evaluieren

Es existieren unterschiedliche Formen zum Austausch über den Unterricht und zur Erfolgskontrolle im Sinne der Unterrichtsentwicklung. Die wesentlichen Formate und Formen sind, kurz skizziert, folgende:

- Austausch über Lernerfolgskontrollen (z. B. durch Parallelarbeiten, Vergleichsarbeiten etc.);
- Austausch über Unterrichtsmaterialien und Aufgaben (z. B. orientiert an Indikatoren des gemeinsamen Unterrichtsbildes);

- Feedback auf der Grundlage von gegenseitigen Unterrichtsbesuchen (z. B. durch Beobachtungsaufgaben orientiert an den Indikatoren);
- Schülerfeedback über geschlossene, standardisierte Fragebögen;
- Evaluation des Unterrichts durch Eigen-, Fremd- oder Schülereinschätzungen.

Zur Evaluation eignen sich erprobte Qualitätsbögen, die an die eigenen Bedürfnisse angepasst werden können (z. B. EMU, KLUQ, QUS; vgl. auch Beispiele in Punkt 2.1).

Das Feedback auf Grundlage gegenseitiger Unterrichtsbesuche kann über Hospitationszirkel von ca. drei Lehrpersonen gestaltet werden. Dabei entwickelt man gemeinsam auf Grundlage der Indikatoren ein Beobachtungs- und Analyseraster, setzt dieses beim gegenseitigen Unterrichtsbesuch ein und reflektiert die Ergebnisse gemeinsam (▶ Abb. 2). Daran lassen sich weitere Maßnahmen zur Unterrichtsentwicklung anschließen.

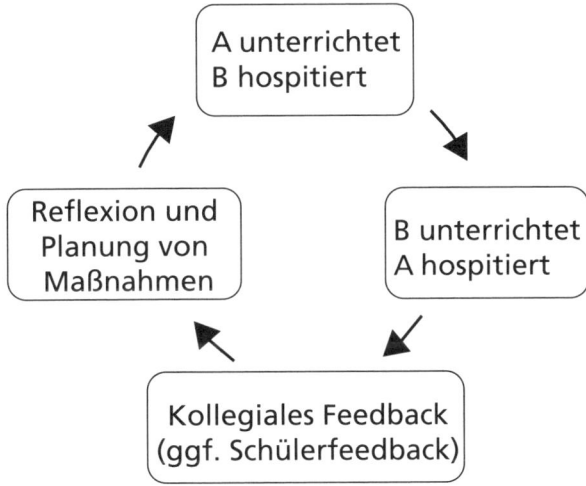

Abb. 2: Ablauf eines Hospitationszirkels zur Unterrichtsentwicklung (in Anlehnung an Horster & Rolff, 2001).

Möglich ist hierbei auch, den Unterricht per Video aufzuzeichnen und gemeinsam zu reflektieren (vgl. *Video Clubs* in den USA; zum Potenzial von Unterrichtsreflexion mit Videos siehe Kohler et al. 2015).

Die im Hospitationszirkel oder durch die anderen genannten Formen gewonnenen Beobachtungen und Ergebnisse können dann für die (gemeinsame) Planung weiterer Unterrichtseinheiten und als Diskussionsgrundlage für Fach-, Jahrgangs- oder Schulkonferenzen genutzt werden.

> In der gymnasialen Fallvignette (F2) entscheiden sich die Lehrkräfte für folgende Maßnahmen der Evaluation und Reflexion: Vergleichsarbeiten in allen fünften Klassen (dabei werden Klassen mit und ohne Wochenplanarbeit verglichen),

eine kollegiale Hospitation in regelmäßigen Abständen zur Beobachtung von Kriterien der Wochenplanarbeit und Videoaufzeichnung einiger Wochenplanarbeitsstunden zur Diskussion in der Lehrerkonferenz und zur Nutzung für schulinterne Fortbildungen.

3 Die Bedingungsperspektive: Stolpersteine, Gegenmaßnahmen und Gelingensbedingungen

Im Kapitel von Kurz und Weiß finden sich allgemeine Stolpersteine der Schulentwicklung, welche auch für den Unterricht Gültigkeit haben. Folgende Stolpersteine (▶ Tab. 6), an den Merkmalen der neuen Lernkultur (vgl. auch Punkt 1.4) orientiert, betreffen explizit den Prozess der Unterrichtsentwicklung. Diese Stolpersteine können *organisations-* oder *personalbedingter* Art sein. Sie sind dabei oftmals nicht isoliert zu betrachten, sondern es bestehen vielmehr zahlreiche Wechselwirkungen, welche wiederum hemmende Auswirkungen auf die Unterrichtsentwicklung haben können. Anschließend an die Stolpersteine folgen Maßnahmen und mögliche Gelingensbedingungen, die für einen erfolgreichen Prozess der Unterrichtsentwicklung hilfreich sein können.

Tab. 6: Mögliche Stolpersteine

Merkmale der neuen Lernkultur und mögliche Stolpersteine
1. Umgang mit Heterogenität – mangelnde Akzeptanz bei Lehrkräften: Sie fühlen sich hierfür nicht ausgebildet und aufgrund des mehrgliedrigen Schulsystems unter Umständen für nicht zuständig – mangelnde Kenntnisse bei Lehrkräften über die Nutzbarkeitmachung von Heterogenität und deren Wirkung auf die Lernenden – Lehrkräfte sehen sich hier als Einzelkämpfer ohne bzw. mit nicht ausreichender Unterstützung – Stofffülle der Lehrpläne bietet zu wenige Freiräume für Lehrkräfte
2. Individualisierung und Differenzierung – Unsicherheit bei Lehrkräften bei der Planung und Umsetzung offener Unterrichtsformen – Ablehnung offener Unterrichtsformen insbesondere bei Lehrkräften weiterführender Schulen, da sie lehrerzentrierte Formen verabsolutieren und für effektiver halten – Vorstellung bei Lehrkräften, dass der Arbeitsaufwand in der Planung für einen differenzierten Unterricht oder differenzierter Aufgaben zu hoch ist und hierfür keine Zeit bleibt – mangelhafte Ausstattung der Schule mit differenzierten Lernmaterialien

Tab. 6: Mögliche Stolpersteine – Fortsetzung

Merkmale der neuen Lernkultur und mögliche Stolpersteine

3. Erhöhung von Partizipation
   - Unsicherheiten bei Lehrkräften und Eltern, wie die Leistungen der Lernenden zustande gekommen sind und wie sie bewertet werden (z. B. bei kooperativ erbrachten Leistungen)
   - Unsicherheiten bei Lehrkräften, ob bzw. wieviel Partizipation sie von Schülerinnen und Schülern sowie von Eltern zulassen können/sollen und wie sie diese Partizipation gewährleisten können
   - ablehnende Haltung von Lehrkräften oder einem Kollegium, sich nicht von außenstehenden Novizen in die eigene Arbeit hineinreden zu lassen
   - Frustration bei Lehrkräften und Kollegium bei ausbleibendem oder negativem Feedback der Lernenden und Eltern

4. Einsatz von Diagnostik
   - mangelnde diagnostische Fähigkeiten der Lehrkräfte und damit verbundene Unsicherheiten/Fehleinschätzungen von Lehrkräften sowie Eltern
   - Überforderung von Lehrkräften mangels ausreichender Unterstützungssysteme und Zeit, großer Klassenstärke und steigender Heterogenität der Schülerschaft
   - subjektive Einstellung der Lehrkräfte; Diagnostik sei nicht notwendig, da die Selektion und Zuweisung in bestimmte Schularten über das Merkmal der Leistung als Regulativ wirkt

5. Pädagogischer Leistungsbegriff
   - individuelle Bezugsnorm schulrechtlich im Regelfall nicht vorgesehen und wird z. B. insbesondere von Gymnasiallehrkräften abgelehnt, da sie die zugeschriebene schulische Selektions- und Auslesefunktion für richtig befinden
   - Unsicherheiten und mangelnde Kenntnisse bei Lehrkräften, prozessbezogene und kooperativ erbrachte Leistungen in die Bewertung mit aufzunehmen
   - Widerstände in der Elternschaft, da die Lernenden »ungleich« bewertet werden bzw. individuellere, nicht direkt vergleichbare Leistungsabnahmen erfolgen

6. Situiertes Lernen
   - Lehrkräften bestimmter Fächer (z. B. Mathematik, Latein) fällt die Umsetzung schwer, da sie kein ausgewogenes Verhältnis zwischen ihrem Arbeitsaufwand und dem Ertrag der Lernenden sehen
   - Verabsolutierung des verwendeten Schulbuchs

7. Flexible Raum- und Zeitkultur und veränderte Rolle der Lehrkräfte
   - mangelnde Ressourcen der Kostenträger
   - fehlende Räume/Platzmangel und Erschwernisse durch rechtliche und Brandschutzbestimmungen
   - fehlende flankierende Maßnahmen für Lehrkräfte (z. B. fehlende Zeit für Absprachen und Planungen, Material, Ausstattung)
   - im Fachunterrichtsprinzip der weiterführenden Schulen oftmals Widerstand im Kollegium, die Zeitstruktur zu verändern, da vermutet wird, effektive Lernzeit zu verlieren (z. B. Doppelstundenprinzip)
   - mangelnde Kooperationsbereitschaft unter Lehrkräften (z. B. Förder- und Regelschullehrkraft)

Tab. 6: Mögliche Stolpersteine – Fortsetzung

Merkmale der neuen Lernkultur und mögliche Stolpersteine

8. Medienerziehung und Medieneinsatz
   - Überschätzung des Leistungsvermögens neuer Medien
   - mangelnde Medienkompetenzen von Lehrkräften und Lernenden mindern die effektive Lernzeit
   - Beschaffung der Medien und notwendiger Arbeitsprogramme sowie deren Kompatibilität
   - fehlende oder zu wenig kompetente IT-Betreuer
   - kein sicherer/stetiger Zugang für Lehrkräfte und Schülerinnen und Schüler beim Umgang/Arbeiten im Intra- bzw. Internet
   - fehlende Schutzprogramme für Schülerinnen und Schüler bzw. Hacken dieser durch die Lernenden

Aus diesen Stolpersteinen lassen sich mögliche Gegenmaßnahmen und Gelingensbedingungen auf *organisatorischer* und *personeller* Ebene ableiten ohne Anspruch auf Vollständigkeit zu erheben. Auch die Maßnahmen der Schulentwicklung im Allgemeinen (vgl. Kurz & Weiß in diesem Band) können als mögliche Maßnahmen der Unterrichtsentwicklung herangezogen werden.

Maßnahmen und Gelingensbedingungen auf organisatorischer Ebene

- Entlastung von anderen Zusatzdiensten und Verpflichtungen (z. B. keine Fachschafts-/Klassenleitung etc.)
- Vorstellungskraft durch Best-Practice-Beispiele stärken
- Partizipation für Lehrkräfte an der Stundenplanerstellung ermöglichen
- Rückendeckung durch die Schulleitung
- regelmäßiges Feedback von beteiligten Lehrkräften, aber auch von Schülerinnen und Schülern sowie Eltern einfordern
- Herstellen von Transparenz für alle Beteiligten
- Anreize für betroffene Lehrkräfte schaffen (z. B. Ermäßigungsstunden, Leistungsprämien)
- Kooperation der Aktiven koordinieren
- Abstimmung der Stundenpläne betroffener Lehrkräfte (z. B. gleiche Freistunden, Ermöglichung einer Besprechungsstunde)

Maßnahmen und Gelingensbedingungen auf personeller Ebene

- Fortbildungen und Hospitationen ermöglichen und einfordern, um eine Reflexion subjektiver Überzeugungen bei Lehrkräften herbeizuführen
- Teambildung ermöglichen (z. B. für gemeinsame Unterrichtsplanungen) und diese mittels teambildender Maßnahmen stärken
- mit Freiwilligen den Prozess starten
- Transparenz in Bezug auf Kosten-Nutzen-Effekte herstellen und Entlastungspotenziale aufzeigen
- Fortbildungen anbieten

- autonomes Handeln der Schulleitung ermöglichen (z. B. Gelder für Materialien und Umbaumaßnahmen, Lehrerstundenplanung für die Schulleitung, Partizipationsmöglichkeiten bei Personalentscheidungen)

Um viele der oben genannten Stolpersteine zu vermeiden, sollte man im Prozess der Unterrichtsentwicklung zunächst »klein anfangen«, mit nicht zu hohen Zielen, da sonst die Misserfolgsgefahr hoch ist. Erste kleine Schritte könnten zunächst sein:

- sein Methodenrepertoire individuell erweitern, um den eigenen Unterricht variabler zu gestalten
- den eigenen und fremden Unterricht zunächst hospitieren und evaluieren (lassen), z. B. in kleineren Hospitationsgruppen (zwei bis drei Lehrkräfte), um sich ein genaueres Bild des Ist-Zustandes zu machen
- innerhalb einer Fachkonferenz neue und gemeinsame Inhalte vereinbaren
- einzelne Prozessschritte der Unterrichtsentwicklung zunächst isoliert ausprobieren
- ein gemeinsames, fächerübergreifendes Projekt planen und durchführen

Literatur

Arnold, K.-H. (2009). Unterricht als zentrales Konzept der didaktischen Theoriebildung und der Lehr-Lernforschung. In K.-H. Arnold, U. Sandfuchs & J. Wiechmann (Hrsg.), *Handbuch Unterricht* (S. 17–25). Bad Heilbrunn: Klinkhardt.
Bohl, T. (2009). *Prüfen und Bewerten im Offenen Unterricht*. Weinheim, Basel: Beltz.
Bohl, T. (2013). Umgang mit Heterogenität im Unterricht. In T. Bohl & S. Meißner (Hrsg.), *Expertise Gemeinschaftsschule. Forschungsergebnisse und Handlungsempfehlungen für Baden-Württemberg* (S. 243–260). Weinheim, Basel: Beltz.
Borsch, F. (2010). *Kooperatives Lehren und Lernen im schulischen Unterricht*. Stuttgart: Kohlhammer.
Buhren, C. G. & Rolff, H.-G. (1995). Qualitätsevaluation und Qualitätsindikatoren. Die Entwicklung begründeter Bewertungsurteile. In H. Buchen, L. Horster & H.-G. Rolff (Hrsg.), *Schulleitung und Schulentwicklung* (o. P.). Berlin: Raabe.
Fichten, W. (2007). Kooperative Unterrichtsentwicklung. Ergebnisse und Prozesserfahrungen eines Entwicklungsprojekts. *Pädagogik, 59* (10), 38–43.
Fischer, F. & Neber, H. (2011). Kooperatives und kollaboratives Lernen. In E. Kiel & K. Zierer (Hrsg.), *Basiswissen Unterrichtsgestaltung. Bd. 2: Unterrichtsgestaltung als Gegenstand der Wissenschaft* (S. 103–112). Baltmannsweiler: Schneider Hohengehren.
Fischer, F., Mandl, H. & Todorova, A. (2010). Lehren und Lernen mit neuen Medien. In R. Tippelt & B. Schmidt (Hrsg.), *Handbuch Bildungsforschung* (S. 753–771). Wiesbaden: VS.
Frankl, G. & Zederbauer, S. (2009). Individualisiertes und kollaboratives Blended Learning in der Schule. Informationen zur Deutschdidaktik. *Zeitschrift für den Deutschunterricht in Wissenschaft und Schule, 33* (2), 72–80.
Fußangel, K. & Gräsel, C. (2008). Unterrichtsentwicklung in Lerngemeinschaften: das Beispiel »Chemie im Kontext«. In N. Berkemeyer, W. Bos, V. Manitius & K. Müthing (Hrsg.),

Unterrichtsentwicklung in Netzwerken. Konzeptionen, Befunde, Perspektiven (S. 285–295). Münster: Waxmann.
Gerstenmaier, J. & Mandl, H. (2001). Methodologie und Empirie zum situierten Lernen. *Schweizerische Zeitschrift für Bildungswissenschaften, 23* (3), 453–470.
Graumann, O. (2002). *Gemeinsamer Unterricht in heterogenen Gruppen. Von lernbehindert bis hochbegabt.* Bad Heilbrunn: Klinkhardt.
Green, N. & Green, K. (Hrsg.) (2012). *Kooperatives Lernen im Klassenraum und im Kollegium.* Seelze-Velber: Kallmeyer.
Grzega, J. & Klüsener, B. (2012). *LdL für Pepe, Pfeiffer und die Pauker: Unterrichtstipps nach 30 Jahren bewährtem, verlässlichem, kreativem und effektivem Lernen durch Lehren.* Berlin: epubli.
Gugel, G. (2011). *2000 Methoden für Schule und Lehrerbildung: Das Große Methoden-Manual für aktivierenden Unterricht.* Weinheim, Basel: Beltz.
Hameyer, U. (1998). Unterricht adaptiv gestalten. In H. Altrichter, W. Schley & M. Schratz (Hrsg.), *Handbuch zur Schulentwicklung* (S. 534–559). Innsbruck, Wien: Studien-Verlag.
Hattie, J. N. (2009). *Visible learning. A synthesis of over 800 meta-analyses relating to achievement.* New York: Routledge.
Helmke, A. (2012). *Unterrichtsqualität und Lehrerprofessionalität. Diagnose, Evaluation und Verbesserung des Unterrichts* (4., überarb. Aufl.). Seelze-Velber: Kallmeyer.
Horster, L. & Rolff, H.-G. (2001). *Unterrichtsentwicklung.* Weinheim, Basel: Beltz.
Hron, A. & Friedrich, H. F. (2009). Netzbasierte Information, Kommunikation und Kooperation im Unterricht. In K.-H. Arnold, U. Sandfuchs & J. Wiechmann (Hrsg.), *Handbuch Unterricht* (S. 324–327). Bad Heilbrunn: Klinkhardt.
Kleinknecht, M., Bohl, T., Maier, U. & Metz, K. (2013). *Lern- und Leistungsaufgaben im Unterricht. Fächerübergreifende Kriterien zur Auswahl und Analyse.* Bad Heilbrunn: Klinkhardt.
Klein-Landeck, M., Karau, C. & Landeck, I. (2010). *Unterrichtsentwicklung mit Erfolg. Zehn praxiserprobte Bausteine.* Berlin: Cornelsen.
Klippert, H. (2000). *Pädagogische Schulentwicklung.* Weinheim, Basel: Beltz.
Kohler, B., Prinz, E., Schneider, J. & Syring, M. (2015). Ein neuer Blick auf die Praxis: Selbst- und Fremdreflexion mit Hilfe von Unterrichtsvideos. *Schulmagazin 5–10* (1), 11–14.
Labudde, P. (1998). *Thesen zur Steigerung der Effizienz des mathematisch-naturwissenschaftlichen Unterrichts.* Veröffentlicht als Thesenpapier im Rahmen einer Fachtagung des MSWWF, 10.11.1998 in Dortmund.
Lang-Wojtasik, G. (2008). Lernen und Lehren in kooperativer Absicht als Beitrag zu einer neuen Lernkultur. Erfahrungen aus einem Coaching-Seminar mit Studierenden und Schülern. In U. Stadler-Altmann, J. Schindele & A. Schraut (Hrsg.), *Neue Lernkultur – neue Leistungskultur* (S. 134–150). Bad Heilbrunn: Klinkhardt.
Lomos, C., Hofman, R. H. & Bosker, R. J. (2011). Professional communities and student achievement – a meta-analysis. *School Effectiveness and School Improvement, 22* (2), 121–148.
Lortie, D. C. (1975). *Schoolteacher. A sociological study.* Chicago: The University of Chicago Press.
Mattes, W. (2011). *Methoden für den Unterricht: Kompakte Übersichten für Lehrende und Lernende.* Paderborn: Schöningh.
Merrill, M. D. (2009). First principles of instruction. In C. M. Reigeluth & A. Carr (Hrsg.), *Instructional design theories and models: Building a common knowledge base. Bd. III.* New York: Routledge.
Meyer, H. (2011). *Unterrichtsmethoden. Bd. 2: Praxisband.* Berlin: Cornelsen.
Meyer, H. (2013). *Was ist guter Unterricht?* Berlin: Cornelsen.
Nattland, A. & Kerres, M. (2009). Computerbasierte Medien im Unterricht. In K.-H. Arnold, U. Sandfuchs & J. Wiechmann (Hrsg.), *Handbuch Unterricht* (S. 317-323). Bad Heilbrunn: Klinkhardt.
Nöllke, M. (2015). *Kreativitätstechniken.* Freiburg: Haufe-Lexware.
Priebe, B., Schratz, M. & Wetsfall-Greiter, T. (2010). *Schulqualität sichern und weiterentwickeln.* Stuttgart: Klett.

Reich, K. (2011). Konstruktion und Instruktion aus Sicht der konstruktivistischen Didaktik. In E. Kiel (Hrsg.), *Unterrichtsgestaltung als Gegenstand der Wissenschaft* (S. 231–245). Baltmannsweiler: Schneider Hohengehren.
Reich, K. (Hrsg.). *Methodenpool*. Verfügbar unter http://methodenpool.uni-koeln.de/ (13.08.2015).
Reinmann-Rothmeier, G. & Mandl, H. (2006). Unterrichten und Lernumgebungen gestalten. In A. Krapp (Hrsg.), *Pädagogische Psychologie. Ein Lehrbuch* (S. 613–658).Weinheim, Basel: Beltz PVU.
Rolff, H.-G. (2001). Professionelle Lerngemeinschaften. Eine wirkungsvolle Synthese von Unterrichts- und Personalentwicklung. In H. Buchen & H. G. Rolff (Hrsg.), *Schulleitung und Schulentwicklung* (o. P.). Berlin: Raabe.
Rolff, H.-G. (2013). *Schulentwicklung kompakt. Modelle, Instrumente, Perspektiven*. Weinheim, Basel: Beltz.
Rothland, M. (2013). Soziale Unterstützung. Bedeutung und Bedingungen im Lehrerberuf. In M. Rothland (Hrsg.), *Belastung und Beanspruchung im Lehrerberuf* (2., vollst. überarb. Aufl.) (S. 231–250). Wiesbaden: Springer.
Sacher, W. (2009). *Leistungen entwickelt, überprüfen und beurteilen*. Bad Heilbrunn: Klinkhardt.
Schank, R. & Abelson, R. (1977). *Scripts, plans, goals, and understanding*. Hillsdale, NJ: Erlbaum.
Schelle, C. (2010). Unterrichtsentwicklung als Konzept. In T. Bohl, W. Helsper, H. G. Holtappels & C. Schelle (Hrsg.), *Handbuch Schulentwicklung* (S. 315–318). Bad Heilbrunn: Klinkhardt.
Staatliches Schulamt Offenburg (Hrsg.) (2013). *Bausteinheft: Unterrichtsteams*. Verfügbar unter http://www.schulamt-offenburg.de/site/pbs-bw/get/documents/KULTUS.Dachmandant/ KULTUS/Schulaemter/schulamt-offenburg/Fortbildung/Like/Like_GMS/17_12_13/ Unterrichtsteams_Bausteinheft_LIKE%20GMS_1213_8 %20Seiten.pdf.
Steinert, B., Klieme, E., Maag Merki, K., Döbrich, P., Halheer, U. & Kunz, A. (2006). Lehrerkooperation in der Schule. Konzeption, Erfassung, Ergebnisse. *Zeitschrift für Pädagogik, 52* (2), 185–204.
Tulodziecki, G. (2009). Unterricht mit Medien. In K.-H. Arnold, U. Sandfuchs & J. Wiechmann (Hrsg.), *Handbuch Unterricht* (2., aktualisierte Aufl.) (S. 291–297). Bad Heilbrunn: Klinkhardt.
Tulodziecki, G. & Herzig, B. (2010). *Mediendidaktik. Medien in Lehr- und Lernprozessen verwenden*. Handbuch Medienpädagogik, Bd. 2. München: kopaed.
Warwas, J., Hertel, S. & Labuhn, A. S. (2011). Bedingungsfaktoren des Einsatzes von adaptiven Unterrichtsformen im Grundschulunterricht. *Zeitschrift für Pädagogik, 57* (6), 854–867.
Weinert, F. E. (1997). Lernkultur im Wandel. In E. Beck (Hrsg.), *Lernkultur im Wandel. Tagungsband der Schweizerischen Gesellschaft für Lehrerinnen- und Lehrerbildung und der Schweizerischen Gesellschaft für Bildungsforschung* (S. 11–29). St. Gallen: UVK.
Wellenreuther, M. (2014). Direkte Instruktion. Was ist das, und wie geht das? *Pädagogik, 66* (1), 8–11.
Willburger, R. (2011). *Die digitale Schultasche*. Verfügbar unter http://www.digitaleschultasche.cc/ (26.08.2015).

Internet-Adressen

Deutsche Schulakademie: http://www.deutsche-schulakademie.de/
Digitale Schultasche: http://www.digitaleschultasche.cc/

EMU (Lehrer- und Schülerfragebogen zur Qualität von Unterricht): http://www.unterrichtsdiagnostik.info/

KLUQ (Kooperative Lern(er)beobachtung und Unterrichtsentwicklung – Qualitätsentwicklung an Schulen: Koderisch): http://www.kluq.de/

Kultusministerium Baden-Württemberg, Instrumentensammlung: http://www.schule-bw.de/entwicklung/qualieval/fev_as/sevstart/eisneu/Instrumentensammlung/InstrumenteFokus/

QUS (Qualitätsentwicklung in Unterricht und Schule: Selbstevaluation, Feedbackkultur): http://www.qus-net.de/

Universität Erlangen (Hrsg.). *Interne Evaluation*: http://www.modus21.forschung.uni-erlangen.de/inhalt/Skript_Interne_Evaluation.pdf

Autorinnen und Autoren

Annika Braun, wissenschaftliche Mitarbeiterin
Ludwig-Maximilians-Universität München, Fakultät für Psychologie und Pädagogik, Lehrstuhl für Schulpädagogik

Kathrin Buyse, abgeordnete Lehrkraft
Ludwig-Maximilians-Universität München, Fakultät für Psychologie und Pädagogik, Lehrstuhl für Schulpädagogik

Prof. Dr. Ewald Kiel, Ordinarius für Schulpädagogik
Ludwig-Maximilians-Universität München, Fakultät für Psychologie und Pädagogik, Lehrstuhl für Schulpädagogik

Dr. Markus Kollmannsberger, wissenschaftlicher Assistent
Ludwig-Maximilians-Universität München, Fakultät für Psychologie und Pädagogik, Lehrstuhl für Schulpädagogik

Gabriele Kurz, abgeordnete Lehrkraft
Ludwig-Maximilians-Universität München, Fakultät für Psychologie und Pädagogik, Lehrstuhl für Schulpädagogik

Dr. Wolf-Thorsten Saalfrank, wissenschaftlicher Mitarbeiter
Ludwig-Maximilians-Universität München, Fakultät für Psychologie und Pädagogik, Lehrstuhl für Schulpädagogik

Philipp Schlotter, ehem. wissenschaftlicher Mitarbeiter
Ludwig-Maximilians-Universität München, Fakultät für Psychologie und Pädagogik, Lehrstuhl für Schulpädagogik

Dr. Eva Steinherr, Akademische Oberrätin
Ludwig-Maximilians-Universität München, Fakultät für Psychologie und Pädagogik, Lehrstuhl für Schulpädagogik

Dr. Marcus Syring, Akademischer Rat a. Z.
Ludwig-Maximilians-Universität München, Fakultät für Psychologie und Pädagogik, Lehrstuhl für Schulpädagogik

PD Dr. Sabine Weiß, Akademische Oberrätin a. Z.
Ludwig-Maximilians-Universität München, Fakultät für Psychologie und Pädagogik, Lehrstuhl für Schulpädagogik

Ewald Kiel (Hrsg.)

Inklusion im Sekundarbereich

2014. 166 Seiten. Kart.
€ 27,99
ISBN 978-3-17-026385-7

Inklusion in Schule und Gesellschaft, Band 2

Die Inklusionsdebatte ist über weite Strecken geprägt von bildungspolitisch-programmatischen Statements. Die Frage nach den Umsetzungen und nach den Herausforderungen eines inklusiven Bildungssystems wird bislang selten gestellt. Der in der Diskussion vielleicht am meisten vernachlässigte Bereich ist die Sekundarstufe. Die notwendigen Veränderungen von Werthaltungen, didaktischen Konzepten, Formen der Schulentwicklung und -organisation oder neue Formen der Weiterbildung stehen nicht im Fokus des Diskurses. Das Buch wird diesen bislang kaum behandelten Schauplatz der Inklusion vor einem möglichst breiten Themenhorizont erschließen.

Professor Dr. Ewald Kiel hat den Lehrstuhl für Schulpädagogik an der Ludwig-Maximilians-Universität München.

Leseproben und weitere Informationen unter www.kohlhammer.de

W. Kohlhammer GmbH
70549 Stuttgart
vertrieb@kohlhammer.de

Vera Moser (Hrsg.)

Die inklusive Schule

Standards für die Umsetzung

2. Auflage 2013
240 Seiten. Kart. € 29,90 auch als EBOOK
ISBN 978-3-17-023981-4

Inklusive Schulen entwickeln – wie geht das? Dieser Band definiert Mindestanforderungen, die bei Schulentwicklungen mit der Zielperspektive Inklusion zu beachten sind, und erläutert praxisnah Ziele und Strategien der Umsetzung: von der Klärung struktureller Voraussetzungen, dem Aufbau Regionaler Bildungslandschaften, über die Gestaltung eines inklusiven Unterrichts und prozessbegleitender Diagnostik bis hin zu Fragen institutioneller Übergänge, nach Konzepten für die Aus- und Weiterbildung und der Beratung. Zudem werden bereits erprobte Schulentwicklungsinstrumente vorgestellt und erläutert. Unter Beteiligung namhafter Autorinnen und Autoren aus der Integrations- und Inklusionsforschung werden hiermit Leitlinien für die Entwicklung inklusiver Schulen vorgelegt.

Prof. Dr. Vera Moser lehrt Allgemeine Rehabilitationspädagogik an der Humboldt-Universität zu Berlin.

Leseproben und weitere Informationen unter www.kohlhammer.de

W. Kohlhammer GmbH
70549 Stuttgart
vertrieb@kohlhammer.de

Jörg Schlee

Schulentwicklung gescheitert

Die falschen Versprechen der Bildungsreformer

2013. 192 Seiten. Kart.
€ 29,90
ISBN 978-3-17-020888-9

„Schulentwicklung" hat bis heute einen steilen bildungspolitischen Aufschwung zu verzeichnen. Sie wird von Kultusbehörden, wissenschaftlichen Einrichtungen, Stiftungen und Verbänden massiv unterstützt. Jedoch sind bislang systematisch erkennbare Auswirkungen ausgeblieben. Vielmehr zeigen sich in der schulischen Praxis eine „Implementationslücke" (Hans-Günter Rolff) und ein „Realisierungsloch" (Elmar Philipp). In den Schulkollegien sind zunehmende Erschöpfung und anwachsender Verdruss zu verzeichnen. Das Buch zeigt auf, wie durch Schulentwicklung humane Potentiale aufgerieben und materielle Ressourcen vergeudet werden. Anhand zahlreicher Kriterien werden ihr Leerformelcharakter, ihre praktische Nutzlosigkeit sowie ihr ethisches Versagen dargestellt. Daraus wird abgeleitet, welche Fehler und Irrtümer zu vermeiden und welche Alternativen zu ergreifen sind, damit künftig Schüler und Lehrkräfte mit mehr Freude und Erfolg die Schule besuchen können.

Prof. Dr. Jörg Schlee lehrte an der Universität Oldenburg „Sonderpädagogische Psychologie" und steht durch Lehrerfortbildungen mit der Schulpraxis in direktem Kontakt.

W. Kohlhammer GmbH
70549 Stuttgart
vertrieb@kohlhammer.de